Diálogo del Despertar

COMUNIÓN CON UN HERMANO AMOROSO

Tom y Linda Carpenter
Traducido por: Sylvia Joy

DIÁLOGO DEL DESPERTAR

© 2014 Linda y Tom Carpenter
ISBN 978-09633051-6-9

Previamente publicado en inglés:

1992: Dialogue on Awakening: Communion with a Loving Brother
2012: Dialogue on Awakening: Communion with a Loving Brother
e-Reader versión 2012
Primera edición en Español, 2014
Traducida por Sylvia Joy
www.SylviaJoy.com

Todos los derechos están reservados,
incluso los de reproducir este libro.
Partes cortas de este libro pueden ser citadas, copiadas o
hacerse referencia a ellas sin necesidad de autorización

Otros materiales de Tom Carpenter en Inglés:

Libro: "The Miracle of Real Forgiveness: Freeing us to Love", 2010
DVD: "A Dialogue on Forgiveness" with Robert Holden, PhD
Están disponibles tanto en forma de libro, como en forma digital por Internet en
Amazon.com o directamente en la página
www.tomandlindacarpenter.com

The Carpenters' Press
tlcx2@earthlink.net
www.theforgivenessmovement.org
facebook.com/theforgivenessnetwork

¿Qué es el "Despertar"?

El "Despertar" es una palabra que hace referencia a la experiencia de recordar que hemos sido creados a imagen y semejanza de la esencia de Dios: Perfectos, Eternos, Unificados e Inalterables. Nuestra esencia real o verdadera es Espíritu y no el temporal cuerpo humano. Grandes maestros como Jesús y Buda han despertado a esta Realidad en sus mentes encontrándose aún en el mundo físico. El propósito de este diálogo es el de ayudarnos a entender que tenemos alternativas de elección que contribuyen a nuestro propio Despertar. Nos dice que esta elección es inevitable y que el único propósito que el tiempo tiene es el de darnos la oportunidad de elegir cuándo.

El cambiante mundo de la forma y de los cuerpos imperfectos en el que experimentamos la dualidad del amor y el miedo, el placer y el sufrimiento, el nacimiento y la muerte, así como los muchos estados intermedios; no es la Creación de Dios. Esta experiencia humana es de nuestra propia creación. Está basada en la creencia falsa de que es posible estar separado del amor y de la armonía total de la Mente unificada de Dios, separado de los demás y de otras formas de vida. Debido a que somos eternamente la misma esencia del Creador, somos tan poderosos que aquello que elegimos creer debe transformarse en nuestra experiencia. El mundo es simplemente un espejo de lo que vemos dentro.

Debido a que el estar Despierto es nuestro estado pre-existente del Ser, no hay nada que tengamos que lograr, ganar, aprender o hacer con el fin de retornar a éste, simplemente tenemos que soltar las falsas percepciones que se encuentran en nuestras mentes en el momento presente; percepciones basadas en miedo. Al recordar quien realmente somos, despertamos como de un sueño; todo lo que experimentamos en este ámbito de la polaridad, aparentemente disociado de la armonía de la Creación, no tiene efecto alguno sobre nuestra propia perfección como Creación de Dios.

Es nuestra experiencia de recordar quien realmente somos lo que Jesús vino a enseñarnos: hace dos mil años, en Un Curso de Milagros y lo que continúa enseñándonos a través de estos diálogos.

Linda Carpenter

Contenido

¿Qué es el "Despertar"? — v
Nota para el Lector acerca de las Preguntas y Respuestas — xi

INTRODUCCIÓN
Mensajes — xiii

Una Introducción por Tom Carpenter — xv
Una Introducción realizada por Jesús como el Cristo — xxi
Tom Carpenter: Como el mensaje siguiente comenzó — xxiii
El Mensaje de Jesús — xxv

CAPÍTULO UNO
El Despertar — 1

La Experiencia de Estar Iluminado — 3
   Un Concepto de Simplicidad — 10
   Un Diálogo acerca del Despertar — 12
   El Equilibrio — 24
   Un Reloj de Arena de Consciencia Divina — 33
   Resistiendo la Consciencia — 39
   ¿Una Nueva Era? — 41

CAPÍTULO DOS
Eligiendo la Paz — 47

Cómo Encontrar Paz — 49
   Paz a través del Hacer — 58
   La Importancia de los Sentimientos — 59
   Sé Gentil Contigo Mismo — 61
   No Importa lo que Hagas — 67
   Guardianes del Portal de la Paz — 69

CAPÍTULO TRES
Experimentando tus Pensamientos — 73

La Relación Mente/Experiencia — 75
   El Poder de la Mente — 82

Alternativas al Manifestar	85
Experimentando Tus Pensamientos	91
Los Regalos de Dios	97
La Condición Humana	100
Juzgándote a ti mismo	103

CAPÍTULO CUATRO
Las Diferencias y la Verdad — 107

Apreciando las Diferencias y Experimentando la Verdad	109
El Reconocimiento de la Verdad	113
La Comunicación	116
Información acerca de Jesús	124

CAPÍTULO CINCO
La Vida de Jesús — 131

Jesús como Hermano	133
La Consciencia de Jesús	137
Su Propósito	146
La Segunda Venida	151
El Presente	153

CAPÍTULO SEIS
Ilusión versus Realidad — 155

Libre de Ilusión	157
Viendo la Realidad	161
El Tiempo	167
¿Indiferencia Divina?	170
Relaciones Especiales	173
Las Profundidades de la Ilusión	175

CAPÍTULO SIETE
Estando en el Presente — 179

Manteniéndose en el Presente	181
Estando Disponible	184
Objetivos y Expectativas	185
Tomando Decisiones	187
Seguridad en lo Desconocido	189
Vidas Pasadas	190
La Inconstancia de la Separación	193
El Presente Creativo	195

CAPÍTULO OCHO
La Experiencia Física — 197

La Salud Física	199
La Sanación	200
La Muerte y el Cuerpo Físico	204
Cuerpos de Tubos de Ensayo	210
El Suicidio	212
El Envejecimiento	214
La Senilidad	216
La Enfermedad del Alzheimer	217
El SIDA	218
El Cáncer	221
La Experiencia de la Homosexualidad	222
Las Almas Gemelas	224

CAPÍTULO NUEVE
La Forma y la Fuerza Vital

	227
Definiendo la Presencia de Dios	229
Una Única Fuerza Vital	235
Experimentando la Totalidad de la Creación	238
Cómo Creamos el Universo	242

CAPÍTULO DIEZ
Separación versus Plenitud

	245
Una Invitación	247
Acerca de la Resistencia	247
La Entrega	249
Soltando el Sentido de Separación	253
El Sentimiento de Unión	256
¿Qué tan Cerca Estás de Dios?	261
Los Pensamientos de Uno son Compartidos por Todos	263
Enseñándole a Otros	264

EPÍLOGO
La Experiencia Santa

	269

APÉNDICE
Cuando Jesús encontró a Dios

	281
El Despertar de Jesús y su descubrimiento del Espíritu Santo	
	283

APÉNDICE
Acerca de Tom y Linda Carpenter

	289

*Nota para el Lector acerca de las
Preguntas y Respuestas*

Cuando lees una pregunta, se trata de una pregunta que alguien le hace al "Hermano" para recibir respuesta a través de Tom. Cuando no hay pregunta, estás leyendo información que Tom recibió directamente en respuesta a sus propias inquietudes.

Inicialmente, tanto Tom como yo le hicimos muchas preguntas a esta hermosa Fuente. Pronto, comencé a grabar las respuestas con el fin de conservar y estudiar esta información. Luego, otras personas comenzaron también a pedir ayuda y clarificación, así que también grabamos esos diálogos. Al mismo tiempo, debido a que mucha de la información era de ayuda para muchos de nosotros, comencé a transcribirla con el fin de compartirla con otros. Con el tiempo, recopilamos una gran colección de transcripciones que luego reunimos en lo que ahora es este libro, y el nombre de "Diálogo del Despertar" nos pareció apropiado.

Linda

Introducción

Mensajes

"Conciencia expandida, literalmente, no tiene espacio para lo que no es totalmente abrazar la armonía amorosa de todas las cosas."

Una Introducción por Tom Carpenter

El comienzo de mi experiencia de comunicación con el Hermano, como le llamo yo a esta voz, pudo haber sido descrito por una multitud de emociones en conflicto. Mezclada con miedo, experimentaba una sensación de entusiasmo y asombro por estar involucrado en lo que parecía ser una aventura extraordinaria y emocionante. Las posibilidades de satisfacer mi muy curiosa mente parecían ser ilimitadas. No había pregunta que yo pudiera realizar para la que no llegara pronto una respuesta. Era como tener una enciclopedia de conocimiento universal al contacto de la yema de mis dedos.

Al cabo de poco tiempo, en la medida en que la fascinación superficial se desgastaba, comencé a encarar mi mente lógica rechazando la totalidad de la experiencia. Se convirtió en una montaña rusa de sentimientos maravillosos, durante las "conversaciones"; seguidos por la convicción absoluta de que era tan sólo el rodar incontrolado de mi imaginación. Finalmente, insistí en recibir alguna prueba física que aliviara mi mente en duda. Recibí mi prueba pero claro, no a través de una manipulación física que era como yo la estaba pidiendo. El nacimiento de mi nieto me fue revelado de manera tal que no dejó cabida alguna para la duda en mi mente.

Mi experiencia de comunión después de esto pareció, en varias ocasiones, cambiar muchas veces de dirección. Sin embargo, al mirar hacia atrás puedo ver que era un curso muy firme el que estaba siendo seguido, donde sus sugerencias de cambiar mi enfoque surgían únicamente cuando me encontraba listo para tomar el siguiente paso.

Un año después de recibir mi prueba, abrió nuestra conversación una mañana sugiriéndome que saliera de la negación con respecto a mi experiencia canalizando "Su" palabra para otras personas. Me explicó que a través de la negación de mi verdadera participación, yo estaba simplemente reforzando en mí, un sentimiento de estar separado de mis hermanos, de Él y de la totalidad de mi Ser verdadero al sentir que lo que Él representaba estaba más allá de lo que podía reconocer acerca de mí mismo. Me sugirió que me permitiera sentir el fluir de esta experiencia como algo proveniente de mí, al igual que a través de mí.

Le pregunté si esto implicaría que yo dejaría de sentir su presencia y me respondió que eso sería creer que existe alguna manera de estar separados. En ese momento, recordé una de las primeras cosas que me dijo cuando le pregunté acerca del por qué me sentía más cómodo llamándole Hermano, en vez de Jesús. Él me dijo que el significado que le atribuyo a "Hermano" me permitía sentirlo más cercano y accesible. "Pero", me dijo, "hacia lo que nos dirigimos es hacia el sentirte igualmente a gusto con el verme a mí, como tu Ser."

Pocos días después, un amigo cercano nos preguntó si podíamos compartir un diálogo con el "Hermano". Yo no sabía qué esperar, debido a la conversación anterior. Al entrar en el proceso de aquietamiento que yo utilizaba usualmente, me encontré mentalmente visualizando el lugar habitual de nuestros encuentros. Él estaba sentado en una banca en nuestro jardín, yo en el césped a sus pies mirándole a los ojos y esperando a que el fluir de su comunión iniciara. Nada sucedió. Vi una sonrisa aparecer en su rostro, y dije: "Hermano, no sé qué hacer. ¿Qué va a pasar?" Entonces, me tendió su mano y dijo: "Te sería fácil saberlo, si vinieras y te sentaras a mi lado." El significado de esto ha sido lo más fortalecedor y lleno de amor sin medida que yo haya experimentado.

El proceso de cambiar mi enfoque en dirección a una consciencia de Mente unificada se ha transformado, desde entonces, de manera significativa para mí. Me di cuenta de que anteriormente, cuando me concentraba únicamente en escuchar la voz de Jesús, tenía que entrar en un estado muy enfocado de gran concentración. Esto comenzó a disminuir de cierta manera a partir de su invitación a "sentarme a su lado", a sentir mi Ser verdadero como fuente de este conocimiento. Mi Ser Superior, por supuesto. Me estoy dando cuenta, ahora, de que al darme permiso de ser consciente viene una sensación de que se acorta la brecha entre el espacio en el que existe la Mente en su totalidad y donde considero que me encuentro yo ahora. Puedo realizar la conexión simplemente cambiando el objeto de mi atención. Ahora veo que ésta fue la dirección de su Guía desde el comienzo. Se trata del proceso de aceptar quién somos ahora, y dónde nos encontramos. Para mí, se trata también de la ilustración del principio relativo a que no hay nada que alcanzar, nada que será logrado en una futura cuarta o décima dimensión.

Cuando estoy en contacto con Jesús, experimento un sentido de identificación al reconocerlo como la expresión de la Mente unificada. Pero cuando digo las palabras que escucho y siento venir de Él, éstas podrían, de la misma manera y con la misma precisión, ser identificadas como provenientes de mí, porque en la realidad de la Mente de Cristo, ningún Hijo habla con mayor sabiduría o amor que otro. El significado de esta verdad nos permitirá finalmente comenzar a aceptar su mensaje: "Todo lo que soy, tú también lo eres."

La Mente unificada o en su totalidad, no se puede describir con palabras que sean aceptables para la mente racional y lógica. Pero el sentimiento de su significado puede ser recordado a través de la práctica del estar libre de toda defensa al amarnos los unos a los otros. Será al hacer esto, que el conocimiento que recibimos se transformará en experiencia para así poder aceptarnos a nosotros mismos como expresión del Cristo.

A través de mi experiencia, sé que el proceso de comunión es una ocurrencia muy natural cuando reconozco mi disposición a moverme más allá de los límites de mi mente lógica. Siento que el atribuirle un estatus especial a aquel que canaliza, o a aquel que es canalizado, sirve únicamente para perpetuar la creencia en que el Hijo de Dios no está pleno, que Su amor es dado a uno más que a otro. El gran valor que tiene para mí ahora, el estar en comunión, tiene mucho menos que ver con lo que escucho que con el amor que experimento cuando estoy enfocado en ser consciente de esta Mente unificada. Es en ese estado en el que he podido finalmente, reconocerme a mí mismo y a cada "uno" de nosotros como lo que El siempre ha dicho que somos.

Considero que nuestra tendencia a atribuirle mayor significado a aquello que es proveniente de otra "dimensión" tan sólo indica una falta de disposición a aceptar nuestra propia naturaleza divina. Pareciera ser más importante haber escuchado algo de alguien de "allá afuera", de alguien aparentemente fuera de nuestro alcance. Y sin embargo, sé que hasta que yo no esté dispuesto a aceptar quien soy, al nivel que sea que me encuentre en el momento, mi Ser Crístico siempre parecerá estar en una dimensión diferente.

La experiencia de comunión con el Hermano ha sido una herramienta maravillosa que me ha permitido comprender, finalmente, que la aceptación de esta consciencia es simplemente una elección, y me ha ayudado igualmente a estar dispuesto a comprometerme con esta elección. A todo aquel que desee tener una experiencia como ésta, le animo a que no juzgue lo que "oye" como señal o no de que ha hecho conexión con la Mente unificada, sino a que se enfoque en los sentimientos de paz y aceptación que vienen con tal conexión. La razón es muy simple. La aceptación trae la paz que acalla el conflicto en la mente y retira los bloqueos a la presencia del amor. Todo lo que viene entonces a ti, tiene que ser una expresión de amor. La sabiduría que despertará al mundo está en el que seas consciente de que no hay nada en ninguna parte que no esté constituido únicamente por amor. Y tú estás siempre en el corazón mismo de todo este amor.

Aún me pregunto por qué continúo batallando diariamente con mis conceptos del ego cuando sé perfectamente lo que es estar en ese estado mental tan maravilloso de paz. También me es fácil ser auto-crítico y juzgarme por no permanecer en esa paz. Pero entonces, siempre escucho al Hermano decirme: "Relájate, todo está ocurriendo perfectamente y siempre lo hará." Aprendo a honrarme a mí mismo en el estado mental en el que me encuentre en el momento. "El proceso mismo de aceptación de quién eres ahora, más allá de las apariencias del mundo, es lo que te revela quién realmente eres."

La evolución de la consciencia puede parecer, en muchas ocasiones, a la vez un proceso confuso e iluminador. La mente creará mil caminos al Cielo, cada uno más tentador que el anterior. En medio del caos que parece negar la esperanza de paz, o del miedo que parece controlar la razón, existe una simple verdad que puede reemplazar toda desesperanza: No puedo cambiar lo que Dios ha creado. Más allá de todo lo que parece ser de este mundo, más allá de todo pensamiento de dolor y de muerte, vivimos en perfecta armonía con Todo lo que Es; ahora y siempre están el Padre y el Hijo completamente unidos.

Esto es por siempre verdad e inalterable.

Bendiciones,

Tom Carpenter

Una Introducción realizada por Jesús como el Cristo

Se dice mucho acerca del rol del tiempo en el proceso de Despertar. Algunos sienten que están ocurriendo eventos predeterminados que facilitarán el proceso de ajuste a un nivel más alto de consciencia. Te sugiero que no interpretes desde esa perspectiva la información que aquí he presentado. Interprétala únicamente como respuesta a tu solicitud, a tu elección de recordar tu naturaleza divina.

Cuando veas al tiempo como un dispositivo capaz de ejercer efecto alguno sobre ti, sé consciente de que ésta es una limitación que te has auto-impuesto, pues el tiempo nació de tu creencia falsa de haberte separado de la Mente de Dios. Es únicamente un sueño que nunca fue. Parece, sin embargo, ser la idea de la cual extraes el significado de lo que describes como el momento presente o el ahora. Lo que intentas comprender como el momento presente no hace parte del tiempo, pues no tiene medida ni dimensión. Siempre está presente, no puede pasar ni puede ser extendido, pues expresa la naturaleza de quien realmente eres y como tal es eterno.

Tu elección de recordar se expresará en el eterno presente, al igual que tu aparente decisión de olvidar. Son el mismo instante, y es por esto que puedes descansar en la certeza de que nunca has estado desconectado de tu amorosa Fuente. No es más que un pensamiento fugaz y humorístico, imposible de alojar en una idea de tiempo que nunca ocurrió.

Yo siempre te animaré a que simplemente sueltes las ideas que traen consigo un significado que no es consecuente con la Realidad por siempre amorosa de Dios, a que sueltes aquellas ideas que no son congruentes con tu Ser como expresión de Su Realidad.

Siempre daré respuesta a tus preguntas acerca de lo que sea, pero debo decirte que no será en la acumulación del conocimiento que encontrarás la sabiduría que buscas.

En el estado de consciencia expandida, no hay cabida para aquello que no abarca por completo la armonía del todo. La Mente en su totalidad escucha cada nota claramente, al mismo tiempo que las escucha fusionadas en la sinfonía de la Creación. No es posible que sea de otra manera ya que contradiría a quien eres en Realidad. Qué otra cosa podría hacer parte de tu recordar sino el soltar de la idea que el miedo es real, el miedo que mantiene al Hijo de Dios prisionero dentro de un sueño. ¿Y quién puede fundir tus cadenas y abrir de par en par la puerta de tu calabozo, en una pesadilla que no es real? El sueño y el soñador son uno. Sólo tú puedes decidir despertar. Y elegirás el tiempo en que despiertas, mientras que aún parece gobernarte.

Haz esto en paz, sin pensamiento alguno acerca de una temerosa consecuencia por causa de una elección errónea o por falta de elección. No encuentres motivación en el miedo. Recuerda en cambio, que estás en este eterno momento presente, a salvo y contenido en el amoroso abrazo del Creador. Acepta por completo este único pensamiento y la idea del miedo se desvanecerá al haber sido expuesto su significado. Tu sueño habrá entonces terminado.

Tom Carpenter:
Como el mensaje siguiente comenzó

De Tom:

Me di cuenta de que por un tiempo, me había vuelto muy "discriminante" con respecto a los libros y artículos que estaba leyendo, a la información proveniente a través de otros canales y con respecto a las actitudes de algunos dedicados a enseñar Un Curso de Milagros. Examinando el material para ver si se ajustaba a los parámetros de la información que yo estaba recibiendo, evaluando así su veracidad. Y naturalmente, entre más me enfocaba en las diferencias, más frecuentemente me encontraba confrontado con ellas.

La última vez que estaba entregando en mi mente el conflicto aparente que había encontrado, me hice consciente de la Presencia de Jesús y le escuché preguntarme si yo consideraría revisar una imagen mental que Él me diera. La imagen o cuadro representaba el proceso general que llevó a la compilación de la Biblia.

En este cuadro mental, vi varios grupos de personas a las que se les asignó la función de recopilar y clasificar escritos, tanto nuevos como antiguos, con el fin de escoger qué palabras "sagradas" serían finalmente consideradas como la verdad. Este proceso creó gran disensión ya que todos tenían fuertes opiniones con respecto al material que consideraban más sagrado. Finalmente, los materiales editados fueron sometidos a una especie de "comité ejecutivo" que tomó la decisión final acerca de lo que sería utilizado. Aquí de nuevo, hubo gran debate y desacuerdo acerca de qué palabras definirían mejor las "Leyes de Dios" de todos los tiempos.

Sin embargo, desde entonces y hasta ahora, estas palabras "Sagradas" han seguido siendo interpretadas y reinterpretadas con el fin de hacerlas base para una multitud de religiones, cada una de las cuales, en su celo por promover y proteger la más correcta palabra de Dios, ha promovido la separación entre ellas y sus hermanos.

El significado de "Ama a tu prójimo como a ti mismo" se ha vuelto dependiente de que comprendas estas palabras de la misma manera en que él las comprende.

A medida que este cuadro se desarrollaba en mi mente, me encontré observando mis propias experiencias recientes en las que juzgaba lo que era "verdad", dejando pasar oportunidades de ver expresiones de amor y escogiendo en cambio, concentrarme en el conflicto presentado por las palabras. Me di cuenta con dolor, de que éste era el mismo patrón que se repetía nuevamente. Entonces escuché a Jesús preguntarme con gentileza: "¿Estarías dispuesto a romper con este patrón?" Le contesté que sí y Él me dijo: "Entonces me gustaría que me ayudaras con eso."

Yo creo que las siguientes palabras son el comienzo de ese mensaje:

El Mensaje de Jesús

Buscar la verdad ha sido por mucho tiempo la obsesión del hombre, el querer darle significado, el apropiársela como suya, el alimentarla y protegerla, el hacerla el faro guía de su vida. Y al hacer esto, ha creado el pensamiento que más le ha separado de su hermano. Porque ya ves, la verdad no se encuentra en la palabra que le escuchas a otro decir, ni en los pensamientos que tenga acerca de sí mismo cuando mantiene tal sentido de separación de ti y de su Santo Padre.

Me elevarías en la sabiduría que esperas que te traiga porque crees que la verdad reside en mí. Y sin embargo, te lo digo ahora, ésta no es la verdad. La verdad es quien Soy y la verdad es quien Eres. Cuando crees que la verdad reside en una palabra, sientes la necesidad de protegerte del resto de palabras que no son la verdad y por lo tanto, te mantienes separado del sentir de la verdad que se encuentra en aquel que te trae la presencia de Dios. ¿Acaso no ves que durante todos estos años en que has creído una verdad acerca de mí, mientras que otro ha aceptado algo diferente, esto te ha servido únicamente para mantenerte aparte de él?

Te diré ahora que para saber la verdad, y conocerla directamente de la Fuente, tomes la mano del que se encuentra junto a ti. Tómala con firmeza, y siente el fluir del amor que proviene de su Ser. Mira más allá de la ceguera en sus ojos y acepta la verdad que está dentro de ambos y que reconoce la presencia de Dios en este simple acto. Está con él, no por lo que dice, sino en reconocimiento puro de que él es la misma Presencia Santa que tú eres.

¿Has sentido la verdad en momentos de dicha? Porque si no la has sentido, has dejado pasar su significado. La verdad no es un sentimiento que distingue aquello que es correcto de aquello que no lo es, éstos no son sino juicios hechos por el hombre. La verdad está en la dicha que te libera del miedo. La verdad es la presencia de la risa cuando sientes el viento en tu rostro. La verdad es cada pensamiento puro y sentimiento que tienes y que llega a Dios y a tu hermano. No la encontrarás en las palabras.

¿Encuentras paz en el momento en que reconoces la falta de veracidad en lo que escuchas a un hermano decir? ¿O fluye más simplemente la verdad al ver el amor que encuentras en su mirar? Sin embargo, me dirás: "Pero hay aquellos en cuyos ojos miro y veo miedo." Y yo deberé decirte: "Cuando cambies tu visión dentro de ti mismo, ya no verás miedo." Cuando hayas reconocido la verdad como la presencia de quien tú Eres, verás la verdad en todas partes alrededor tuyo.

¿Ahora, después escuchar mis palabras, seguirás creyendo que es en la sabiduría donde encuentras la verdad? No, talvez no. Pero al sentarte en silencio, y entrando en contacto con la verdad en tu interior, harás contacto conmigo, y entonces sabrás la verdad de quién Soy. No eleves lo que tenga por decir, siente más bien el significado de mis palabras. Vengo a ti en amor, porque eso es lo que Soy. Vengo a ti como la verdad, porque eso es lo que tú Eres. Y nuestra unión sucederá al tú aceptar esto. Siénteme dentro de tu corazón, ni más cerca, ni más lejos que el que se encuentra a tu lado. Debes saber que lo que te puedo ofrecer en estos momentos es únicamente equivalente a lo que logras recibir de él. Eres el Santo Hijo de Dios, eres la presencia de Su verdad. Mantén esto claro en tu mente para que la verdad pueda ser conocida por lo que es y no siga siendo mal interpretada.

Somos bendecidos por lo que somos, y bendecimos al mundo cuando lo vemos únicamente como la creación de nuestro Santo Padre. Eres bendición para toda la Creación y La bendices al Ella bendecirte.

Me encuentro en la Paz y te pediré que sea en la Paz que te encuentres conmigo.

CAPÍTULO UNO

El Despertar

"¿Cómo es la experiencia de estar iluminado o Despierto?"

"Es cuando ves sólo a Dios como causa, y como efecto a ti mismo expresándolo a Él, plenamente. No sentirás más la necesidad de ver a tu mente separada de la Totalidad de la Mente, sino que sentirás Su presencia en tu mente, y tu Ser en ella. Miedo de cualquier índole se convierte en desconocido."

"La dicha abunda con cada pensamiento cuando el amor es recordado."

La Experiencia de Estar Iluminado

¿Cómo es el estar totalmente iluminado? ¿Existen grados de ilusión?

En el sentido más estricto, existe lo que es la ilusión y lo que no es ilusión. El concepto mismo de grados es ilusorio. Sin embargo, existen etapas en el hacerte consciente de la ilusión. En esta medida, puedes hacer alusión a niveles o usar cualquier otro término de tu elección. Pero te reconoces a ti mismo ya sea como Despierto o como dormido, y es tan sólo una idea lo que separa a los dos. Deshazte del pensamiento de separación en tu mente y te encontrarás de nuevo en el Hogar. Recuerda solamente que tu mente nunca ha existido aparte de la Mente de Dios. Acepta por completo que tu mente es parte de la Mente de Dios y que es Su expresión. No hay nada más de lo que debas preocuparte. Todo otro asunto se desvanecerá naturalmente al aceptar este único pensamiento.

Cada duda y contradicción que ahora inunda tu mente, está ahí porque no te experimentas a ti mismo por completo, conectado y entretejido con toda la Creación. Ves en su lugar un mundo fragmentado, despedazado, con seres expresando necesidades y deseos diferentes, casi siempre en conflicto los unos con los otros. Piensas que es real cuando le ves de esta manera. No aceptas la verdad de que no hay nada afuera que no sea una extensión de ti mismo puesto que el Hijo de Dios no está separado. Este pensamiento es muy doloroso de aceptar cuando crees que ves dolor, hambre, brutalidad y miedo, en tu experiencia. Ves tu mundo así y crees que lo que ves es real, y de esta manera transformas efecto en causa. Te crees desconectado de la Mente de Dios por la misma razón. Al no verlo en tu experiencia, consideras que no es real. El efecto es nuevamente interpretado como causa.

¿Dónde se desarrolla la sanación del mundo? Cuando tu mente es vista de nuevo como plena, en el instante en que miras a tu hermano a los ojos y te ves a ti mismo reflejado. Cuando reconozcas a la totalidad de tu mente como todas las mentes fundidas en una sola, el mundo cambiará de manera instantánea. Será sanado porque le verás de esta manera. Habrás cambiado la causa, al sanar el pensamiento de estar separado de la Mente de Dios. El efecto entonces, de ver únicamente el mundo de la perfección de Dios será instantáneo. Con la desaparición del pensamiento de percepción errónea, causa y efecto son ahora lo mismo.

Dentro de ti, en el lugar de conocimiento, resuenas con la verdad de lo que estoy diciendo. Sin embargo, aún en estos momentos tu ego se revela preguntando cómo es posible que puedas sanar tu mente y al mismo tiempo sanar al mundo entero. En esta negación has elaborado las bases para la creencia en la separación. Es con base en esta creencia que todos los demás errores de percepción de la verdad parecen ratificarse. Puesto que es desde esta creencia desde donde te has convencido de que eres un producto de la creación del mundo, sujeto a sus leyes e influencia. Crees que eres el efecto y no la causa.

¿Cómo es la experiencia de estar iluminado o Despierto? Es cuando ves sólo a Dios como causa, y como efecto tú expresándolo a Él, plenamente. No sentirás más la necesidad de ver a tu mente separada dentro de la Totalidad de la Mente, sino que sentirás en ella Su presencia y a tu Ser en ella. Miedo de cualquier índole se convierte en desconocido. La dicha abunda con cada pensamiento cuando el amor es recordado. Lo que lo une todo, haciendo de la mente un todo, es este amor. No es una exclusiva expresión de amor que experimentas dentro de tu estado de limitación. Es la expresión de Dios mismo, y su amor no hace distinciones.

Me he referido anteriormente a un concepto que describo como el poder del uno, es el poder que resulta de expresiones individuales de la Mente infinita al reconocer su absoluta unidad, la infinita expresión de la totalidad, o el uno. Es esta verdad, cuando alcanzada plenamente, la que te permitirá expresar el todo y al mismo tiempo, reconocer tu individualidad en el todo; ser plena y únicamente tú.

¿Es éste el estado en el que fuimos inicialmente creados por el Creador? ¿Y luego creímos que dejamos este estado para experimentar la separación?

El estado de tu Ser permanece inalterado por siempre. Es por esto que me es fácil asegurarte que la reconexión que buscas vendrá y que el dilema que parece sobrecogerte en estos momentos desaparecerá. Tú nunca has cambiado. Eres tal como el Padre te creó, pero tú simplemente no te has permitido recordar. Al mismo tiempo, debes estar muy agradecido de que no hay nada que puedas hacer que altere esto. Qué podrías temer si te repitieras constantemente: "No hay nada que yo pueda hacer que altere mi Ser." Tu mente tiene el poder suficiente para mantener tu atención alejada de esta verdad pero no tiene ningún poder para cambiarla.

¿Qué sucede con esta mente limitada cuando retornamos a nuestro estado natural e ilimitado?

Realiza lo que le es natural, se extiende a sí misma, se expresa, expresa el Ser, no hay diferencia. En estos momentos, te expresas a ti mismo como personalidad, a la que ves como exclusiva. En cambio, tu Ser natural no expresa exclusividad, simplemente expresa la verdad.

Alcanzarás un punto en el que la verdad simplemente es. Estás en lo cierto cuando deduces que la verdad es relativa en el estado del sueño. Pero más allá del sueño, reconocerás que simplemente es. No tendrá las connotaciones de ser la verdad, que tiene en estos momentos, ya que éstas implican que también existe algo diferente a la verdad. Y por supuesto, cuando te encuentras en un estado de plenitud, no hay nada que tenga opuesto. Y esto es lo que expresarás. Será entonces que comprenderás tu rol como creador puesto que ésa es la esencia de la Creación. Es la extensión de lo que llamaré en estos momentos, la armonía de la verdad. Podría también llamarle amor... son lo mismo. Son la sustancia misma de tu Ser.

Pero no desaparecerás, no te disolverás en un recipiente común. Tu identidad, tu verdadera identidad -aunque ésta no sea una descripción apropiada en realidad, la utilizaré en estos momentos- está por siempre a salvo, recordada y sagrada en la Mente de Dios.

Sé que puedes fácilmente confundirte cuando digo que tú eres yo, que yo soy tú y que somos uno. Esto puede llevarte a creer que no hay reconocimiento de tu Ser. Pero lo que intento transmitirte es que no existe diferencia alguna entre el reconocimiento de nuestros Seres, ni en lo que expresamos, ni en lo que extendemos como aspecto creador de nuestro Padre. Esto se convierte en un todo, totalmente unificado que expresamos conjuntamente de modo que no existe diferencia alguna en nuestra expresión de ello. En esto consiste nuestra unificación y nuestra plenitud. Y en esto también reside tu sagrada individualidad, en su completa Divinidad. Como ves, no te has disuelto o desaparecido.

Nada se ha perdido y tú no pierdes nada aquí a pesar de que lo intentes. Y nada sucede mientras tú no estás porque, como te repito, nunca te has ido en realidad.

Con respecto a todo concepto lógico que venga a tu mente queriendo definir este estado de compleción, lo que te sugiero es que los deseches. No te harán ningún bien, en ellos no encontrarás la respuesta. La respuesta no se encuentra mientras no sueltes todas las barreras y limitaciones en tu proceso mental. Suéltalas.

¿Tú, cómo soltaste?

Para explicarlo de manera simple te diré que solté en el momento en que finalmente comprendí que no había nada real que tratar de alcanzar y que era simplemente un proceso mental que yo había creado.

¿Existe algún momento en que el proceso mental, que está creando esta ilusión, deja de existir?

En el momento mismo en que así lo decidas.

Lo que te estoy preguntando es seguramente cierto en tu caso, pero...

Nada es cierto para mí que no sea cierto para ti y no estoy hablando en términos de conocimiento intelectual. Esto es algo que tú continúas atacando al pensar: "Es fácil para ti, que estás allá." Pero no existe diferencia entre dónde estoy yo y dónde estás tú, aparte de la diferencia en nuestras creencias respecto a la verdad.

¿Dónde se encuentra entonces el pensamiento que nos dice que estamos experimentando esta ilusión?

Existe en el instante en que interpretas Libre Albedrío como Libertad de Elección. Percibir elección, como tú la entiendes, implica dualidad; el surgimiento de opuestos y el comienzo del proceso mental que parece sacarte de donde realmente te encuentras.

Es el reverso de ese proceso el que restaurará tu reconocimiento de que nunca te has ido.

Esta no es una situación compleja o profunda. Es mucho más simple de lo que te permites darte cuenta. Piensas que necesitas una fórmula o manera de ajustar tus patrones de pensamiento para lograr ubicarte a ti mismo de nuevo en el estado del Ser. He aquí la simplicidad: Elige esto por completo, elige esto plenamente. Al mismo tiempo y de igual manera, reconoce que nunca has tomado otra elección.

Comprende que cuando hablo de ilusión, me refiero al hecho de que no te percibes completamente Despierto. Esa es la ilusión. Y desde el momento en que tomaste esa decisión, toda otra elección parece implicar opuestos... adquiriendo muchas y diversas formas, tantas formas como le permitas a tu mente jugar con ellas.

Es difícil para ti, mientras te encuentres en la ilusión, aceptar que tú elegiste estar aquí... y que puedes simplemente elegir irte de aquí. Es un proceso de pensamiento, y *únicamente* eso. Es por esto que continuamente te repito que no existe un "lugar" al que tengas que ir. Nada que tengas que hacer. Cambia de mentalidad. No puedo darte una fórmula para que lo hagas. Eso sería como reforzar que en realidad has hecho algo, cuando en realidad no lo has hecho. ¿Cómo podría darte una fórmula para des-hacer algo que no has hecho?

Sé constante en tu reconocimiento de que estás completo. Probablemente no estés conscientemente dispuesto a aceptar, en su totalidad, el significado de tal plenitud, pero ya que esa compleción es lo que tú eres, es obvio que conoces lo que es. Así que, independientemente de que lo aceptes o no de manera consciente, afirma en tu mente que lo eres. Debes saber que estás pleno y que todo lo que haces, o percibes que haces, es simplemente una táctica de tu mente que tú has elegido experimentar para reforzar toda otra elección que sientes que has tomado. Después de todo, si sintieras que todas las decisiones que has tomado carecen de validez, qué crees que le pasaría a tu ego.

¿Por qué elegí experimentar el ego y la separación?

Para que logres un mejor entendimiento de la respuesta a esta pregunta, es necesario primero que te asegures firmemente a ti mismo que tú no elegiste, de manera específica, experimentar la separación y la consecuencia de su conjunto de creencias. El Espíritu, la verdad de tu Ser, existe por siempre en un estado de unidad y armonía completa con la totalidad de la Creación. Esto no puede cambiar y no cambiará nunca. En este estado del Ser, que tú llamarías dicha, no existe consciencia de que pudiera existir una experiencia contraria a ésta.

Tú no elegiste conscientemente esto que ha resultado en tu experiencia actual de separación ya que la idea misma carecía de significado para ti. El plan no era "jugar" a la separación por un rato, deslizándote dentro y fuera de tu plenitud a voluntad. Hubo tan sólo un instante en que pudiste pensar que te preguntabas a ti mismo si podía haber algo más, más allá de lo que conocías. En ese instante, existió todo lo que conoces como tiempo y espacio.

Tú, sólo pareciste realizar una elección que pareció crear un mundo que pudiera existir aparte de la Creación.

El porqué pensaste que elegiste algo en el pasado es irrelevante. Date cuenta de que en este momento presente puedes elegir saber la verdad y de que esa elección no puede serte negada.

Un Concepto de Simplicidad

¿Qué podemos elegir hacer para apoyar, de la mejor manera, este proceso de Despertar?

Existe tan sólo una elección que realizar de manera consciente, la elección de reconocer tu Ser, la elección de "Despertar" a la totalidad de tu Mente. Puede que pienses que hay dos cosas que debes hacer, mientras te encuentras en el estado del sueño, con el fin de lograr darte cuenta por completo de tu verdadero Ser. Primero, permitirte ir más allá de las limitaciones que tu ego te presenta y posteriormente, expresar este Ser que eres, el Cristo que eres. Sin embargo te diré en mis términos, que sólo hay una cosa que hacer porque la segunda simplemente ocurrirá a través de la experiencia de la primera.

Una vez que el reconocimiento de quién eres se convierta de nuevo en realidad a nivel de tu Mente consciente, descubrirás que lo más natural es este estado del Ser. Esto no requiere esfuerzo. No requiere hacer nada. Simplemente refleja quién eres. En cambio, el proceso en que te encuentras, termina teniendo que responder a patrones básicos del ego que implican esfuerzo y el sentir la necesidad de "hacer" algo. Esto se traduce en que el ego sigue a cargo dirigiendo tu pensamiento a través de los múltiples eventos y experiencias que eliges. Sugiriendo la necesidad de juzgar o interpretarles, y de reaccionar a ellos de tal manera que sea una experiencia positiva y por ende útil en tu proceso de Despertar.

Como lo he dicho muchas veces anteriormente, ya estás Despierto. Tú piensas que estás soñando y ésa es la ilusión. Si puedes aceptar la idea de que tu ser real ya existe y ya se expresa, entonces sería mucho más fácil para ti no sentir la necesidad del ego de controlar esta actividad.

Esta no es información nueva. Pero lo que intento hacerte entender es que el juego del ego es en ocasiones la manera más fácil de iniciarte en el camino que conduce fuera de los patrones establecidos por el mismo ego. También estoy afirmando que ya estás listo para considerar el camino de atajo. Estás listo para esto porque has alcanzado un punto en el que las múltiples tácticas que has utilizado en tu proceso de despertar parecen ahora carecer de total claridad, manteniéndote en estado de confusión, lo que es absolutamente necesario para que el ego pueda mantener un sentido de limitación sobre ti. Permíteme reiterar que existe una sola cosa que debes recordar y es que ya estás Despierto. Simplemente te rehúsas a creerlo. Es así como te mantienes en el campo de tus limitaciones.

Nunca verás o experimentarás nada más y nada menos que lo que aceptas a nivel de tu mente consciente como verdad.

Si te concentras en hacerte consciente de que ya estás completamente Despierto y de que no hay nada que puedas hacer para cambiar esta realidad; de que lo que intentas es recordarla y reconocerla, entonces abordarás tus elecciones y circunstancias de manera muy diferente.

Un Diálogo acerca del Despertar

*¿Cómo puedo reconocer cuando estoy recibiendo
la Guía de mi Ser Superior?*

La sensación de entrega y la ausencia de necesidad de determinarte a superar algo, es lo que en última instancia te lleva al reconocimiento o recuerdo de aquello que estás buscando. El por qué de esto es muy simple. Cuando te determinas a hacer algo, te bajas al nivel de pensamiento del ego y eriges una barrera que te aparta del flujo de información que proviene de tu Ser en plenitud, el Ser que va más allá de las limitaciones de la mente del ego.

*Temo que no recibiré la Guía de mi Ser en plenitud.
Pienso que la razón por la que digo esto es porque
a menudo, cuando pido su Guía, no la recibo que
yo sepa.*

¿Estás esperando escuchar algo así como el sonar de las trompetas de los ángeles? Ésta no es la manera en que te comunicas con tu Ser o conmigo. Escucha la voz que te trae paz. Ya sea mundana o familiar, puedes estar segura de que estás escuchando la voz de tu Ser verdadero cuando al escucharla te acompaña una sensación de Paz. Cuando estás en conflicto, lo que definitivamente sucede cuando estás luchando o compitiendo por algo, no sentirás paz; y puedes estar segura de que en esos momentos estás escuchando a la voz del ego.

Estás buscando algo que has imaginado en tu mente que es mucho más complejo de lo que realmente es. La voz calmada que te trae Paz, es aquella que has oído muchas veces sin darle ninguna credibilidad.

Es interesante que cuando le pido a esa voz que me enseñe, recibo hermosas enseñanzas. Pero cuando le pido Guía no recibo respuesta. Siento entonces que esto me deja nuevamente con mis propios recursos y me lleva de vuelta a un estado de esfuerzo.

Lo que has estado buscando es consejos acerca de qué hacer y la verdad es que poco importa lo que hagas, lo que importa es el por qué lo haces y el cómo lo haces.

Pienso que la muerte me traería paz. Quisiera librarme de esto.

Lo que estás diciendo es que te gustaría encontrar la manera escapar y te diré entonces que no hay escape en la muerte. La muerte es simplemente una puerta que te lleva de una habitación a otra. Lo que encuentras en esa otra habitación al pasar, es lo que llevas contigo en ese momento. Y si es escape lo que buscas a través de la muerte, pronto encontrarás el mismo deseo de escapar de esa otra habitación.

¿Si la muerte no es el escape, entonces cuál es?

¿Por qué buscas escapar?

Porque soy infeliz.

¿Dónde reside tu libertad de ser feliz?

*Pensé que en cuanto reconociera mi verdadero Ser,
sería libre y feliz.*

> Esto es innegablemente cierto. Lo que te estoy diciendo es que lo que te imaginas como el mundo después de la muerte, no es diferente del mundo que ahora concibes como físico. No implican diferencia alguna que sea relevante en tu proceso de Despertar. El proceso de Despertar tiene lugar en tu mente y esta mente permanece contigo en ambas circunstancias. Aunque te parezca extraño, las opciones y alternativas de las que dispones en el presente estado, son las que más favorecen el que elijas Despertar.

*Sin embargo, he elegido despertar desde hace
muchos años y aún no despierto.*

> Estás buscando una fórmula mágica. Una especie de criterio que te diga ya sea qué tan lejos estás de Despertar, o que no has hecho el suficiente esfuerzo. Te darás cuenta de que así no es como funciona.

¿Cómo funciona entonces?

> Lo primero que debes reconocer es que ya estás Despierta. Estás pretendiendo que no lo estás. El sueño en el que te percibes, es la ilusión de pretender que no estás Despierta.
>
> Comienza por aceptar por completo que eres el pensamiento perfecto de Dios. Puede que intelectualmente afirmes que comprendes esto, pero no lo crees. Cómo podrías decir que lo crees y un instante más tarde decir "Estoy luchando por Despertar." Es cuestión de aceptar lo que ya es y esto no implica esfuerzo alguno. Pero sí implica una actitud de entrega, con la certeza de que te estás entregando a tu verdadero Ser, a la plenitud del Cristo.

*¿Por qué no confío en mí misma? ¿Cuando hablo de
mí, me estoy refiriendo realmente a Dios?*

No confías en ti misma porque has colocado tu confianza en el juicio de otros como parámetro de medida de tu dignidad. Has percibido esa evaluación y te has sentido rechazada, lo que te ha llevado a concluir que no eres digna de esa confianza. Todo esto lo percibes como sucediendo afuera de tu Ser.

*Me aterra la ira que parezco sentir hacia Dios. Es su
culpa que yo esté aquí. Él pone a una persona en un
hueco infernal y luego no hace nada para ayudarla.*

He de decirte que esa sensación es común entre aquellos que no se perciben a sí mismos como Despiertos. El grado en que la sientes y expresas, es nuevo para ti, y te sorprende porque nunca antes la habías expresado de esta manera. No es una emoción que haya surgido de repente, sino que ha estado en ti por mucho más tiempo del que sería conveniente recordarte.

Quisiera des-hacerme de esa emoción.

En tal caso, permíteme ayudarte con lo siguiente, sé consciente de que Dios no te percibe como estando separada de Él. El no te ve separada de Su Mente. Dios te ve únicamente como tú realmente eres, en estado de perfección.

*¿Entonces por qué no me revela eso a mí de modo
que yo también pueda verlo?*

Si Dios reconociera que estás soñando sería apoyar tu fantasía y esto no es posible.

*¿Podría Él permitirme el verme a mí misma tal
como Él me ve? Eso no sería apoyar una ilusión.*

>Estás sugiriendo que tu elección de no reconocer tu verdadero Ser sea revocada por Dios. Y yo te estoy diciendo que Él no reconoce esa elección como real. Él no te percibe como habiendo dejado tu lugar en su Mente. Es tan sólo tu falta de disposición a aceptar Su Visión lo que te mantiene anclada a tu visión limitada. Te diré entonces que: Yo, como Hijo de Dios, que veo con Sus ojos, veo tu Perfección. Te acabo de dar el reconocimiento que has pedido. ¿En qué medida cambia esto tu manera de pensar? ¿Cuando escuchaste mis palabras, te liberaste? ¿Sentiste tus ataduras caer?

No. Me sentí muy impotente y sin esperanza.

>Ves, no es el reconocimiento de Dios lo que buscas sino el tuyo propio.

*¿Entonces, cómo puedo llegar a ese reconocimiento?
Simplemente diciendo las palabras: "Soy plena,
completa y pura" no me resuelve esto.*

>Por supuesto que esto no lo soluciona. Se requiere que te entregues al sentimiento que te he mencionado. Que te entregues a la verdad. Y yo no puedo complicártelo. No puedo decirte cómo entregarte o soltarte a la verdad de quien eres.

*¿Por qué no puedes decírmelo? ¡Eso es lo que
necesito escuchar!*

>Cuando te hablé de "entregarte", no me escuchaste. La frustración que sientes proviene del hecho que esperas que alguien lo haga

por ti. Y esto no puede ser. Es imposible que seas víctima en modo alguno y si yo pusiera mis manos sobre tus hombros desvaneciendo las nubes que te han impedido ver tu propia divinidad, te estaría haciendo víctima. Una fuerza externa te estaría brindando esa libertad y esto implicaría que Dios te habría hecho cautiva y no un alma libre y plena.

No creo entonces que comprendo lo que es la entrega. Le he dicho a Dios con frecuencia: "te doy mi corazón, mi sentir, mi alma, mi voluntad", pero no percibo que nada haya sucedido. Es como si Él no hubiera nunca dicho: "Está bien pequeña, gracias, acepto tu entrega. Yo me hago cargo de aquí en adelante."

La Voluntad de Dios puede únicamente ser reconocida por ti, cuando la reconoces como tu propia expresión de Paz y Armonía. No existe nada de lo que Dios se tenga que hacer cargo al entregarte a Su Voluntad.

¿Me tiene que dejar saber cuál es Su Voluntad para yo poderme entregar a ella, no?

La Voluntad de Dios para ti, ahora como siempre, es que experimentes lo que Eres, que experimentes y seas únicamente amor, con la certeza de que te estás percibiendo como una extensión de su perfección. Y no hay nada que debas hacer para lograr esto, porque es el estado natural de tu Ser.

No entiendo cómo es que yo no sé lo que es el estado natural de mi Ser.

Permíteme decirte lo siguiente. Estás buscando una justificación que te diga que tu sueño es real. Estás esperando ver un reflejo de tu Ser natural dentro de esta ilusión. No lo encontrarás aquí. Y ahora el pensamiento brota de nuevo en tu mente: "Pero si le acabo de preguntar acerca de la muerte hace tan sólo unos instantes." Cuando te digo que no lo percibirás aquí, te estoy diciendo que no lo experimentarás dentro del contexto mental que estás utilizando actualmente.

No creo que nada sobre esta tierra pueda darme paz. Por eso es que he buscado con desespero, el despertar espiritual.

¿Y cuándo vas a encontrar tu despertar espiritual?

Bueno, pues yo pensé que una revelación de quién realmente soy ayudaría. Hay gente que tiene hermosas visiones ...

Dios únicamente te da lo que eres. Tú eres la que elige todo aquello que viene a tu vida y que se encuentra en conflicto con esto.

¿Pero por qué lo elijo?

Yendo más directamente al punto, la pregunta es: ¿Por qué eliges, ahora mismo, no experimentar tu conexión, tu unión, tu verdadero alineamiento con tu Ser natural? ¿Por qué es que no recuerdas o no reconoces que nunca has estado separada de la Mente de Dios? ¿Por qué no me escuchas cuando te digo que nunca has dejado la Mente de Dios?

*Sí te estoy escuchando y aprecio este tiempo que me
has dedicado, pero estoy perdida. He perdido mi Ser
y no sé cómo volver.*

Sientes que estás perdida porque sientes que por mucho tiempo has pedido y no has recibido, pensando en consecuencia que debe ser cuestión de pedir algo diferente. No son las respuestas las que se han vuelto más complejas, sino tu sentido de orientación que está formulando las preguntas. Las respuestas a tus preguntas siempre han sido las mismas. Mas como las has recibido en un formato no reconocible para ti, has seguido formulando más y más preguntas.

Te haré la siguiente sugerencia: En lugar de sentir la frustración que te produce el no saber cómo despertar, acepta la verdad cuando te digo que ya estás Despierta.

Ahora bien, para que te puedas llevar a ti misma a un estado de reconocimiento de la verdad de la que te hablo, prométete a ti misma que no harás nada que no te brinde paz. Éste te será un proceso difícil al principio porque lo que te estoy sugiriendo es precisamente el paso que te has negado a tomar durante todos estos años. Y es de hecho el paso que te llevará al reconocimiento final de quién realmente eres. En tu promesa a ti misma de no hacer nada que no te brinde paz, te verás forzada a escudriñar de manera detallada todas aquellas decisiones que tomas y que no te brindan paz. Y será en este proceso de escrutinio que comprenderás el porqué has desarrollado tan baja autoestima. Descubrirás todas las racionalizaciones de las que te has servido en el pasado y serán una gran tentación para ti. Pero en realidad estarás separando el trigo del bagazo en tu mente y será este proceso el que te traerá en última instancia la claridad al distinguir todas las alternativas amorosas que te pondrán en contacto de nuevo con tu Ser verdadero.

De manera desesperada estás buscando a alguien con quien unirte, alguien afuera de ti. Pero debo decirte que esta unión no es posible sin antes amarte a ti misma. No estoy diciendo que en estos momentos no puedas estar experimentando, por ejemplo, una relación personal muy amorosa. Lo que te estoy diciendo es que ninguna relación, en su desenlace final, llenará tus expectativas de amor y de unión hasta que no te sientas digna de amor. No te es posible dar o recibir algo que no hayas valorado y aceptado en tu interior.

En esta búsqueda de paz, puedo ver muchos obstáculos. Por ejemplo, veo que obtengo algo de paz al saber que estoy ganando dinero enseñándole a mis pupilos, pero no siento mayor paz al momento de enseñar. Entonces hay paz pero no hay paz al mismo tiempo. ¿Qué camino escojo?

Un vez que te hayas comprometido a hacer únicamente aquello que te brinda paz, encontrarás paz en todo lo que hagas. Verás, la falta de paz no tiene nada que ver con la actividad. Tiene que ver únicamente con la confusión en tu mente acerca de las muchas cosas que están ocurriendo en ella.

¿Está Dios viviendo su vida a través de mi experiencia?

Sería inapropiado decirte que Dios no reconoce la ilusión y luego, decirte que Dios vive Su vida a través de tu ilusión. Por otro lado, te diré que cuando estés Realizada, cuando reconozcas tu verdadero Ser como la extensión de la Mente de Dios, reconocerás claramente que eres la única manera en la que Dios se expresa.

¿En este mundo?

En el mundo de la Realidad. Aún estás confundida cuando te hablo del mundo de la Realidad. Evocas diferentes mundos, diferentes tiempos y lugares. El mundo de Dios está en tu mente. Se encuentra en la claridad que reconoce la Realidad de Dios. Esto es, la totalidad de tu Mente sin el engaño de la ilusión. Es muy difícil aceptar una definición de ilusión cuando se refiere a algo que consideras tan real.

Te diré nuevamente que tan sólo una cosa está sucediendo. Esto es, la expresión de la Mente de Dios y se reconoce únicamente como pacífica, armoniosa y en estado de amor incondicional. Y cuando en tu mente, experimentes cualquier pensamiento que no refleje estas características será que estás experimentando una ilusión de la verdad. Es por esto que te sugiero que te comprometas a elegir únicamente aquello que te ofrezca paz. Porque será a través de esta práctica que mejor podrás alinear tu pensamiento con lo que es real. Y será este proceso el que cambiará tus patrones de pensamiento alineándolos con los procesos naturales de pensamiento que son verdaderos reflejos de la Mente de Dios. Será a través de este proceso paralelo que podrás hacer la transición y tomar el paso final de unirte con tu Ser natural, y en tal unión reconocerás la Verdad que nunca dejó de Ser.

¿Va esto a tomar mucho tiempo?

La cantidad de tiempo involucrado en cualquier actividad depende de tus creencias alrededor del concepto del tiempo. Y ésta no es una evasión a tu pregunta, pues te darás cuenta cuando estés experimentando un flujo más constante de paz en tu vida, de que el concepto de tiempo se habrá hecho mucho menos significativo para ti. El tiempo es únicamente experimentado como un impedimento cuando te aferras a la creencia de que aquello que estás experimentando de manera dolorosa es algo de lo que debes escapar. La experiencia de dicha y de paz es un reflejo de lo infinito pues no existe ningún temor. Es tan sólo el miedo el que le da significado al deseo de apresurar el tiempo.

De hecho, la razón por la que me haces esta pregunta, tiene poco que ver con el deseo de saber cuándo vas a estar libre, y mucho que ver con tu deseo de establecer un parámetro de medida, un punto al que puedas llegar y evaluar que tan efectiva ha sido mi propuesta en tu vida.

Pensé que la razón por la que pregunté fue por esta desmotivación que siento. Me he esforzado, he luchado tanto y por tanto tiempo, que me siento casi abrumada ante la simple idea de más esfuerzo.

Pero ya ves, lo que te he sugerido es la eliminación misma del esfuerzo.

Permíteme sugerirte una manera de establecer la validez de lo que te he dicho acerca de que es imposible que seas víctima. Más allá de lo que reconoces en estos momentos, tú ya conoces claramente la sensación de paz. Confía en que esto es cierto y podrás verlo con claridad. Muy en tu interior, en tu corazón de corazones, tú ya reconoces muy claramente que sí tienes el poder de apelar a la presencia de la paz en tu experiencia. Apela a ella y confía en que así será. No eres una víctima. Yo no te sugeriría algo que no estuviera a tu alcance.

Tengo confianza en tu habilidad de elegir paz. Si necesitas apoyarte en mi confianza, entonces hazlo. Pero reconoce que es tan sólo mi confianza en la que te estás apoyando. Mas no es mi elección imponiéndose sobre ti, tan sólo mi confianza en tu elección. Elige paz, y permite que así sea. Dije anteriormente que éste es el camino que te es más difícil tomar porque ha sido el camino que te has negado a tomar en el pasado.

Voy a seguir esa vía. Trabajaré en ello.

Sin trabajo, por favor. Confía en que si eso eliges, así será. Y para ver los resultados de lo que has elegido, lo único que tienes que hacer es relajarte, confiar y experimentar.

Si te fuera posible ver mi semblante físico, me verías sonriendo. Estaría sonriendo porque no puedo ver ningún aspecto tuyo que no sea perfección.

Mencionaste antes, sin embargo, que estás consciente
de que me siento muy frustrada.

Estoy consciente de lo que sientes por ti misma al igual que estoy consciente de lo que siento por ti. Y aunque ambas son una en realidad, tu percepción no refleja la verdad. Veo la distorsión en tu pensar, pero no me ciega a la verdad. Puedo mirar tu sueño a través de tus ojos, pero reconozco tu sueño por lo que es. Es por esto que realmente somos hermanos. Yo he compartido tu experiencia de ambas, la verdad y la ilusión.

El Equilibrio

Podrías hablarnos por favor acerca del Equilibrio,
acerca de cómo vivir en la tierra, en un cuerpo y al
mismo tiempo, ser consciente de quién realmente
somos como extensiones de Dios.

Intentar lograr un sentido de equilibrio entre lo infinito y lo finito a nivel intelectual, es como intentar hacer malabarismo con una combinación de plumas y bolas de bolos. Perseguir la delicada pluma cuando parece flotar libre de la influencia de la gravedad del mundo, despierta una sensación oculta de gran Dicha. Entonces el ego grita a tu oído que una bola de bolos está a punto de caer en tu cabeza porque estás persiguiendo plumas en lugar de estar lidiando con el "mundo real". En consecuencia, ves estos dos mundos como incompatibles al quererlos fusionar. Tu intelecto no aceptará la idea de una bola de bolos siendo soportada por una pluma. Lo infinito y lo finito no son compatibles. El uno existe y es la verdad. El otro no, y es tan sólo una ilusión de la verdad.

Ten claro que lo que estás intentando equilibrar es a la verdad con la ilusión. Se convierte en un esfuerzo el comprometerse con la verdad hasta que te sientes lo suficientemente a salvo como para soltar la ilusión. Te darás cuenta de que este acto de equilibrar se convierte en última instancia en un ejercicio inútil que produce extrema frustración. La pluma no soportará ni siquiera una bola de ping-pong. La solución entonces no está en encontrar el equilibrio o en el nivel de compromiso, cuando aún estás en el proceso de decidirte acerca de cuándo soltarás tu percepción errónea. Sino en retirar de tu percepción errónea, el enfoque de tu atención. Pasarás de la ilusión a la verdad al enfocarte en la verdad, pero no al buscar maneras de des-hacerte de la ilusión, ni buscando comodidad en tu viaje.

Por favor, no interpretes esto como que estoy hablando de algún momento futuro en que habrás aceptado por completo la realidad de tu verdadero Ser o que esté diciéndote que seas nada menos que absolutamente feliz en cada momento, en este preciso instante. ¡Vivir en la verdad es absolutamente gozoso!

Mi sugerencia es que no busques equilibrio entre la verdad y la ilusión, sino que aceptes la verdad eligiendo Paz y Dicha en tu vida, ahora mismo.

A menudo se piensa que al progresar en el camino del Despertar, existen otros lugares a los que irás para recibir de manera progresiva mayor sabiduría en tu proceso de iluminación. Varios sistemas solares y planetas han sido descritos como espacios con este propósito. Con la promesa de ser lugares mágicos, habitados únicamente por Grandes Maestros que transformarán y moldearán tu consciencia, para que tú también te conviertas en un Gran Maestro, un Ser Divino.

Este proceso te suena razonable porque se asemeja a tus programas educacionales, que son sistemáticamente progresivos. También te libra de la responsabilidad de asumir tus propias elecciones aquí y ahora, en el momento presente. De la elección de recordar que ya eres un Gran Maestro y tan absolutamente Divino como nunca lo podrás ser. Nadie te guiará a despertar a esta verdad en el futuro, porque sólo existe en verdad un único momento, el *ahora*, y un único lugar, el *aquí*; en donde te encuentras. El despertar en el futuro no es posible, porque el futuro permanece delante de ti. No puede hacerse más cercano a ti y nunca llegarás a él, porque es tan sólo un concepto llamado separación.

Me gustaría sugerirte que intentes algo. Permítete vislumbrar la Mente de Dios. Acepta la sensación que le acompaña. Estás más familiarizado con esto de lo que conscientemente crees. En el ámbito de esta visión se encuentra, en la medida en que te lo permitas, todo cuanto existe, la totalidad de la Creación en su expresión infinita. Sin bordes, sin definiciones o descripciones de lugares en ella. Existe en plenitud.

Y ahora te estoy diciendo que ahí es donde te encuentras. Éste es el alcance que tiene tu zona de juego. Dónde juegas en ella, está determinado únicamente por la limitación que le coloques a tu mente para poder experimentarla. Cuando tu mente consciente se expande y cada barrera es removida, la profundidad de tu experiencia de la Mente Dios se revela ante ti. Esto ha sido descrito como niveles de consciencia o planos ascendentes, pero esto no es realmente apropiado. Se trata de un territorio entero, sin bordes, ni fronteras, ni distinciones. Existe en su plenitud como la expresión total de la Creación que es Dios. Y tú estás en este cuadro también en plenitud. Es cuando le colocas un marco con bordes limitados y finitos a tu experiencia del todo, que la limitas. Es por esto que te digo que no existe lugar alguno al que debas ir. No existe lugar alguno en el que no te encuentres.

Me encuentro continuamente oscilando entre mi ser inferior y quien realmente soy. ¿Existe algún proceso útil para recordarme quién realmente soy?

Ése *es* el proceso que te recuerda quién eres. Una vez que realmente llegas al núcleo del asunto del: "¿Soy realmente aceptable?", esto te lleva a la exploración del "¿Quién soy?". Si lo que necesito saber es si soy o no aceptado, entonces tengo que identificarme porque necesito saber si quién soy tiene valía. Te sugiero que te des cuenta de que si quien eres no tuviera valía, no habría valía en la Mente de Dios.

Ésta es una cuestión que todos deben enfrentar. Pregúntate para iniciar: "¿Soy yo extensión y expresión de la Mente de Dios?" Si te contestas: "Ciertamente lo soy." Y luego te rehúsas a aceptar la valía de quién eres, estás rehusándote a aceptar el valor de la Mente de Dios.

Ves, ésta es la clave para que te admitas a ti mismo que tan sólo te has percibido como estando separado de la Mente de Dios. ¿Si superas ese obstáculo, la respuesta a tu pregunta es obvia, o no? Si eres una expresión sin diluir, sin distorsión, de la Mente de Dios y no tienes valía, entonces no habría valía en la Mente de Dios. Haz la pregunta, tú sabes la respuesta.

A esto se resume cada vez que negamos que el amor que existe dentro de nosotros es nuestra única expresión verdadera. No es más complejo de lo que te estoy diciendo en estos momentos. ¿Si existe valía en la Mente de Dios, si existe amor en la Mente de Dios, y tú eres una expresión de ésta, por qué entonces es que tú no la aceptas?

¿Querías una definición de lo que es estar Despierto en comparación con lo que es estar dormido? Pues bien, te la acabo de dar. Es simplemente eso, tu aceptación de quién realmente eres. Y obviamente, no existe nada que tengas que hacer para alcanzar esto, salvo que así lo creas. De modo que, cualquier proceso que pidas o que elabores para ti mismo tiene como único objetivo el hacerte creer o convencerte de lo que ya sabes que es cierto.

Después de sonar tan sombrío, permíteme mostrarte el lado amable. Es inevitable, es lo que tú eres en realidad, y no podrás ocultarte de ello por siempre. Tu memoria no desaparece así parezca que no la usas. Y en el momento de reconocimiento, recordarás en un instante que nunca desapareció. Es la misma experiencia que tienes ahora, cuando despiertas de un sueño.

He recibido la Guía de actuar o pretender que estoy Despierta. ¿Podrías comentar al respecto?

Este proceso en el que te encuentras es maravilloso. Es precisamente así que se creará un nuevo patrón de pensamiento. Reconociendo conscientemente que ya estás Despierta. Este proceso te dispone a recordar. Te felicito por eso.

Me quiero referir ahora, a aquello en lo que muchos se enfocan al perseguir el objetivo de Despertar. El practicar creer y actuar de manera Despierta, extendiendo el amor que eres en cada situación que encuentras, es contradictorio con la creencia en perseguir tal objetivo. Cuando estableces en tu mente que hay un objetivo, estás estableciendo que existe algo que alcanzar. En cambio, la práctica en la que te encuentras, es la práctica del: "Ya lo soy." ¿Y ya que así es en realidad, qué hay que alcanzar? Ya lo eres. Mantente constante en el plan de actuar que ya estás Despierta, es la esencia de lo que he estado intentando decirte.

Es este tipo de práctica la que cambia los patrones mentales y la que te ayudará a trascender experiencias y percepciones ilusorias. Cada vez que elimines una situación en particular en la que estás viendo ilusión, te permitirás acercarte un poco más a la confirmación definitiva de la sensación misma de estar Despierta.

Me siento maravillosamente bien cuando hago esto,
pero me incomoda decírselo a otros.

Entonces resérvatelo hasta que te sientas más a gusto, ya lo estarás. Simplemente actúa de manera que ilustre que estás Despierta. ¡Nadie se incomodará con eso!

¿Cuál es la mejor manera de utilizar las emociones
en el proceso de Despertar?

Lo primero es reconocer que han sido un ancla firme en el mundo de la ilusión. Existe tan sólo una emoción que actualmente se categoriza como emoción pero que no lo es, el amor. Ya te darás cuenta de que el amor es categorizado como emoción de manera inadecuada. Con el fin de responder directamente a tu pregunta, digamos de manera resumida que: Debes entender que las emociones sirven al ego y no al Espíritu. Las emociones son expresiones derivadas de actividades del ego.

Existe lo que el ego te presenta de la siguiente manera: "¿Si debo renunciar a mis emociones, no quedará nada que experimentar o sentir, entonces por qué debo Despertar?" Comprende que lo que intento definir para ti, es la diferencia que existe entre el sentir que percibes proveniente del ego y aquel producido por la extensión de tu Ser. Quiero que sepas que hay mayor plenitud y sensación de compleción en la expresión de tu Ser, las que no pueden ser reflejadas a través de la experiencia de la percepción del ego.

Por favor, mantén presente lo que dijimos antes. El ego no es más que una sentido de limitación de tu Ser. Es esta percepción de ti misma la que te impide experimentar tu Ser en su totalidad. ¿Por consiguiente, aún a nivel de la mente racional, no es acaso obvio que se pueda concluir que cualquier experiencia que percibes desde un estado de limitación sería más vívida, más plena, más gozosa sin ese sentimiento de limitación?

Lo más útil, al comprender tus emociones en relación con tu Despertar, es soltarlas ya que representan un sentido adicional de limitación. No te esfuerces por convertirte en una persona que no exhibe emociones, en cambio permítete ser reconocida como una persona que expresa un sentido superior de sí misma. Y esa Dicha, será reconocida tanto por ti, como por los demás, como un reflejo de tu Ser en su estado de Paz. Y no te preocupes por definir lo que es una emoción o lo que es más precisamente una extensión de tu Ser.

Parece obvio que existen emociones que constituyen un obstáculo para el Despertar, así que me gustaría saber qué papel juega la compasión en este sentido. ¿Es necesario desistir de ella para Despertar?

Antes que nada, quiero mencionar que el estado de la Realidad se puede definir como lo opuesto a apoyar una ilusión de la realidad.

En Realidad, puedes estar segura de que no existe nada que tenga un opuesto. Es por esto que intento dirigir tu atención más allá de conceptos que tienen significados positivos y negativos, buenos y malos, porque estos conceptos reflejan únicamente el estado ilusorio de la verdad.

El sentimiento de compasión es probablemente el más malinterpretado y temido por aquellos que intentan identificarse con Ser amor. La razón por la que esta dificultad surge, es simplemente la siguiente: Te ves a ti misma como, y te identificas con, el cuerpo; pero no eres el cuerpo. No aceptas que eres, en este preciso instante, una expresión sin distorsión de la Mente de Dios. Y es por esto que ves la necesidad de compadecerte de ti misma y de los demás. Estoy seguro de que te impresionará si te digo que no existe compasión en la Mente de Dios. Lo que existe en ella, es únicamente la expresión de la verdad. La visión de Dios, al ser Real; te ve únicamente en tu estado de Realidad, te ve únicamente en términos de la perfección en la que realmente existes. Y a esto atribúyele Dicha, no compasión.

Cuando comprendas que la verdadera expresión de ti misma, como extensión de la Mente de Dios, es únicamente un reflejo del amor que allí se encuentra; verás que no hay necesidad de compasión, porque no hay nada por lo qué sentir compasión. ¿Estoy entonces diciéndote que mientras te mantengas en el sueño, vayas por ahí expresando crueldad? Por supuesto que no. A lo que te estoy animando es a que expreses tu Ser como una extensión de lo único que realmente existe: ¡el estado de amor perfecto! Es a través de esta acción que lo reconocerás. Es a través de lo que enseñas, que elijes lo que quieres aprender. ¿Te suena familiar esto? "Enseña solamente amor, pues eso es lo que eres."

Si, mientras te ves a ti misma en el proceso de Despertar, la expresión de una emoción que identificas como compasión te ayuda a reconocerte a ti misma como amor, entonces expresa compasión. Te he explicado el por qué la compasión no existe en la Mente de Dios, pero en ningún momento te estoy animando a que vayas más allá de lo que estás dispuesta a aceptar en un momento dado como expresión fiel de tu proceso de Despertar. Si la expresión de la compasión se ajusta a tal proceso, entonces utilízala como lo harías con cualquier otra herramienta. Pero, si no te hubiera mostrado el panorama completo, por así decir, no lo hubieras reconocido como la Verdad y esto es lo que has pedido que se te recuerde.

Digámoslo de una manera diferente: expresa únicamente amor en la forma en que mejor se ajuste a ti y a tu definición de amor del momento. Y sé completamente consciente de que esto es lo que está sucediendo: que estás expresando amor de la manera más completa que has elegido aceptar en el momento. ¡Y siéntete maravillosamente por hacerlo! No lo abordes o expreses desde una posición en que te dices con desgano: "Bueno, pues estoy expresando amor de la mejor manera que conozco en estos momentos, seguramente no es lo ideal pero bueno, lo haré de todas maneras." Exprésalo sabiendo que lo estás Siendo.

¿Cuando no estamos en la dimensión física, somos conscientes de que somos perfección?

En esencia, tu pregunta es si tu consciencia cambia de manera automática cuando te experimentas sin cuerpo. La naturaleza de tus experiencias cambiará porque en estos momentos las vives en términos de qué tanto afectan tu cuerpo. Pero el significado de tus experiencias está determinado, tanto entonces como ahora, por aquello que percibes como la verdadera naturaleza de tu Ser. Tener o no tener un cuerpo no cambia de manera automática tu opinión acerca de quién eres. La aceptación de tu perfección se encuentra a tu disposición en estos momentos tanto como nunca lo estará. Esta declaración sería igualmente cierta, si en estos momentos te experimentaras sin cuerpo.

¿Existe el ego en esa otra dimensión?

Tu ego no es una parte de tu cuerpo físico. Tu ego es una limitación dentro de tu mente. Tu ego existe como una expresión de limitación. En cualquier dimensión en que te encuentres, te encuentras en ella con tu Mente. Y la limitación de tu Mente se mantendrá hasta que elijas no experimentarla más.

Un Reloj de Arena de Consciencia Divina

¿Qué debo hacer para tener acceso a mi Ser Superior?

Existe una zona de Confianza con la que no estás conscientemente familiarizado en estos momentos. Es una zona donde sientes que los pasos son suaves. Has establecido el patrón de sentirte en necesidad, en necesidad de confirmación, de estar enamorado de ti mismo. Si te pudieras imaginar a ti mismo como dos personas; verías a la una de pie, con los brazos bien abiertos y haciéndote señas para que te acerques, con la esperanza de que abandones tu renuencia a abrazar. Y verías a la otra persona, el otro aspecto de ti mismo, quedarse de pie mirando con asombro a la persona haciendo señas y sintiéndose desconectada.

Tu sí ves a tu Ser verdadero, el Ser dentro de ti que posee la sabiduría que buscas en estos momentos, pero no te encuentras en posición de permitirte permanecer en total aceptación de éste. Sí escuchas, pero escuchas de una manera que te es intelectualmente placentera pero emocionalmente inaceptable para el ser consciente que te percibes ser. Lo que te estoy diciendo es que ya estás ahí pero no lo aceptas, y es esta falta de aceptación la que filtra la verdad de lo que te estoy diciendo.

Es mucho lo que has comprendido intelectualmente acerca de tu vida, desde lo que consideras un punto de vista espiritual, pero lo has desasociado de tu vida práctica. En otras palabras, sientes que está bien ingerir conocimiento espiritual, pero te es difícil ver su aplicabilidad práctica para resolver tus problemas del día a día. Te animo a que comprendas que no existe distinción alguna entre lo que consideras información espiritual y lo que consideras información práctica. Si pudieras verlo todo como información proveniente de ti mismo y te permitieras integrarla de manera práctica, te harías cada vez más receptivo a medida que le vieras surtir efecto.

No estoy refiriéndome a nada grandioso o complejo, sino simplemente al proceso de soltar tu miedo y abrirte más a la experiencia de tu Ser de paz y amor. No estoy hablando en términos metafóricos. Te estoy sugiriendo que te des cuenta de que todo lo que te sucede, sucede primero en tu mente. Estás experimentando tu mente llena de todos esos pensamientos que tienes en estos momentos, lo que no deja cabida a que tome una forma diferente.

Una de las aplicaciones más prácticas al aprender a estar en el momento presente, es simplemente la siguiente: Una mente que está llena de pensamientos temerosos, aprehensiones creadas y confirmadas por patrones de pensamiento del pasado, no ve cabida para nuevas alternativas de pensamiento. Se trata de una mente que se ve a sí misma, llena. Se ha equivocado acerca de la causa de los problemas que cree que tiene en el momento presente, creyendo que han sido originados en alguna fuente externa y demandando que toda la atención se enfoque en formular planes para resolver tales problemas. Mientras te encuentras comprometido en este proceso, tu mente está cerrada a cualquier otra cosa. Está llena con los problemas y con la búsqueda de una solución. Cuando el miedo está presente, tu atención se enfoca en anticipar circunstancias y eventos similares a los que en el pasado han sido manifestados por este miedo pareciendo confirmar así, su realidad. Al enfocar tu atención en ellos, eso es lo que atraerás nuevamente a tu experiencia, y así reforzarás tu creencia en su validez. Y es así como el ciclo se imprime en tu mente, como un patrón que se perpetúa a sí mismo.

Una mente que conoce únicamente este momento presente, no se enfoca en el pasado y no se preocupa por el futuro. Esto es lo que crea el espacio necesario para que este diálogo, esta sabiduría que buscas, penetre. Será al permitirte estar en este espacio, en este marco mental, que esta sabiduría emergerá y reconocerás muy claramente su origen.

Así pues, cuando preguntas acerca de cómo acceder a tu Ser, yo te digo: Ya lo Eres pero como tu mente está llena, no reconoces su presencia. Entonces, de vez en cuando, vacía la copa a través del estar presente únicamente aquí y ahora.

¿Podrías compartir más acerca de cómo es ese proceso de vaciar la copa?

Romper viejos patrones de pensamiento y reemplazarlos por nuevos, es ya suficientemente difícil, pero romper viejos patrones y no reemplazarlos por nuevos, sería aún más difícil para ti. Te sugeriré un procedimiento, si quisieras intentarlo. No deseo desanimarte cuando te digo que aunque el proceso sea muy simple, no lo encontrarás fácil de realizar. Te digo esto con la intención de que no te desanimes en caso de que, en primera instancia, no te sientas capaz de hacerlo.

Una Imagen Provista:

> *Imagínate un reloj de arena, con arena en la mitad superior, flotando dentro de un fresco y claro estanque ubicado en un prado hermoso y exuberante de flores silvestres. El aro de vidrio y la arena están justo al nivel de la superficie del estanque. El reloj de arena es una metáfora para tu mente, tan llena como lo ilustra simbólicamente la arena. Tan llena que el agua del estanque, representando la consciencia de Cristo, el fluir de tu Ser completamente consciente, no puede más que hondear en la superficie. A medida que la arena se escurre poco a poco, permites que tu mente abra espacio y que el agua del estanque de la Consciencia la vaya llenando, con naturalidad hasta que la llene por completo. Su fluir se siente suave, amoroso y lleno de paz.*

Es este sentimiento el que te da la tranquilidad de saber que simplemente porque la arena de tus pensamientos se ha ido, eso no quiere decir que lo que quede sea un vacío. Sino que más bien, el espacio es llenado por el fluir de este sentimiento que es totalmente cohesivo y no fragmentado, en el que te puedes permitir sumergirte sabiendo que estás a salvo. Al tener esta visión y verte totalmente inmerso, sabes que lo que está sucediendo es que te estás dejando acoger por tu Mente divina.

Permítete sentir que el estar en este líquido, es como estar en el útero de tu Mente divina. Si mantienes este sentimiento y le permites alimentarte, te animará a que te veas a ti mismo renacer a la divinidad de tu Ser natural. Mientras te encuentras en este proceso, no estás recibiendo respuesta a ninguna pregunta específica, ni intentando resolver ningún problema. El hecho mismo de experimentarte dentro de este útero divino, comenzará a abrir tu consciencia a todos aquellos sentimientos que te permitirán reconocer los problemas, en que has venido trabajando, por lo que realmente son y observarlos bajo una perspectiva libre de temor.

No alimentes expectativas. Permite que sea el proceso mismo el que se desarrolle para ti, y permítete estar dispuesto al desenvolvimiento de esta experiencia. Será esto lo que te mantendrá constante y lo que mantendrá tu atención concentrada en el ahora.

¿Esto lo experimento en un estado de meditación?

Si. El estado de mayor paz en el que te permitas estar. Entre más frecuentemente lo intentes, te darás cuenta de que más profundamente te permitirás sumergirte en este estado. Al imaginarte este refrescante líquido, imagínate disolviéndote en él y sé consciente de que lo que está sucediendo es que te estás permitiendo fusionarte con tu Mente divina. Entra en este proceso con la confianza total y absoluta de que lo que tu Mente divina representa para ti, te será revelado de manera tal que no quede cabida a la duda o al cuestionamiento. Será simplemente un proceso de Saber con certeza.

Gracias. ¿Cómo puedo ayudarte o servirte?

Existe un sólo servicio, el servicio que le puedes ofrecer a tu Ser, tu Ser con "S mayúscula". Entiende que esto que te digo, de ninguna manera es una declaración del ego. El servicio que le ofreces a tu Ser es el servicio que le ofreces a Cristo, y es mediante el acto que más claramente represente este servicio como puedes llegar a verte con mayor claridad como el Cristo. Será a través de esta experiencia, del verte a ti mismo como el Cristo, que más claramente reconocerás el servicio de revelar quien realmente eres. La expresión de lo que es, de lo que tú eres, es la Mente amorosa de Dios.

Para que la Mente de Dios sea reconocida, debe ser experimentada. Será a través del experimentar esto, junto con su proceso natural de extensión, que cumplirás con tu propósito. El proceso continuo de cumplir con tu propósito, la extensión de la Mente de Dios, es a lo que se conoce como la Creación. Todo cuanto existe en realidad existe dentro de ti y se expresa como el amor incondicional del Padre.

Entonces, se ha cerrado el círculo. ¿Por qué es necesario despertar para poder reconocer al Ser verdadero? Porque es la única manera en que puedes experimentar el amor de Dios. Será a través de esta experiencia que continuarás extendiéndolo y será a través de tal extensión que otros se verán a sí mismos reflejados en esa luz. Será en esta luz en la que toda la Creación será reconocida. Y te diré que esta luz está siempre prendida, siempre a la vista, pero no siempre es reconocida. Entonces, te animo a que pienses en este acto de despertar como el acto de retirar el velo y ver lo que siempre ha estado ahí. Esto hará que parezca mucho menos complicado, que parezca que hay mucho menos que "hacer" de lo que podría parecer de otra manera.

Existe siempre el aspecto o característica humana que dice: "He oído esto antes", y que te lleva a seguir buscando nuevas formas de despertar. Te pido que comprendas que éste es el simple acto que mantiene a la imagen del ego con vida.

Lo que acabas de describir suena como una vía muy directa.

La vía es bastante directa. ¿Cómo podría ser menos que directa cuando se trata de mantener el reconocimiento de que ya has llegado? No hay nada en qué transformarte, tan sólo debes reconocer que ya lo eres. Y llegas a tal reconocimiento más fácilmente al permitirte, independientemente del estado mental en el que te encuentres, ser lo más parecido a lo que eres cuando estás en reconocimiento total de tu Mente divina. Es decir, al estar en un estado de confianza que se rehúsa a aceptar el miedo y que acepta únicamente aquello que le brinda paz, viendo amor más allá de toda fachada de odio.

¿Por qué me es tan simple y fácil escuchar esto ahora, sentirlo y conectarme, pero no en otros momentos? ¿Qué debo eliminar?

Primero, elimina el pensamiento de que hay algo que eliminar. Estamos lidiando aquí con un patrón de pensamiento. Y lo que estamos intentando captar es que no hay necesidad de que haya un patrón de pensamiento. Los patrones de pensamiento se generan para evitar tener que confiar en tu Ser, en el instante presente. Es por esto que te sugiero el ejercicio de permitirte ser nutrido por tu Mente divina con el fin de que se te vuelva naturalmente más fácil confiar en esta Mente y dejar de sentir que tienes que confiar en la mente limitada del ego, lo que ha sido tu patrón por muchos años.

Resistiendo la Consciencia

¿Es acaso mi resistencia a lograr mayor consciencia, una resistencia a confiar en la totalidad de mi Ser?

Puedo decirte que tu resistencia, en estos momentos, tiene mucho que ver con la sensación que tienes de que de alguna manera podrías perder contacto con aquellos a tu alrededor que no parecen estar buscando su identidad espiritual. Y temes que si sueltas, si te permites recordar, te encontrarás desconectado de ellos.

¿Es verdad? ¿Son estos miedos verdad?

No. La verdad es lo opuesto. Ahora, ves y experimentas a todo el mundo a través de tu percepción de lo que consideras real. A medida que expandes tu estado de consciencia, simplemente experimentarás más y más la verdad en todos. ¿De modo similar, recuerdas cuando de niño pequeño pensabas que tus padres eran como dioses, que lo sabían todo? ¿Y luego, recuerdas que cuando comenzaste a madurar y te hacías más sabio en las maneras de este mundo, comenzaste a darte cuenta de que tus padres no sabían nada y de que tú lo sabías todo? Pero luego, un día de repente, te volteas y te dices: "¡Uy! ¿Pero cómo hicieron mis padres para volverse sabios de repente?" Se trata de esa transición. Es debido a que te permitiste, de repente, ser consciente de la sabiduría que ellos ya poseían, que pudiste verlos y reconocer que la tenían. Ahora bien, esto es un paralelo, no es exactamente lo que sucede pero es algo así.

Ves, todo el mundo, en este preciso instante está Despierto. Todos nosotros somos tal como Dios nos creó, por siempre perfectos. Cuando no vemos esto, es cuando estamos viendo a través de los lentes a los que *Un Curso de Milagros* se refiere como ilusión; ves una ilusión de la verdad, una sombra de la verdad. A medida que le permitas a tu mente expandirse y abarcar un grado más alto de verdad, verás más y más a esa verdad reflejada en todo y en todos a tu alrededor.

Ahora bien, tan sólo experimentas aquello que cabe dentro de tu guión. Y la composición de tal guión, abarca únicamente aquello que cabe dentro de las limitaciones de tu percepción del momento. El mundo a tu alrededor es tan real y Despierto como te permitas ver, ya que le has dado forma a tu experiencia dentro de los límites de tu percepción. Si los límites de tu mundo existieran más allá de tu creencia en ellos, entonces siempre sería posible que alguien o algo te hiciera víctima, te arrastrara hacia abajo o te impidiera avanzar. Esto es algo muy difícil de entender porque miras a tu alrededor y te dices: "Esta es simplemente la manera en que el mundo es." La única manera de cambiar esto, es que comprendas, que tengas? el saber absoluto que te permite ver el mundo a tu alrededor y decir: "Este es el mundo que existe tal como lo veo yo, y es porque lo veo de esta manera, que existe así. Al cambiar la manera en que veo al mundo, el mundo parece cambiar." Pero, date cuenta, el mundo nunca cambia – ¡no hay un mundo que cambiar! Es tan sólo nuestra auto-percepción la que cambia y entonces las cosas a nuestro alrededor deben seguir su ejemplo.

Si cometes el error de creer que el mundo cambia y por eso debes cambiar tú, estás confundiendo la causa con el efecto. El mundo es siempre el efecto; la causa está en la manera en que piensas, el punto en el que te encuentras en tu mente. A medida que la causa cambia, el efecto no puede más que reflejar este cambio.

Entonces, si no anticipo que habrá ningún problema con aquellos que me rodean, al elegir Despertar, no tendré ninguno.

Esto es absolutamente correcto. Únicamente puedes experimentar aquello que has elegido, el guión que has escrito en tu mente.

¿Una Nueva Era?

¿Estamos cerca de experimentar una nueva era, una mayor proporción de Seres despiertos en este plano? ¿Estamos evolucionando, en estos momentos, hacia una consciencia más alta?

Te sugiero que recuerdes que en Realidad, no existe definición del tiempo. El tiempo es una limitación. No existen limitaciones en la Mente de Dios. Sería inapropiado que yo intentara corroborar la importancia de una definición del tiempo dentro de tu sueño. La definición de mil o de un millón de años de "esplendor" ha llegado a través del ego. La verdad acerca de ti, es infinita. Lo infinito ocurre en este momento y únicamente ahora mismo. Cuando adoptes este concepto, cuando le permitas a tu mente estar libre de cualquier otro concepto diferente al de ser, en realidad, una expresión de tu Creador total y completamente realizada; reconocerás que tu elección de alinearte con esta verdad está disponible para ti, al instante. Aquello a lo que me refiero con la Realidad, puede ser descrito como lo Infinito.

La evolución en grados es la descripción perfecta del logro supremo del ego. Esto te mantiene en un estado constante en el que te permites creer que hay una meta a la vuelta de la esquina en lugar de reconocer ahora mismo que eres la creación perfecta del Padre. ¿Qué podría faltar por evolucionar excepto el recordar? Y el recordar es instantáneo.

¿Se trata entonces únicamente de un concepto del ego, el que estemos entrando en una nueva era de consciencia?

Nuevamente, te pido que definas o clarifiques en tu mente, el significado de "era". Si en tu manera de pensar, era significa un periodo de tiempo, entonces puedes estar seguro de que es un concepto derivado de la limitación, o lo que llamarías un concepto del ego. Te recomiendo que permitas que tu enfoque se centre en la Mente de Dios. La Mente de Dios existe únicamente en el ahora. Esto no significa que esté estática o que carezca de movimiento, porque la Mente de Dios se encuentra en estado de constante movimiento y ese movimiento eres tú, Su Hijo. Tu expresión de los aspectos infinitos de Dios es el movimiento de la Creación, del universo, de la Mente de Dios, o como lo quieras describir. Hay una causa y un efecto. La Mente de Dios es la causa, y tú, como El Hijo que Él Creó, eres el efecto. Y es la expresión del efecto lo que constituye el movimiento del universo.

*Pero en el fluir de la historia, yo veo que este
movimiento en desarrollo parece depender del tiempo.
¿Cómo entonces reconcilio este fluir de desarrollo
colectivo?*

Dirigiré tu atención hacia lo que describiré como el miedo a lo desconocido. Lo que lo hace parecer más digerible es el sentimiento de estar en compañía de otros, el hecho de que estás tomando contigo equipaje conocido en forma de otras personas. Esto te conforta al adentrarte en lo desconocido pues sientes que están caminando juntos y de alguna manera encuentras alivio en la cantidad.

Los hechos históricos y la acumulación de datos tal como los ves, son la cara que el mundo te ha presentado y que, te han impedido ver la verdad. No verás evidencia de la verdad acerca de ti mismo en el mundo de la ilusión. Sería parecido a intentar aprender geometría en un libro de literatura Inglesa, las respuestas no se encuentran ahí.

*Entonces, la condición del Cielo en la tierra no es
una condición general de la tierra o de sus habitantes
sino más bien una experiencia individual.*

Nada, para ti, es una condición existente fuera de ti mismo. El que estés en el Cielo depende por completo de tu estado mental y de que escojas ese estado mental con el fin de reflejar los aspectos del Cielo que has elegido. El Cielo existe dentro de ti por siempre, tan eternamente como tu divinidad. Es tan sólo el reconocimiento de tu divinidad lo que te permite ver dónde has estado siempre. El Cielo puede ser alcanzado por ti en la tierra, si estás en la tierra; el Cielo existiría para ti en Marte, si estuvieras en Marte. No hay lugar para tú estar, excepto aquel en tu mente en el que o bien te reconoces a ti mismo como una expresión del Cristo, o como cualquier otra cosa. Y sea lo que sea que experimentes, será el reflejo del estado mental en el que te encuentres en el momento.

¿Es únicamente al yo Despertar que el Cielo viene a la tierra? ¿Cómo se va a manifestar eso ante el resto de los 6 billones de personas?

Permíteme decirte que lo que estás intentando hacer es darle a tu mente limitada del ego un número ilimitado de posibilidades para diseccionar y analizar. Hay tan sólo una respuesta a la pregunta que tienes, y no la encontrarás haciendo mil preguntas periféricas.

Tú no te ves a ti mismo como una expresión directa de Dios, y debido a esta falta de perspectiva no verás a tu alrededor nada que refleje a Dios. Al intentar analizar detalladamente cada una de estas circunstancias y situaciones, buscando devolverles la perfección, lo que estás intentando es reorganizar tu percepción errónea. Esto no tendrá ningún efecto sobre el hecho de que el origen de tu percepción errónea se encuentra firmemente enraizado en quién piensas ser y no en quién realmente Eres. De esta manera, continúas lidiando con los efectos y no con la causa.

La causa de cada error en tu percepción radica en tu falta de conocimiento acerca de quién eres. Hasta que esta percepción errónea no sea corregida, cada percepción que fluye desde ese punto central, será igualmente errónea. Debes ver a través de los ojos de la verdad para ver la verdad. No puedes ver a través de los ojos de la percepción errónea y ver la verdad. La única elección que te queda, al final del análisis, es si quieres o no renunciar a la percepción errónea.

Por favor, define la percepción errónea.

La percepción errónea ocurre cuando no ves a través de los ojos de Dios, cuando ves cualquier cosa que no sea la perfección de Su Creación.

A medida que le permites a tu percepción acercarse a la verdad, verás más claramente la verdad en tus hermanos. No los verás a través de los ojos de la limitación sino a través de los ojos de la plenitud. Verás su plenitud y reconocerás que la Mente de Cristo está siempre en estado de perfecto funcionamiento y de perfecta consciencia. Estás presumiendo, al verte a ti mismo en un estado limitado de consciencia, que así es como todos a tú alrededor se ven a sí mismos también. Y, aunque a tu intelecto le es difícil comprenderlo, te diré que es únicamente a través de tus ojos y de la claridad que te permitas ver a través de ellos, que verás la realidad del Cristo en su totalidad, en su total plenitud, en su estado del ser completamente Despierto. Y reconocerás muchas caras familiares. No habrá ninguna sensación de soledad.

Ves a todos a tu alrededor, únicamente a través de los lentes de tu propia consciencia. De esta manera es que los percibes a ellos. Mientras creas esto, creerás que la Mente de Cristo está en su mayor parte dormida, y por ende sin funcionar, sin expresar el amor de Dios, la Realidad de la Creación. Pero esta no es la verdad.

Te sugiero que te ocupes únicamente de tu propio Despertar. Ten la comprensión, la feliz anticipación de aquello que te espera cuando finalmente abras los ojos y veas. No será una zona de juego vacante.

CAPÍTULO DOS

Eligiendo la Paz

"La razón para elegir la paz es porque no es parte de la ilusión. Es un reflejo de la Realidad. Las elecciones realizadas que no te traen paz, validan la ilusión y mantienen tu atención fija en ella."

Cómo Encontrar Paz

¿Me puedes ayudar, por favor, a comprender por qué no parezco estar consciente de la presencia del Espíritu en mí? ¿Por qué lo mantengo ajeno a mi consciencia?

Tu consciencia actual acerca de ti mismo, está basada en la conjetura de que estás separado del Espíritu que te creó como Él y como parte de Él mismo. Y mientras rechaces esta verdad, la mantendrás fuera de tu experiencia. Para aceptar al Espíritu de Dios como parte tuya, debes aceptarlo como la esencia de todo lo que ves. Permíteme tranquilizarte diciéndote que el negar la presencia de Dios en ti no altera de manera alguna, lo que ha sido y por siempre será. Eres inseparable de tu Fuente.

¿Es esto lo que veo que está volviendo y ...

Permíteme facilitarte esto. Son dos cosas con las que estás luchando en estos momentos: la primera es la falta de claridad, la segunda es la creencia de que hay algo que está sucediendo en tu vida que se encuentra fuera de tu control.

Hablemos acerca de la claridad. Existe confusión en tu mente acerca de lo que puedes hacer, con exactitud, para conciliar lo que parece ser una resolución en pro de tu crecimiento espiritual, con las actividades de tu día a día; cuando ves que éstas te sacan de tu centro de paz y calma.

Hablemos entonces de un asunto muy específico. Has escuchado muchas veces y expresado de muchas maneras que tú creas tu propia realidad. Yo he dicho que tú experimentarás lo que elijas ver. Lo que esto simplemente significa es que lo que sea que esté en tu mente, será lo que pienses que estás experimentando. Digo lo que "pienses" que estás experimentando, porque es un sueño. Pero viene a ti como si fuera real y por lo tanto, nos referiremos a ello como real dentro del sueño.

Lo que está en tu mente es lo que se manifiesta en el mundo físico, en el sueño. Y cuando hay falta de claridad en tu mente, no hay nada afuera que no refleje una falta de claridad equivalente. Es el sentido limitado de la mente que estás empleando ahora, lo que te permite ver únicamente aquello sobre lo que estás soñando. ¿Qué más podrías soñar sino lo que creas en tu mente? Por lo tanto, sea lo que sea que tengas en la mente, será acerca de ello que soñarás.

Encontrarás de gran utilidad reconocer con total claridad la verdad absoluta de lo que te estoy diciendo en estos momentos. Porque es esta verdad la que te permitirá ver vívidamente, momento a momento y con exactitud, si tu mente está clara o no, a medida que abordas tus actividades diarias. Cuando las ves como caóticas, sabrás de inmediato que esta condición es un reflejo de tu mente.

Lo que te estás preguntando es cómo cambiar todo esto. ¿Si esto se encuentra en tu mente, de qué otra manera podrías cambiarlo sino es cambiando de mentalidad? Con lo que estamos tratando aquí entonces, es con la creación de nuevos patrones de pensamiento. Te es difícil reconocer los patrones caóticos de pensamiento que existen actualmente en tu mente debido a que han estado ahí por mucho tiempo. Te has acostumbrado a sentirlos... se han vuelto familiares para ti. En consecuencia, te identificas a ti mismo con ellos, crees que éste es tu estado mental natural o normal. Entonces, aunque te sugiero que es tan simple como cambiar de mentalidad, aparenta ser un asunto de gran envergadura. Y en efecto, será un asunto complejo mientras sigas considerando que lo que estás viviendo en forma de caos, es lo que es normal.

Lo que realmente estás intentando lograr es un sentimiento de paz. Lo que te sugiero es lo siguiente: al atravesar cualquier proceso, hazlo reconociendo que lo estás atravesando con el objetivo de llegar a un estado de paz. Sé consciente de que todo lo que haces, lo haces para obtener paz. Reconoce esto aún en las tareas más mundanas. Con cada cosa que hagas, repite conscientemente: "Hago esto para obtener paz. Hago esto porque me brinda paz." Acostúmbrate a este pensamiento. Permite que este pensamiento sea consciente en tu mente cuando estás en momentos de paz, cuando no pareces estar perturbado por influencias externas que te podrían dificultar el experimentar paz.

Escoge la paz mientras que te cepillas los dientes, escoge la paz al ver una flor hermosa. Escoge la paz cuando sientas a alguien irritándote.

Obviamente, lo que estamos haciendo aquí es estableciendo el patrón en tu mente para que, cuando te encuentres en las situaciones que crean caos, te digas: "Yo hago esto para que me brinde paz." Y tendrás la oportunidad consciente de elegir de nuevo. Pero por favor, no te permitas ser guiado en la dirección errada, no permitas que los antiguos patrones tengan el control. No sientas que estás forzado de ninguna manera, a seguir haciendo algo que no responde a tu solicitud de paz diciéndote: "Tengo que hacer esto, no tengo otra opción, tengo que hacer esto." *No tienes que hacer nada que no te brinde paz.*

Ahora bien, puede que haya ocasiones en las que te resistas a responder con un cambio de actitud o de actividad, con el fin de elegir la paz. Lo que te sugiero en esos momentos, es que no te juzgues culpable o negligente, de ninguna manera, por continuar la actividad de la que estás consciente que no te brinda paz. Ya que abandonarías el proceso y no volverías a repetir la frase: "Hago esto por la paz." Te sugiero que en tales ocasiones alteres la frase diciendo: "Sé que estoy haciendo esto y sé que no me traerá paz y, por la razón que sea, lo voy a hacer de todas maneras y está BIEN." Y luego, observa como los resultados cambiarán. Porque al darte permiso, en una actitud mental libre de juicio al continuar tal actividad que no te traerá paz, te darás cuenta de que la paz estaba presente después de todo.

Pareces estarte castigando con el querer tan desesperadamente estar Despierto y no sentirte capaz de lograrlo. Déjame decirte que nada puede impedirte recordar quién eres. Lo único que puede en apariencia retardar el proceso, es aquello en lo que te encuentras inmerso actualmente, el castigarte por aparentemente no ser consciente de ello. Lo haces porque no has elegido entregar por completo. No has elegido, por completo, dar el paso más allá de la zona de confort en la que actualmente sueñas que te encuentras y así, retornar a tu estado natural o normal de memoria. Esto es de lo que este proceso parece tratarse. Recuerda que esta experiencia que parece ser tan real, que parece contener tanta emoción, que parece mantenerte tan vivo, no es más que una sombra de la verdadera experiencia de tu Ser. Por esto es que pareces avanzar lentamente en este negocio llamado "Despertar". Parece permitirte expandir tu zona de confort poco a poco, de modo que aquello en lo que entras contiene un anillo de familiaridad. Y esto está bien. Lo que haces que parece hacerlo más doloroso es juzgarte culpable por no ser capaz de dar el salto. Lo que intento dejar claro es que el sentir que está creando tal confusión en tu mente, proviene del hecho de que sabes a un nivel muy profundo de tu Ser, quién Eres. Y esta verdad se infiltra, aunque sólo un poco, en tu consciencia del sueño. Entonces, al parecer que avanzas lentamente hacia la Realidad, se mantiene esa voz suave de tu Ser verdadero que dice: "No necesitas hacer esto."

En todo cuanto hagas, elige la paz. En todo cuanto hagas y que reconozcas que no te brinda paz, pero que aún así quieras hacerlo, elige no sentirte mal por ello.

¿Con esto en mente, cómo se lidia con una situación estresante en la que otros están involucrados alrededor de una disputa?

Dirigiré tu atención hacia el tema de la comunicación. Cuando te estás comunicando con alguien, dos cosas parecen estar sucediendo: estás expresando cómo te sientes y la otra persona está escuchando lo que desea escuchar acerca de cómo te sientes. Lo único que realmente está sucediendo eres tú, expresando lo que hay en tu mente. Entonces, cuando te sugiero que le prestes atención a la manera en que te estás comunicando, me estoy refiriendo específicamente al estado mental en el que te encuentras en el momento en que te comunicas. Si te encuentras en un estado mental que transmite en lo más mínimo, enojo o temor, entonces esto será todo lo que la otra persona percibirá –las palabras serán superfluas. Si estás proviniendo de un estado de paz y de confianza, aunque no haya razón aparente para extender confianza; la confianza será percibida y verdadera comunicación tendrá lugar. Te sugiero que al escucharme decirte: "Extiende confianza desde tu propio estado mental.", seas consciente de, y reconozcas que, hacia quien extiendes tal confianza es hacia el Ser verdadero del otro con quien te comunicas. Luego, permite que tal confianza resuene dentro de la otra persona a su propio nivel o estado de consciencia, lo que puede que percibas como un estado más limitado de consciencia.

Una Imagen Recibida:

Dos personajes animados comunicándose entre sí. Tienen globos de habla llenos de palabras saliendo de sus bocas. Sobre cada uno de los personajes, hay una extensión o delineación de su Espíritu, estos tienen también sus respectivos globos de comunicación allá arriba, donde la verdadera comunicación está teniendo lugar. Al mismo tiempo que las palabras intercambiadas entre las figuras inferiores, son únicamente eso, palabras; los pensamientos y la confianza que están siendo comunicados realmente en paz, están fluyendo desde la imagen superior -representados dentro de los globos de habla con la forma de un corazón- y recibidos a ese mismo nivel para luego ser filtrados abajo y comprendidos.

¿Esto tomará un poco de práctica, o no? Es muy difícil cambiar un patrón al que le has dado tanta validez. Mi recomendación es que mires hacia atrás, y evalúes el éxito de tu patrón actual en el proceso de comunicación y si ha funcionado, quédate con él. Si no ha funcionado, talvez es tiempo de intentar algo nuevo.

¿Cómo resuelvo, con este tipo de comunicación, un desacuerdo financiero en el que me encuentro involucrado?

Otra Imagen Recibida:

Hay un bote pequeño, estás tú a un lado y otra persona al otro lado y están tirando de cada lado, sintiendo ambos que el bote es suyo y el bote simplemente se divide en dos, a todo lo largo de la quilla.

Existe otro asunto aquí, el de reconocer la valía. Me refiero a que seas bien claro con respecto a lo que valoras. Porque es la falta de claridad acerca de lo que más valoras en tu mente, lo que crea los miedos acerca del resultado de la enajenación de la propiedad. Hay relaciones involucradas y ese viejo demonio, el dinero, está también presente. Lo que quisiera hacerte considerar es que, en realidad, el valor que está realmente involucrado es el valor que le otorgas a tu paz mental. La ilustración del bote rasgado en dos, ilustra que cuando tu mente es rasgada en dos, nada de valor se obtiene como resultado. Nada que sea ganado a costa de tu paz mental, tendrá un valor realmente duradero para ti y sólo reconocerás esto con claridad post-factum.

Te sugiero que te tomes algún tiempo para estar muy en silencio y observar mentalmente cada escenario que pienses que podría resultar, tanto a favor como en contra de lo que quisieras que sucediera. Sé consciente de tu sentimiento de paz –podría llamarlo una sensación de total satisfacción– con cada escenario que se despliegue. Luego, toma aquel que sea totalmente satisfactorio y sostenlo. Sostenlo suavemente, sostenlo sin miedo, y permítele que suceda. Confía en que sucederá. Y por favor, intenta evitar todo apego de miedo entre el momento en que lo sueltas y el momento en que se manifiesta, porque el proceso cambiará si los pensamientos en tu mente cambian. Deberás permitirle irse en total libertad, sin trabas y sin la compañía de un posterior: "Me pregunto si eso es realmente lo correcto." "¿Realmente sucederá así?" Sin futuros apegos de miedo. Sin trabas. Permítele que sea. *Si al soltarlo dejó tu mente en total claridad y la mantienes en ese estado, así será.*

Asemeja esto, si quieres, a los sueños nocturnos que tienes dentro de este sueño. Sabes bien que puedes hacer que suceda lo que quieras, a través del patrón de pensamientos que tienes mientras duermes. Pero, la actividad cambia en el sueño nocturno en la medida en que cambia tu pensamiento dentro de ese sueño. Esto es lo que te estoy explicando que sucede en tu sueño a escala mayor. Has tenido alguna vez un sueño nocturno en el que eras perseguido por un tigre y estabas en pánico total, y luego tuviste una sospecha que dijo: "Un momento... debo estar soñando." Y entonces te volteaste y el tigre había desaparecido. Simplemente permitiste que tu tigre se hubiera ido.

Escoge lo que más valoras. Si eliges paz, eso será lo que obtendrás en la forma que quieras. Por favor, no aceptes esto como una explicación esotérica. Te estoy proporcionando información tan real como te es posible obtener y aún así mantenerte soñando. Será ésta la información que, al final, te ayudará a ver que estás soñando y a desarrollar una mayor disposición hacia el despertar. Buscarás y encontrarás validaciones, ya sea para confirmar el sueño, o para dejar el sueño; y eso, también es una opción.

¿Qué pasa si hay diferentes personas queriendo un resultado diferente dentro de la misma situación?

El resultado de toda situación está determinado por la motivación detrás del pensamiento que causó tal situación. Cuando eliges tu paz y la de tu hermano, tal será el resultado; independientemente de las circunstancias. Debido a que eres uno con el otro, siempre cumplirás los deseos verdaderos del otro. Esto no parece ser el caso en estos momentos ya que, por lo general, ambos ven sus deseos e intereses en conflicto y por lo tanto le dan un significado conflictivo a sus pensamientos lo que produce un resultado conflictivo. Para cambiar ese resultado, debes desear para el otro lo mismo que deseas para ti.

Te recuerdo que las experiencias físicas sirven únicamente para identificar los procesos de pensamiento que tus creencias reflejan. El objeto alrededor del cual está ocurriendo el conflicto podría tomar la forma de cualquier cosa que valores. Pero el verlo como la razón o la fuente del conflicto, no da en el punto. Tus deseos en conflicto, reflejan tu creencia en la escasez. Pregúntate a ti mismo si este asunto en conflicto existiría siquiera, si supieras con certeza que puedes traer a tu experiencia lo que sea que quieras en ella.

¿Estoy comprendiendo que lo que dices es que cuando esté involucrado en una situación en la que haya puntos de vista opuestos, y yo elija la paz, el asunto se resolverá a beneficio de todos?

Cuando eliges la paz, el beneficio último que se derivará es que recibirás paz. Ya reconocerás que es lo único que tiene valor y que vale la pena elegir. Permite que tu hermano reciba cualquier beneficio que él haya elegido.

¿Cuánto tiempo tardará esto en alcanzar este estado?

Esto depende totalmente de ti. Por favor comprende que en el momento en que elijas por completo la paz, la experiencia de paz será instantánea. El proceso de creación de los patrones de pensamiento del elegir continuamente e inequívocamente la paz en cada situación tomará tanto tiempo como elijas. La razón para elegir la paz es que no es parte de la ilusión. Es un reflejo de la Realidad. Las elecciones realizadas que no te traen paz aparecen para validar la ilusión y mantenerte anclado a ella.

Paz a través del Hacer

Recientemente, tuve una vivencia que duró un día entero en la cual me encontré en un estado o sentir interno libre de duda y de miedo. ¿Cómo puedo volver de manera consciente a ese estado?

Quiero dirigir tu atención hacia el hecho que en ese día, estabas en un estado libre de pensamiento. Estabas en un estado del sentir. Es la parte del pensar la que genera las dudas y los miedos. Cuando te encuentras en un estado del sentir estás más cerca del estado del Ser. Muy a menudo, éste se considera un estado muy difícil de alcanzar ya que, después de todo, te has descrito como un ser pensante. El pensar se ha convertido en un proceso que por error se ha considerado equivalente al saber, y yo quiero enfatizar que en realidad es al revés. El verdadero saber existe únicamente a través de un estado del sentir.

Lo más fácil para ti, es alcanzar ese estado del sentir a través de tu amor por lo que haces. Es el proceso a través del cual te liberas de tus patrones de pensamiento haciendo algo que te da paz. No se trata del "hacer" que describes como aquel acto que incluye actividades tales como pensar y planear. En tu caso es a través del hacer aquello que amas, que sueltas la necesidad de pensar y entonces te abres a la experiencia de sentir con claridad. El sentir viene a ti a través del amor generado por lo que estás haciendo.

"Hacer" se ha convertido en una mala palabra ya que a menudo se le asocia con la voluntariedad. El hacer al que me estoy refiriendo es aquel que podría ser descrito más exactamente como disposición… la disposición a entregarte a un estado del sentir que logras soltándote en tu hacer.

La Importancia de los Sentimientos

Al llenar tu vida, día a día, hora por hora con palabras y acciones, muchas veces ignoras los sentimientos que acompañan estas palabras y acciones. A menudo los sentimientos son incómodos, generando miedo y prevención. Te sugiero que aún así, es importante que les prestes atención ya que es el hábito de mantenerte en contacto con tu sentir el que abre la puerta a los sentimientos más puros de paz y de dicha, los que en última instancia te llevan a la consciencia del Ser, del ser la verdadera extensión de Dios.

Será también al prestar atención a lo que te genera miedo y contrastarlo con sentimientos de paz, que más fácilmente soltarás aquellos que te generan miedo. Podría hablarte volúmenes y volúmenes acerca de cómo soltar el miedo y de su irrealidad, pero sería improbable que estas palabras captaran tu atención. Será a través de tu experiencia sintiendo la paz, que estarás lo suficientemente anclado en la Mente de Dios donde no existe el miedo, y te será mucho más fácil desacreditar los sentimientos de miedo que surgen cuando olvidas quién realmente eres.

Mi sugerencia es la siguiente: entrégate a tu sentir, cualquiera que éste sea, entrégate a éste ya que es éste el medio más inmediato del que dispones para entrar en comunicación con tu Ser verdadero.

¿Qué surge primero: el sentimiento o el pensamiento?

Tú esperarías escuchar que un sentimiento es generado por un pensamiento. Sin embargo, describiendo con mayor exactitud lo que ha estado sucediendo, un sentimiento ha sido preexistente, y ha sido este sentimiento –muy seguramente uno del que no eres consciente- el que ha generado el pensamiento que luego parece generar un sentimiento. El sentimiento ha sido el que ha estado presente en primera instancia.

Permíteme decirlo de otra manera para que puedas comprenderlo más claramente. Cuando te has encontrado en un estado general de paz interior y tus sentimientos son de dicha, amor y armonía; habrás notado que tus pensamientos eran acordes con estos sentimientos. Y los sentimientos que parecen generarse a partir de estos pensamientos de paz, dicha, amor y armonía son una extensión del sentimiento original a partir del cual el pensamiento fue formado.

Ya te darás cuenta también de que al permanecer de modo más constante en un estado de paz, notarás que los "pensamientos" y sentimientos son inseparables y que no tendrá sentido intentar separarlos. Hago referencia a esta distinción debido a que en estos momentos los pensamientos a los que te encuentras más acostumbrado son aquellos generados por una respuesta del ego ante un sentimiento de miedo. Y en este contexto es mejor que te des cuenta de que tus sentimientos son el motor principal, por así decirlo. Ahora bien, refiriéndonos nuevamente a la práctica de hacerte consciente de tus sentimientos, te darás cuenta de que sería mucho más difícil intentar reemplazar los sentimientos de miedo por pensamientos de paz. Lo más fácil es abandonar los sentimientos de miedo cultivando sentimientos de paz.

El Curso parece estar hablando de algo diferente cuando se refiere a la percepción y dice que el pensamiento ocurre en primera instancia y luego se le percibe. ¿Podría usted explicar esto?

El sentir produce pensamientos a los que el ego le asigna significado con base en las percepciones del pasado. Cuando estás percibiendo, sabes que estás lidiando con la perspectiva del ego y una de las cosas que tu ego intentará desesperadamente es ocultar la mayoría de tus sentimientos. Hará lo posible por mantenerte en sentimientos de miedo mas no te ayudará a mantenerte en sentimientos de paz. Y cuando estás lidiando con el área de la percepción, los pensamientos parecen preceder a los sentimientos.

Te estoy hablando aquí desde la perspectiva de evadir al ego, manteniéndote consciente de tus sentimientos y de los pensamientos que éstos producen.

Sé Gentil Contigo Mismo

¿Qué es lo mejor que puedo hacer cuando me encuentro en ese estado del ego en el que veo los errores de mi hermano y no me encuentro dispuesta a aceptar el cambio de perspectiva para así ver su perfección?

Lo mejor que puedes hacer es estar completamente consciente de que esa falta de disposición no cambia quién realmente eres. Con base en tus patrones de pensamiento pasados tendrás la tendencia a creer que si no te permites ser perfecta habrá consecuencias, y que de alguna manera tendrás que pagar en sufrimiento por tus pecados. Ahora comienzas a comprender que esto no es verdad, mantén este sentir.

Te es imposible cambiar a tu Ser verdadero. Tan sólo te es posible una de dos: reconocer realmente este Ser o continuar reconociendo tu limitada percepción de Éste, a la que hemos llamado ego. El proceso entero se convierte en la búsqueda por satisfacer al ego intentando vivir de acuerdo a sus exigencias de que seas tan espiritual como tú crees que deberías ser. Sé consciente de que mientras te estés buscando espiritualmente, tu ego aparecerá para ayudarte en tal búsqueda.

Lo mejor para ti en este caso, es que no juzgues al ego. No coloques tu atención de manera alguna en lo que consideras un impacto negativo o una influencia negativa del ego sobre ti. Ya que al permitirte colocar tu atención sobre el ego, lo estarás reforzando. Comenzarás a pensar que es un aspecto malo en ti misma, aunque no lo sea. Tu ego es simplemente la percepción errónea que mantienes de ti misma y esto no le convierte en malo.

Cuando te encuentres en la posición que me describes, lo mejor y más gentil que puedes hacer es reconocer que ésta es tu percepción actual y luego dejarla ir. No la resistas y no te juzgues por ella. Siéntete agradecida de que estás en una posición en la que puedes detenerte momentáneamente y observar lo que está sucediendo. Reconoce la presencia de tu ego, y reconoce la presencia de tu Ser verdadero también. Será este reconocimiento de tu Ser verdadero el que te permitirá reenfocar y restablecer el sentimiento de paz.

El juzgarte a ti misma cuando te encuentras en un estado mental inferior al que consideras que debes tener, lo único que hará es otorgarle valor a ese estado en tu mente. En consecuencia, se mantendrá contigo por un periodo de tiempo aún más largo de lo que pudieras anticipar. Seguirá creciendo mientras le sigas prestando atención, mientras que sigas juzgándole.

Estás aprendiendo que el amor no tiene opuesto. ¿Entonces, qué crees que sucedería si te mantienes en un estado amoroso acerca de lo que ocurre en tu mente a cada momento, inclusive cuando te des cuenta de que te estás juzgando a ti misma o aún cuando te ves totalmente inmersa en tu ego? ¿Podrías aún así mantenerte en estado amoroso hacia ti misma? ¿Qué sería mejor que el amor para ayudarte a disolver lo que sea que aparentemente se encuentre en conflicto con éste, cuando en realidad el amor no tiene opuesto? Amar a tu ego no suena como una forma lógica de resolver esto. ¿Verdad? Pero es precisamente lo que te estoy sugiriendo.

Te estoy sugiriendo que para comenzar a cambiar aquellos patrones y hábitos de juicio, no te concentres en realizar ningún cambio sino en hacerte consciente de que realmente existes en estado de Amor. Permite que tal estado se haga cada vez más claro para ti y así se formará el patrón o hábito de ser amorosa en toda situación o circunstancia. De esta manera, los demás patrones comenzarán a desaparecer. No harás nada por cambiar tales patrones o hábitos directamente. Simplemente reemplazarás en tu mente aquellos pensamientos menos amorosos por pensamientos más amorosos.

En ningún momento podría yo estarte sugiriendo que la manera más directa de soltar la costumbre del juzgar fuera practicando lo opuesto a este patrón, ya que aún así te estaría sugiriendo que coloques tu atención en el proceso de juicio. Entre más atención le prestes al proceso de juicio, más difícil te será des-hacerte de él. Es imposible practicar el no juzgar.

El estar en estado de Paz, te brindará Dicha. El estar en estado de Dicha te permitirá ver tu propio estado amoroso por naturaleza. De la misma manera, no te sugiero que practiques el volverte pacífica. Lo que te sugiero es que sueltes los pensamientos que no son pacíficos. Eso es todo, tan sólo déjalos pasar. Los sueltas y los dejas ir al no juzgarlos. Los dejas ir al no resistirlos. Los dejas ir al comprender con firmeza que no tienen valor alguno para ti. No cambian quién realmente Eres. La Paz viene a ti por sí misma cuando la has elegido.

¿Este proceso de renunciar a los patrones antiguos de pensamiento se acelera si le pedimos ayuda al Espíritu Santo?

La respuesta es definitivamente: ¡Sí! Te sugeriría sin embargo, que no te preocupes por qué tan rápido sucede. Esto te llevaría a enfocar tu atención inapropiadamente, generándote expectativas acerca de la manera en que el proceso ha de funcionar y juzgando la efectividad de éste, con base en parámetros que tú misma estableces. En lugar de eso, te sugiero que confíes. Confía en que el proceso funciona perfectamente y que el tiempo que toma, sea cual sea, es también parte de su perfección. El principio es nuevamente el siguiente: Cuando permites que tu atención se enfoque de manera inapropiada en lo que llamamos "tiempo", le estás otorgando importancia y valor. Has asumido que no dispones de suficiente tiempo, que si esto o lo otro no ocurre lo suficientemente pronto, tendrás que moverte a aquello otro, ya que tan sólo dispones de una cantidad limitada de tiempo.

Como ves, la totalidad de este proceso se convierte en cambiar tu manera de pensar acerca de la limitación. Y he de decirte que tu creación del tiempo es la limitación más grande que hayas creado. Mientras te veas como prisionera de este mundo, serás por siempre prisionera aquí. Al permitir que el Espíritu Santo trabaje contigo, liberándote de todas las ataduras, deberás confiar en que sucederá de la mejor manera para ti. El decidir qué manera es ésta, no estará en tus manos o elección. Será a través de tu confianza. Te diré ahora mismo, que no hay otro lugar para que vayas de todas maneras, así que: ¿Cuál es el afán?

Tal como lo has escuchado en el pasado, no hay nada mejor para ti que mantener tu atención concentrada en el momento presente. Esto se ha convertido en un concepto pero no ha sido totalmente comprendido aún. El mantener tu atención concentrada en el momento presente, desviará tu consciencia hacia una comprensión de que el momento presente es el único que realmente existe. Esto no puede ser comprendido cuando intentas ver su aplicabilidad dentro del marco del mundo como lo conoces ahora, porque rápidamente comprendes que así no es como funciona tu mundo. Así pues, parte de la confianza está en renunciar a la noción de cómo ves que funciona tu mundo y depender de que el Espíritu Santo te muestre una visión diferente.

No encontrarás una justificación para lo que te estoy diciendo, mirando a tu alrededor. Únicamente la encontrarás dentro de ti, en el ámbito de conocimiento que no necesita de la validación del mundo exterior. Pero no puedes encontrar ese instante, cuando lo buscas convencida de que sólo dispones de una cantidad limitada de tiempo para buscarlo. ¿No lo ves?

Esta es siempre la dicotomía que parece presentarse en este proceso del Despertar. Son los parámetros que nuestro ego nos permite utilizar los que aparentemente limitan nuestra capacidad de visión espiritual.

Has elegido experimentar a tu Ser, y mientras le permitas a tu atención confirmar esto, deberás comprender que sea lo que sea que te suceda a ti o a tu alrededor, sucede con esta finalidad y sucede en estado de absoluta perfección. Cuando esto es olvidado, todo este negocio del despertar espiritual se vuelve muy arduo y pierde su diversión. ¿Dónde está la dicha? ¿A dónde se ha ido la dicha cuando te condenas a ti misma por no despertar?

Te lo diré de nuevo, ya estás Despierta. En realidad nunca has dejado de estar Despierta; nunca has sido menos que la perfección que te creó. Es únicamente tu renuencia a aceptar esta idea la que te impide experimentarla. El intentar cambiarte a ti misma en lugar de aceptarte, le da a tu ego otro camino que seguir y tan sólo perpetuará el proceso. Igualmente, perpetuará la decepción y la desdicha.

Permítete estar en estado de dicha, sabiendo que cuando estás en ese estado, estás en un estado de Dios. El resto simplemente sucederá. Cuando estás en un estado de dicha, la decepción se va. No haces nada para que se vaya. Aunque habrá esa voz que dice: "No hay razón lógica para estar feliz cuando tengo deudas, cuando tengo cosas a mi alrededor que me impiden ser feliz. Cuando mi esposo no me entiende, cuando mi suegra piensa que soy menos que la esposa perfecta, cuando mis amigos me juzgan de manera equivocada, cuando no puedo pagar la cuenta eléctrica. ¿Cómo puedo ser feliz?" Y parece obviamente aún menos lógico cuando te digo que estar en un estado de dicha es lo único que cambiará esas cosas que ves a tu alrededor. No es cuando esas cosas desaparezcan que podrás estar en estado de dicha. Será al elegir la dicha y la paz, que se crearán en ti los patrones de pensamiento que reflejan esa dicha y esa paz.

Cuando tu mente esté en un estado de paz perfecta y permanente, te será bastante imposible tener una experiencia que no refleje paz, amor y dicha permanentes. Al cambiar el guión interior, cambiará la obra exterior.

No Importa lo que Hagas

En este último año, tengo sentimientos encontrados acerca de renunciar a mi trabajo como voluntario, siento que no debo renunciar, sino terminar lo que comencé. ¿Si dejo mi voluntariado, el universo llenará ese vacío por mí?

Permíteme decir dos cosas: Primero, intentaré eliminar gran parte del misterio que rodea la pregunta, "¿Qué debo hacer? ¿Qué cosas debo hacer que me acercarán al reconocimiento de mi paz interior y finalmente al descubrimiento y recuerdo de quién soy?" diciéndote que es totalmente irrelevante lo que hagas. No importa. Por favor escúchame y piensa en lo que te digo.

No importa lo que hagas. El significado de cualquier hecho al que te apegas está en el por qué lo haces.

Retornaremos nuevamente a la premisa de que nada sucede en tu mundo excepto aquello que expresa y refleja tu proceso de pensamiento en un momento dado. Si eliges trabajar en cualquier clase de consejo, hazlo. Hazlo y pregúntate por qué estás ahí. ¿Qué es lo que estás tratando de descubrir, de enseñarte a ti mismo a través de esta experiencia?

Permite que sea cual sea esa elección, se convierta en tu lección. La tarea no será lo importante, el por qué la estás haciendo tendrá todo el significado. Al profundizar en la comprensión de esto, terminarás por saber que puedes elegir cualquier tarea o ninguna en absoluto y que el resultado será exactamente el mismo.

Pero de nuevo te sugiero que no tomes una posición de juicio frente a ti mismo, ni pienses que un método es mejor o más avanzado espiritualmente que otro. Está donde estás a cada momento. Honra donde te encuentras a cada momento. No te pongas a juzgar o a resistir lo que sea que venga a tu mente o a ti, como un reto, o una experiencia positiva o negativa. Enfréntala y pídele al Espíritu Santo que te ayude a comprender el por qué. Puedes elegir cualquier situación que desees para que te traiga la comprensión de cualquier lección que hayas decidido aprender, o simplemente una experiencia que has decidido tener.

Te diré que las elecciones que has tomado hasta ahora, han sido tomadas con la comprensión de que al cambiar el medio ambiente a tu alrededor, estás haciendo del mundo un mejor lugar para ti y los demás. Como motivo, éste es bastante elogiable. Como herramienta de aprendizaje, no es efectiva; porque le estás pidiendo al evento que te enseñe en lugar de permitir que la respuesta llegue de adentro tuyo y sea simplemente ilustrada por el evento. Como ves, es una diferencia muy sutil. Por una parte, estás enfocando tu atención en el evento como respuesta, y por la otra, estás dirigiendo tu atención hacia adentro y reconociéndote a ti mismo como la respuesta. Pero el evento, no cambia.

Cuántas veces hemos hablado acerca de que el mundo no cambia, sólo cambia tu percepción de él. ¿Y cómo cambia tu percepción? Al cambiar tu mentalidad acerca de ti mismo, el mundo entonces parece cambiar. No hay nada en el mundo que no haya sido hecho y puesto ahí como resultado de tu manera de pensar.

Un cambio de actitud cambiará tu experiencia. Entonces, para contestar tu pregunta directamente, debo decirte que te hagas más claro acerca de qué es lo que estás buscando. Pregunta, pregunta continuamente. Será al preguntar que traerás a tu atención consciente la respuesta que estás buscando. Ya he dicho antes, muchas preguntas son contestadas, pero no todas las respuestas son escuchadas. No escucharás la respuesta hasta que hayas abierto tu mente a ella. Abres tu mente a ella al definir claramente qué es lo que buscas saber.

Tu ego rápidamente intentará, en ese momento, delinear los parámetros limitantes dentro de los cuales permitirá que la respuesta se haga aparente para ti. Lo hará basado en tus juicios pasados acerca de lo que tales experiencias han significado para ti; pero claro, eso es lo que estás buscando cambiar. Entonces, lo único que te sugiero es que te permitas estar abierto a escuchar lo que sea que recibas como respuesta, aunque puede que te sea presentada de una forma muy diferente a las que has experimentado antes.

Me gustaría darte una pequeña pista. Muchas veces te preguntarás si has recibido o no una respuesta. Harás la pregunta y luego dirás: "¿Es ésta la respuesta que he de escuchar?" Y te preguntarás si ése es, o no, otro dictado de tu ego; o si has, en realidad, escuchado la voz de tu Ser verdadero. Para saber la diferencia, pregunta: "¿Dentro de esta respuesta, me vuelvo más amoroso? ¿Con más paz? ¿Encuentro felicidad aquí?" Ésta es, de hecho, una sóla pregunta porque los tres son lo mismo. Sabrás, basado en este criterio, si la respuesta ha provenido de la totalidad de tu Ser, o de tu ser limitado.

Guardianes del Portal de la Paz

Como madre, tengo tanta culpa alrededor de esta pregunta. Tengo un hijo que no estaba lista para tener, y su padre y yo percibimos el mundo de una manera muy diferente. ¿Estaría haciendo lo correcto al partir y crear aquello que me gustaría tener a mí alrededor? ¿O debo quedarme y ser responsable por la situación? ¿Si me voy, estaría arruinando la vida de esa personita?

Permíteme decirte primero que: Tienes una sóla responsabilidad, la de ser quien realmente Eres, expresar el amor, la paz y la dicha que te definen. No hay nadie a tu alrededor ahora, ni habrá nunca nadie a tu alrededor que se conforme con menos, sin importar cuál sea la expresión consciente o aparente de sus deseos.

El pequeño pesa más en tu mente, así que permíteme decir esto. Él busca amor, y el amor que tienes para darle no puede ser reconocido, ni siquiera por ti, hasta que lo sientas por ti misma. Al tú buscar amor y buscar encontrar la expresión de tu verdadero Ser, le ayudas en su búsqueda también. Es únicamente a través del reconocimiento de tu verdadero Ser y del experimentarlo, que lo podrás compartir de alguna manera que sea significativa.

Te diré que el juicio y la culpa son guardianes del portal de la paz. Mientras que te presentes ante ellos, no habrá manera de que pases a través de ese portal. Pero también te pido que comprendas que estando en el lado del miedo del portal a la paz, no le traerá a nadie felicidad, ni dicha, ni nada que sea expresión de lo que pudiera vagamente ser reconocible como aquello que ellos realmente buscan. Entonces es cuando te digo: "Busca tu paz, busca primero la expresión de tu Ser." No estoy favoreciendo al ego ofreciéndote una oportunidad de que te juzgues culpable por haberte ubicado en una posición que percibes como estando por encima de tu hijo.

Como ves, es más bien lo contrario. Si primero no te ubicas en esta posición de paz, no le estarás ofreciendo al niño ninguna posición en absoluto.

Una vez que inicies esta nueva alineación en tu manera de pensar, habrá otro fenómeno del que comenzarás a hacerte consciente, y es con relación a la participación de tu niño. Te diré que tu niño es más consciente de lo que está sucediendo, de lo que puede expresar. Tú no puedes ver esto, porque estás en una posición de falta de claridad acerca de tu propia expresión.

No abogaré ni por que te quedes en, ni por que dejes la relación en la que te encuentras. Lo que te sugeriré es que dirijas tu atención hacia tu propio bien-estar. Y si prestas atención a tu bien-estar, lo que suceda dentro de la relación será simplemente un efecto natural. Tomará el curso que mejor sirva al desarrollo de tu Ser y de su Ser.e tu Ser y de su Ser.

CAPÍTULO TRES

Experimentando tus Pensamientos

"Cuando estás en contacto con tu estado natural del Ser, cuando sientes una armoniosa paz, y realizas peticiones desde este estado, sólo existe una manera en que puedes experimentar sus resultados. De igual manera, cuando tu mente está en un estado de confusión y de miedo, la única manera en que puedes experimentar aquello que se hace manifiesto por los miedos, es de manera atemorizada."

La Relación Mente/Experiencia

Cuando tormento o caos surge en tu mente, lo experimentarás fuera de tu mente será también en forma de caos o confusión. No fabricas circunstancias incómodas o desagradables para enseñarte lecciones. Cuando existe falta de claridad dentro de tus patrones de pensamiento, esa falta de claridad se refleja en la forma de una vida caótica. El verdadero proceso es aquel en el que el ego recibe información acerca de la confusión que existe y traduce tal confusión en incapacidad de controlar el desenlace, lo que se convierte en lo desconocido y por lo tanto, temido. Al enfocar tu atención en estos miedos, se harán manifiestos.

El mensaje que el ego te permite recibir de lo que te acabo de describir, será muy diferente. Dirá que nuevamente habrás creado algo malo, algo que habrás interpretado como negativo. Esto apoya muy bien su propósito, porque mantiene a tu mente en un estado de confusión y te da la excusa de sentir que tienes algo que hacer para enderezar la confusión.

Este tipo de pensamiento también te lleva por otro camino que tampoco es útil; aquel que te dice que algo está controlando tu vida, algo que está más allá de tu habilidad consciente de afectarlo. Esto puede llegar a ti de dos formas: creyendo que hay otra fuerza, de cualquier índole, que tiene control sobre tu vida y que toma decisiones por ti, o creyendo que la información puede provenir de tu mente subconsciente, la que igualmente sientes más allá de tu nivel de comprensión y por lo tanto más allá de tu control. Te diré que ninguna de éstas es verdad.

Lo que te parece que son los procesos de pensamiento de tu mente subconsciente, sólo permanecen inalcanzables debido a que no estás dispuesto a estar en contacto con ellos. Estos pensamientos o asuntos se encuentran claramente dentro de tu mente consciente, pero han estado ahí de una forma irreconocible para ti. En esta falta de reconocimiento se encuentra la base de la confusión y es esta confusión la que lleva a la manifestación de tus miedos.

Una vez más, el proceso funciona así: existe confusión en tu mente y es interpretada como estando fuera de control, lo que crea miedo. Una vez que tu atención ha sido dirigida hacia esos miedos, se manifestarán en tu vida porque se han vuelto reales en tu mente. Es imposible que experimentes algo en tu vida física que no se encuentre dentro de tus patrones de pensamiento.

Ahora, el ego tomará esta afirmación e intentará hacerte prisionero de ella. Intentará hacer que sentimientos de culpa te digan: "¿¡Ves lo que has hecho ahora!? Ahora mira el desastre tan bonito que has creado." No escuches esta información. Escucha en cambio, la verdadera implicación de lo que estoy diciendo. Debes saber con la mayor de las certezas, que la afirmación: "Nada viene a ti que no haya sido acogido en tu mente" es una oferta de total libertad. Sí, tienes el poder de determinar lo que estará en tu mente.

Entonces esta pregunta surge en ti, ¿cómo encaja esto con la información previa que se me ha dado: "Trata de vaciar tu mente, trata de liberar tu mente de patrones de pensamiento temerosos"? Te diré que este mensaje significa específicamente, que renuncies a los patrones de pensamiento que han sido creados por tu ego, por la parte de tu mente que tiene en sí un sentido de limitación basado en experiencias pasadas – casetes viejos, como dirías tú. Mi recomendación es que te permitas abrir tu mente a la paz, a la actitud de paz que refleja de manera más acertadamente tu estado Mental natural, el estado Mental que refleja tu Ser. Será en este estado de paz en el que experimentarás claridad, la certeza absoluta de que cuando creas una experiencia en tu vida física desde ese estado de paz, no habrá confusión como resultado.

No hay fuerza fuera de ti que tenga poder alguno sobre la Realidad de tu Ser, o que pueda traerte lo que has llamado lecciones de nada que pueda ser experimentado por ti como nada menos que placentero. Pero, cuando has desarrollado una manera de pensar en la que crees que las lecciones aprendidas son, por lo general, experiencias poco placenteras, entonces atraerás ese tipo de experiencias. Permíteme recordarte que este modo de pensar se ha desarrollado a través de eones, durante los cuales te has convencido a ti mismo de que eres una persona culpable, e indigno de recibir la experiencia del amor que es tuyo por ser la presencia de tu Ser.

En la medida en que te permitas morar de manera más constante en un estado de paz, la verdad en él se te dará a conocer. Permíteme colocarlo de otra manera: cuando estás en contacto con tu estado natural del Ser, cuando sientes una armoniosa paz, y realizas peticiones desde este estado, sólo existe una manera en que puedes experimentar sus resultados. De igual manera, cuando tu mente está en un estado de confusión y de miedo, la única manera en que puedes experimentar aquello que se hace manifiesto por los miedos, es de manera atemorizada. De la manera más simple, puedes pensar en esto así: caos adentro, caos afuera; paz adentro, paz afuera; amor adentro, amor afuera.

El significado de lo que te estoy diciendo se está haciendo más palpable. Nada te sucede a ti; únicamente están los procesos y patrones de pensamiento, el estado mental en el que existes. Esto constituye la suma total. Lo que experimentas en tu realidad física es simplemente una confirmación de lo que estás experimentando en tu mente. Y a medida que vas por este proceso de despertar, descubrirás que no es ni siquiera necesaria la confirmación física. Todo lo que te está sucediendo, está sucediendo en tu mente.

Si continúas teniendo cualquier clase de experiencias poco placenteras en tu existencia física, sabrás que le has dado valor a tales experiencias a través del ego. Y, una vez más, en lugar de juzgarte porque has permitido que esto suceda, míralas como un reflejo de lo que está sucediendo en tu mente, y luego, elige de nuevo. ¡Ahí radica tu libertad! Elige de nuevo, y de nuevo, y de nuevo, y de nuevo, hasta que tu proceso de elegir se transforme en el de elegir normal y naturalmente la paz.

Ahora bien, existe otra cosa que te preocupa y es el:

"¿Cómo puedo elegir la paz? ¿Cómo puedo hacer efectivas estas elecciones en mi mente cuando aparentemente mi manera de pensar y mi vida están tan influenciadas por otras vidas a mi alrededor?" Permíteme asegurarte de que ésta es otra táctica de tu ego para reforzar que no hay posibilidad de que tus patrones actuales puedan ser cambiados a menos que todos los patrones de todas las personas a tu alrededor, encajen en tu manera de pensar. Y te diré yo, que esto es al revés. La verdad es que no verás que ningún otro patrón de pensamiento a tu alrededor esté cambiando hasta que hayas cambiado los tuyos. Es dentro de tus procesos mentales que has percibido los procesos del ego que aparentemente ves sucediendo en aquellos a tu alrededor.

Cuando digo que únicamente experimentarás aquello que reside en tu mente, no estoy diciendo que esto sea verdad con excepción de cómo experimentarías los efectos de las actividades de alguien más. No hay excepciones a este principio. Aunque te sea difícil de creer y comprender, te diré esto: cuando tu mente reside en un estado de paz total, cuando te es imposible experimentar nada que no sea paz, verás a todos a tu alrededor existiendo dentro de ese mismo estado de paz. No te estoy ofreciendo un ejercicio intelectual de intentar comprender cómo sucederá esto. Te lo ofrezco simplemente como una enunciación de la verdad.

Al nivel desde el cuál estás pensando en este momento, el valor primordial de tener la experiencia física está en mostrarte qué está sucediendo en tu mente. Al ver algo que aparentemente está teniendo lugar en tu vida, velo como una oportunidad de saber qué está sucediendo en tu mente.

Cuando experimentas armonía, paz y dicha sin límites, sé consciente de que tu mente se encuentra en un estado en el que refleja una percepción más fiel de tu realidad. Cuando experimentas miedo, o escasez en cualquiera de sus formas, simplemente comprende que eso es lo que hay en tu mente limitada. No te juzgues a ti mismo por esto, no es ni siquiera necesario saber por qué eso está ahí. Es suficiente con que sepas acerca de su residencia y que sepas con igual certeza que tienes la posibilidad de elegir que no esté ahí.

La verdad de esto no podría ser más simple. Reconozco que la aplicación práctica de tu elección constante de tener ese estado de paz incompetente, no es percibida, por ti, como un proceso simple. Pero, por favor, no confundas la simplicidad de la verdad con lo que puedes experimentar como dificultad al implementarla. No te dejes engañar por tu ego cuando intentas escoger la paz. Cuando no la veas manifestarse, no digas: "Debe haber algo más complejo que no estoy entendiendo." Porque de hecho, no lo hay. La complejidad radica únicamente en la implementación de lo que te estoy diciendo.

Sé que algunos de ustedes han tenido también el sentimiento de necesitar salir de un atolladero financiero y han estado, efectivamente, intentando muchas cosas para lograrlo. Y cuando no parecen funcionar, te preguntas si de pronto hay otra cosa que deberías estar haciendo, si acaso hay otro camino, una mejor manera de hacerlo. Para aplicar los principios de los que acabo de hablar, te sugeriré que lo hagas comprendiendo que no es lo que hagas, lo que logrará el propósito que deseas. Es el marco mental dentro del que te encuentras el que hará la diferencia.

Has enfrentado tus muchos quehaceres bajo el sistema de pensamiento y la creencia de que entre más duro trabajes, mayor será la recompensa. Esta creencia está basada en una referencia histórica de lo que percibes que se te ha enseñado a través de la experiencia del pasado. Ésta, es una percepción incorrecta. Si la examinas, sin embargo, verás que te ha ilustrado el punto mismo que yo estaba describiendo anteriormente; que es debido a que primero has fabricado una creencia acerca de esto, que se ha convertido en consecuencia, en una realidad para ti. En tus circunstancias actuales, el miedo que reside y acompaña este sistema de creencias, ha impuesto las limitaciones que estás experimentando. ¿Cuántas veces, recientemente, te has dicho a ti mismo que: "¡Sin importar cuánto hagas, no parece funcionar!"? El decir esto, es una descripción y una expresión del patrón de pensamiento que estoy describiendo, y es este patrón de pensamiento el que se te está demostrando, al no funcionar. Lo que estás experimentando, es simplemente una confirmación de lo que estás pensando.

El manifestar la satisfacción de necesidades físicas puede ser percibido y experimentado como algo limitado o libre de limitaciones, un marco de referencia de lo que mantienes en tu mente como expresión apropiada de tu Ser. Cuando le das una forma cualquiera de limitación, se hará entonces limitado. Cuando lo percibes como incapaz de funcionar, entonces no funcionará. Cuando te deshaces de tu sentido de limitación, entonces lo experimentarás como ilimitado.

La única barrera que existe en cualquier clase de experiencia, es la barrera que existe dentro de tu manera de pensar en el momento en que le das forma. Entonces, cuando tu motivo se convierte en experimentar tu Ser, lo experimentarás sin límites, simplemente porque ésa es tu única descripción verdadera: un Ser sin límites.

Tratar de comprender cómo todo esto funciona, en estos momentos, sólo sería una excusa adicional para que tu intelecto entre en juego. Lo que te estoy diciendo en estos momentos no se registrará en tu mente racional y lógica. Pero en la medida en que sueltas las barreras dentro de las cuales te mantiene esa mente racional y lógica, crearás el espacio necesario para que el reconocimiento de la verdad pueda resonar dentro de ti.

Tu ego te hará creer que se volverá cada vez más fácil experimentar tu Ser espiritual o iluminado en la medida en que eres capaz de soltar la responsabilidad de proveerte sustento físico y así volverte más sereno, y esto también es al revés. Escoge estar en estado de paz. Con seguridad, escoge tener tus problemas financieros resueltos y así será. Y escoge que sea de una manera que traiga paz y felicidad, armonía y dicha a tu consciencia.

No puedes estar feliz de haber resuelto un problema al que entraste a consciencia. Esto únicamente te confirmaría que es posible que otros problemas entren en tu consciencia, y que tengas entonces que entrar a resolverlos para traerte más felicidad. Cuando reconozcas a tu Ser como la presencia de la dicha, sabrás que no hay problemas que le acompañen. Los problemas no son reflejo de una mente feliz. Entonces, mantengamos el caballo en frente de la carreta. La atención dirigida hacia el recordar de tu Ser, no promueve el pensamiento temeroso.

Sólo tienes una elección que hacer, seguir viendo a través de las cortinillas y los velos de la percepción pasada, o empezar de nuevo. Yo te sugeriría que comenzaras este nuevo proceso con la expectativa de haber elegido la verdad y la verdad vendrá a ti. Vendrá tan pronto como crees el espacio que te permita oírla. Entonces te pido que comiences el proceso ahora. No intentes comprender lo que estoy diciendo. Simplemente dite a ti mismo: "Elijo paz en lugar de esto." Permítete sentir la tibieza que acompaña al amor que te envuelve cuando reconoces la presencia de la paz que has elegido. Reconoce tu Ser en este espacio y el resto te será revelado.

El Poder de la Mente

Dado el caso de que uno haya desarrollado una vida exitosa, con una buena posición, abundancia, y posesiones materiales, y que de repente esto cambia y todas estas cosas se pierden con gran compulsión y estrés. ¿Qué es lo que está sucediendo desde un punto de vista espiritual? ¿Se está dando una reprogramación, en la totalidad del Ser, hacia valores diferentes?

Es bueno que comprendas que nada realmente viene nunca a ti, que no esté disponible dentro de tu mente consciente. Si esto no fuera cierto, conservarías el sentimiento de que alguien te puede hacer algo a ti. Si cualquiera de los dos: tu Ser verdadero, como lo ves en la actualidad; o tu mente inconsciente, que se encuentra fuera de tu alcance consciente, fueran a dirigir tus actividades, entonces seguiría pareciéndote que hay algo trayendo eventos a tu vida sobre lo que no tienes control. Y esto violaría por completo el principio que te he dado anteriormente que es: Vas a experimentar lo que veas, primero, en tu mente. Lo que está en tu mente, se manifestará en tu mundo físico. Como ves, si algo estuviera en tu mente inconsciente, o en una parte de tu Mente que en tu actitud consciente estuviera fuera de tu control, entonces podrías ser víctima de tu Ser, lo que

no difiere en nada del ser víctima de cualquier otra circunstancia. No es saludable mantener esta creencia.

Lo que estoy intentando explicarte, es que hay mucho en tu mente consciente que no has identificado; que a pesar de que se encuentra ahí, a tu alcance y comprensión, no pareces ver con claridad. Me refiero a una sensación de caos. Este caos son miles de pensamientos amontonados que no se distinguen claramente a nivel de tu percepción consciente. Y cuando esto sucede, debido a que experimentas en tu mundo físico un reflejo de lo que se encuentra en tu mente, experimentarás caos. Cuando tu mente carece de claridad, las circunstancias que manifiestas en tu mundo físico, igualmente carecen de claridad.

Cuando tus experiencias comienzan a tomar un aspecto que parece suceder por su propia cuenta, y te sientes a ti mismo perdiendo el control de la situación afuera, has obviamente perdido control de las circunstancias dentro de tu mente. Parece que las cosas te están sucediendo a ti, y que tu mente salta de inmediato al temor a perder aquello por lo que, en el momento, sientes mayor miedo a la pérdida. Debido a que ves las cosas salirse de control, vas a querer primero que todo, cuidar aquellas cosas que consideras más preciadas. Cuando esa sensación de cuidar surge, está proviniendo de un punto de vista atemorizado. Y cuando el miedo a la pérdida se vuelve real en tu mente, se manifiesta físicamente.

Ahora bien, tal como es el caso de la mayoría de las cosas que experimentas, este concepto mismo puede volverse atemorizante – que si le permites a tu mente sentir miedo, entonces las cosas más representativas del miedo en tu mundo exterior, aparecerán. A tu ego le gusta pensar en términos que son negativos para ti, en aquellas cosas que tendrían un impacto adverso. Pero piensa conmigo, por un momento, en qué maravilloso es realmente este concepto, porque deberías estarte diciendo: "Cuando la paz esté en mi mente, cuando el amor esté en mi mente, entonces, eso será lo que experimentaré."

¿Cuántas veces hemos dicho: "Elige la paz"? Te aseguro que cuando eliges la paz, no es sólo que tu entorno refleja esta paz, sino que también refleja más fielmente el estado natural de tu Ser. Y esto, después de todo, es de lo que esto realmente se trata.

¿El entorno también se experimentaría lleno de paz?

Por supuesto.

¿En medio de la guerra?

Ve hasta la causa de la guerra. No intentes ir a través de los ejercicios intelectuales y mentales que dicen: "Puedo estar en paz en medio de la guerra". Comprende el por qué de la guerra. Cuando ya no aceptes el conflicto como real o como teniendo valor alguno, no habrá razón para que esté en tus pensamientos. Y si no está en tus pensamientos, no hay manera posible de que aparezca en tu experiencia física. No intentaré decirte que le es imposible a tu mente encontrar una forma de paz en medio de la guerra porque, de hecho, es posible. Pero no es la experiencia de paz completa, porque en ella no sería posible ningún sentido de conflicto.

La frase: "De esta suerte, aunque caminase yo, por medio del valle de la sombra de la muerte, no temeré mal alguno; porque tú estás conmigo." ¿Es ésta una metáfora acerca de lo que usted estaba describiendo?

De hecho, lo es. La metáfora podría ser más claramente así: "Aunque parezco existir en un estado de ilusión, no tendré miedo cuando reconozca que es realmente una ilusión. De este modo, aunque camino a través de ella y parezco estar en un lugar en el que no estoy, no temeré mal alguno porque reconozco que estoy soñando y que nunca he dejado mi hogar de paz."

La manera de salir del caos de nuestra mente es, tal como lo has explicado, escogiendo la paz ...

Escoge la paz. Sobre todas las cosas, escoge la paz hasta que se vuelva reconocible que es la única elección. Y cuando la luz de esto finalmente descienda sobre ti, de repente despertarás y reconocerás que nunca has dejado la paz. Entonces reconocerás por completo el significado de la palabra ilusión.

No tengo más preguntas, a menos de que desees dar más información.

Hay gran cantidad de información. Ha habido ya una gran cantidad de información proporcionada, pero sólo importa aquello que aceptas en el momento. Por lo tanto, esperaremos hasta que tengas más preguntas, lo que reflejará que estás listo para aceptar más información.

Alternativas al Manifestar

Existe una gran confusión en sus mentes acerca de cómo se logran los efectos mecánicos en lo que describen como "manifestar". Es a lo que me he referido cuando he hablado anteriormente de que experimentarás aquello que hayas elegido ver. Debido a que ya eres un Ser totalmente perfecto, que no carece de nada en realidad, el hecho de que creas que manifiestas apoyos materiales, es como creer que necesitas tales apoyos. Sería diferente si en cambio, fueras capaz de mantener el reconocimiento de la verdad acerca de tu Ser, y de esta manera te embarcaras en este negocio del manifestar. ¿Puedes ver de qué manera, tal acercamiento, sería diferente? Lo estarías viendo desde el punto de vista de no tener miedo o necesidad atados a tu manifestar. Lo verías simplemente convertirse en una ficha más en el juego que has elegido jugar. Un juguete más. Puedes tener en este dominio físico, cualquier cosa que elijas tener. He dicho esto anteriormente pero nunca ha sido reconocido realmente.

El término "universo abundante" es un término del ego si se refiere a cualquier cosa que viene a ti debido a que lo has pedido a partir de una sensación de necesidad. El término "universo infinito" es más apropiado porque te ayuda a reflejar en tu consciencia el conocimiento real de que un universo infinito se refiere a la Mente de Dios. El creer que en la Mente de Dios exista la abundancia, crea el pensamiento de que podría existir la posibilidad de la escasez. Abundancia es una palabra que tiene un opuesto. Y no existen opuestos en la Mente de Dios.

Dentro del contexto de la experiencia física, puedes crear tanta abundancia como desees. Es bueno, sin embargo, que reconozcas que este tipo de abundancia no tiene conexión alguna con, y no es promovida por, la Mente de Dios. Lo que vale la pena que veas aquí es que esta habilidad que tienes de crear abundancia, aún a nivel físico, se deriva de tus capacidades creativas verdaderas como Ser infinito. En el estado de la Verdad, de lo que realmente Eres, tus capacidades creativas serían expresadas de manera muy diferente. Pero, debido a que nada te será negado en este estado de sueño, puedes usar esta capacidad de creación del modo que desees. Si deseas crear enfermedad para probarte algo, entonces así será, crearás enfermedad. Si deseas usar la capacidad de creación para crear abundancia de cualquier índole, entonces te pediré que comprendas que también eres tú el que está creando esa abundancia.

Habrás notado probablemente que cuando en ocasiones has intentado crear abundancia financiera o cosas para tener dentro de tu experiencia física, vienen acompañadas por el pensamiento de que no te mereces esas cosas. Quiero explicarte que este pensamiento no es acertado. Seguramente será que el ego está intentando mantenerte en este estado de confusión diciéndote que no puedes tener algo. Y si al intentar obtenerlo no lo logras, entonces simplemente parecerás estar comprobando lo que el ego, que no eres digno de ello.

A lo que me estoy refiriendo aquí es a otro pensamiento que estará en tu mente al intentar crear o manifestar cualquier cosa que considerarías "abundante" mientras que aún esté acompañado de este sentimiento acosador de que no está del todo bien. Tal sentimiento acosador es tu sentido de valor de la abundancia. Y esto es acerca de lo que te pediré que cambies de parecer. Permítete quitar la identificación de que tal abundancia tiene valor.

Si deseas tener algo, simplemente como parte de la experiencia de la dimensión física, comprende claramente que podrás tenerlo. Comprende igualmente que el único valor que le puedes otorgar de manera adecuada al conocimiento de tu habilidad de lograrlo, es que se relaciona muy cercanamente con tu verdadera habilidad creativa, que es la expresión de quien eres. La cosa en sí que será manifestada a nivel de tu consciencia física, carece de valor. Pero el hecho de que puedes manifestarla o hacerla, y que esta manifestación representa un paralelo con la verdadera expresión de tu Ser, eso sí tiene valor.

También te diré que mientras que el ego, en su lucha por mantener un sentido de importancia dentro de tu identidad, te diría por una parte que no te mereces que la abundancia se manifieste en tu vida;

podría también por otra, voltearse por completo cuando llegas al reconocimiento total de lo que es el manifestar y decirte: "¡Ves lo maravilloso que es esto que logramos "juntos"!" Escuchar cualquiera de estos dos mensajes empeora tu sentido de limitación y éste se valida aún más al valorar aquello que manifiestas. Pero si te permites reconocer que la habilidad de crear no es más que un paralelo de la extensión creativa de tu Ser, entonces ésta toma un matiz totalmente diferente.

¿Cuando no estamos en estado de limitación, todas nuestras necesidades son satisfechas instantáneamente?

Cuando estás completamente despierto, la palabra "necesidad" no es ni siquiera parte de tu vocabulario. Únicamente está el reconocimiento de la compleción y plenitud. Me gustaría dejar algo más claro aquí. Este estado mental de limitación puede existir en ambos casos, ya sea que te percibas a ti mismo como un cuerpo físico o como espíritu. Eres Mente, pero mientras que esa Mente tenga algún sentido de limitación, no experimentarás la totalidad de tu Ser. El existir en forma física, sin embargo, te presenta la desviación más radical del concepto de ser Mente.

Si Despiertas del todo y aún deseas mantener una forma física, no te desharías de las necesidades que percibes que apoyan tal forma. Ellas no desaparecerían porque son inherentes al área de la forma física. Sin embargo, si tomaras esta elección, te darías cuenta muy rápidamente de lo que acabamos de discutir, de que te sería muy fácil manifestar tanto la necesidad que escojas como cualquier cosa que la supla. Estas cosas simplemente se convertirían en subproductos de la experiencia física. Y lo que te estaba diciendo antes es que en el proceso de despertar, esto también aplica. Manifiesta lo que quieras, pero reconoce la diferencia.

Hemos hablado muchas veces acerca del valor que tiene el reconocer tu motivación, y espero que esto sirva para esclarecer aún más el por qué. El uno te trae manifestaciones, desde el punto de vista de la necesidad y sirve para distraer tu atención del asunto verdadero; mientras que el otro permite que el asunto verdadero, tu Despertar, resuene y se revele por completo dentro de ti. Todas las otras cosas que intentas traer a tu consciencia dentro de tu experiencia física, son simplemente cosas que deseas para apoyar tal experiencia física pero no tienen su base en la Realidad.

Nadie más, ninguna otra fuerza en el universo, apoyará tu solicitud de manifestar, simplemente porque cualquier otra fuerza que existe en el universo y que está en alineamiento con el reconocimiento de la Mente de Dios, no verá la necesidad. No intento decirte aquí, que abandones tu necesidad, pero sí tu definición de ella. Véla como un mecanismo para apoyar la experiencia física, y luego haz lo que quieras con ella.

Permíteme agregar una cosa más, en caso de que no esté claro ya: El ego te puede enviar en varias cacerías de gansos salvajes con la creencia de que las elecciones que realizas tienen un valor con relación a tu despertar. Por favor comprende que éstas son distracciones. Son tan sólo intentos del ego por nublar tu pensamiento acerca del único asunto que está a tu alcance. Si puedes mantener esta consciencia y simplemente permitir cada elección tal como aparece, permitir que venga con el total reconocimiento de que no importa, entonces puedes elegir lo que prefieras. La importancia está en que comprendas que cualquier elección que tomes, simplemente debe ser tomada desde el reconocimiento de tu Ser. A esto es a lo que me he venido refiriendo con lo de tomar la decisión que te trae una sensación de paz. Esta sensación de paz, es el reconocimiento más cercano que tienes del estar en alineamiento con tu Ser verdadero. Las elecciones en sí no tienen ningún valor, el valor se encuentra en la motivación con que tomas la decisión.

Has pedido despertar. Has pedido experimentar el estado verdadero de tu Ser. ¿No te parece entonces totalmente congruente con todos los principios que estás aprendiendo, que esto sea lo que vas a recibir? Y al hablar de manifestar un sistema de apoyo para la experiencia física, hazlo de un modo igualmente congruente con el redescubrimiento de tu Ser. En esto radica el valor de reconocer los aspectos paralelos de manifestar en tu experiencia física y de extender tu naturaleza creativa en el estado de la Realidad. El reconocimiento de que llevan un curso paralelo, es lo importante del asunto. ¿Cómo podrías soñar que creas algo para apoyar la experiencia física mientras que crees que su creación fue necesaria para apoyar a tu Ser verdadero? Y esto es lo que sucede cuando le das importancia a la cosa que creas, en lugar de al proceso mismo de manifestación.

Simplemente permite que las cosas vengan a tu consciencia. El permitir, es la verdadera expresión de tu Ser natural. Reconocerás que el ego está involucrado en el proceso, cuando sientas la urgencia por el logro.

Cuando en el pasado, has intentado manifestar cosas desde un punto de vista o una base de miedo, o una necesidad, o un sentido de carencia, estas cosas no se han manifestado. Te insinúo que el que no lo hayan hecho, es congruente con tu pedido de despertar. Si hubieran sido manifestados cuando intentaste traerlas a la existencia desde la base del miedo, no habrían confirmado la verdadera identidad de tu Ser. No has pedido seguir siendo engañado. Tu solicitud ha sido la de recordar la verdadera naturaleza de tu Ser. ¿Por lo tanto, no es acaso más comprensible que todo lo que te sucede, te sucede en completa congruencia con tal solicitud? Y cuando tu ego pide algo que no aparece, sabrás que tu solicitud ha sido aceptada nuevamente.

¿Una vez que uno comprende esto, esta vida se vuelve como un campo de juego?

El tipo de zona de juego al que te refieres, no está limitado a la experiencia física. Existe en cualquier estado o dimensión en la que te encuentres mientras conserves un sentido de limitación. Podría resultar confuso el animarte a que juegues en el sueño, al mismo tiempo que se te anima a que despiertes del sueño. Un mejor enfoque para tu atención es simplemente verlo como un sueño. Me refiero a que es un sentido de ti mismo que no es real. Has creado un telón de fondo físico como el escenario donde realizas tu obra de drama/comedia, sabiendo que la parte que estás representando no es más que una caricatura de tu Ser, puedes llamarlo un campo de juego o de recreo o un escenario. Y con este reconocimiento, juega y desempeña tu parte alegremente.

Te sugiero que seas consciente de que la dicha que experimentas al estar libre de la limitación misma que es el estar soñando, supera por mucho la "diversión" que consideras que experimentas al jugar dentro del sueño.

Experimentando Tus Pensamientos

Una de nuestras principales preguntas se refiere a la manera en que nos manejamos a nosotros mismos y a nuestros asuntos financieros. Hemos estado, en la medida de nuestra capacidad, siguiendo la guía interior en nuestras actividades y evitando el esfuerzo, haciendo aquello que nos brinda paz. Todo está bien excepto que se está haciendo demasiado difícil lograr pagar los gastos. ¿Estamos haciendo lo correcto o deberíamos dirigir nuestra atención hacia otras actividades que pudieran facilitar el pagar las cuentas al final del mes?

Existen dos áreas hacia las que dirigiré tu atención con relación a esta pregunta. La primera se refiere a tu inquietud acerca de cómo estás interpretando las directrices que recibes en el área de atraer dinero para satisfacer tus aparentes necesidades. Lo que quisiera decirte es que es demasiado el énfasis puesto en la forma. Esto parece ser una tendencia que surge al estudiar las filosofías que se perciben como el camino a la iluminación. Quisiera que comprendieras que no existen complicaciones serias en este camino. Piensa en ello más bien como el intentar ponerte en un estado de paz mental que favorece el recordar lo que realmente Es. Y para esto, estoy seguro que puedes comprenderlo, no existe fórmula.

La creencia de que hay algo que necesitas hacer para cambiar quien eres se ha vuelto muy rígida en tu mente, en lugar de simplemente permitirte reconocer lo que ya eres. Cuando crees que hay algo que necesitas aprender con el fin de, por ejemplo, manifestar un ingreso adecuado; tal percepción, te diré, está distorsionada. Dirige tu atención nuevamente a lo que hemos dicho muchas veces: tan sólo una cosa está sucediendo, y es el proceso de reconocimiento de tu Ser. Este proceso es más fácil identificarlo simplemente al ajustar tus patrones de pensamiento del día a día para entrar en alineamiento con quien eres.

Permíteme decirlo de esta manera: una actitud de paz, de amor, de permitir incondicionalmente, trae a tu mente consciente un alineamiento más cercano al reconocimiento de la totalidad de la Mente. Si fuera únicamente este proceso el que te preocupara, encontrarías que todas las demás cosas que consideras necesarias para mantener tu vida física serían cubiertas, y serían cubiertas de la manera más natural, sin esfuerzo alguno, sin la más mínima sensación de que había algo que cambiar más allá de tu patrón de pensamiento.

Experimentando tus Pensamientos

Como ves, cuando estás en alineamiento con tu estado natural de paz y armonía, de ser la extensión de amor que realmente eres; tal estado Mental sabe con gran seguridad qué provisión es necesaria para satisfacer tus comodidades físicas. La convicción que viene con este estado mental trae claridad, y luego esa claridad se traduce bellamente en lo que determinas que satisface tus necesidades.

Lo que está sucediendo en estos momentos es un estado de confusión, y un estado de confusión tiene, necesariamente, que dejar a tu mente en duda. Las dudas son interpretadas por tu ego como un miedo a no estar haciendo lo correcto. Y en esta duda y falta de claridad, no percibirás la satisfacción de tus necesidades.

La segunda área para abordar es ésta: Estás siempre y en todo momento experimentando la materialización de tu sistema de pensamiento. Iré más allá y te diré que tú eres la materialización de ese sistema de pensamiento. Ahora ves, si emparejas lo primero con lo segundo, comprenderás más fácilmente que cuando el sistema de pensamiento se convierte en uno de confianza y de certeza, la extensión más fiel de lo que realmente eres, entonces eso será lo que experimentarás. Te sugiero que no dirijas tu atención hacia lo que puedes percibir como avenidas específicas de manifestación u otras tangentes, sino que te concentres más básicamente en saber quién eres.

Permíteme refrescar tu memoria acerca de algunas cosas que tú no eres. No eres confusión, no eres ira, no eres miedo. Pero cuando estas cosas, estos pensamientos o sentimientos están en tu mente consciente, entonces los experimentas. Por favor no comprendas, o interpretes esto como algo negativo o como una razón más para juzgarte a ti mismo. Mejor comprende que todo lo que viene a ti, viene como respuesta directa a lo que has pedido. Lo has pedido al permitirle estar en tu mente.

Entonces te lo digo de nuevo: no hay nada que debas cambiar excepto tu mente. Te será más útil recordar que este cambio no resulta del esfuerzo tuyo por hacer algo o pensar algo diferente a lo que ya existe en tu Mente. Lo que ya existe en ella, está siendo cubierto por una ilusión de lo que piensas que eres. Entonces no emprendas este proceso de cambio de tu mente con una actitud que dice: "Tengo que convertirme en algo diferente." Abórdalo más bien con la certeza de que el cambio está simplemente realineándote con aquello que siempre has sido. Piensa en ello, si quieres, como un proceso que te saca de un estado de amnesia.

¿Significa esto, entonces, que no experimentaremos prosperidad y abundancia en nuestras vidas hasta que hayamos logrado un nivel en el que vivamos libres de toda clase de confusión, ira y desarmonía? Por alguna razón me cuesta creer que tengamos que ser perfectos antes de poder comenzar a experimentar nuestra abundancia.

Mal interpretas. Mi intención es que comprendas que lo que es necesario es que seas perfectamente claro. Como ves, el afirmar que: "Necesitamos ser perfectos para experimentar abundancia", es una vez más colocar la ecuación al revés. En realidad ya eres perfecto. No hay necesidad de que luches por ser perfecto. Necesitas, más simplemente, reconocer aquello que ya eres. El hecho de que aún no experimentes abundancia indica simplemente que no te estás permitiendo una posición en la que puedas recibirla, y esto está sucediendo porque tu mente existe en un estado de confusión. El énfasis, si así lo quieres ver, lo has colocado sobre el efecto y no la causa.

Estás indudablemente consciente de que así es, y puedes citar muchos ejemplos de personas que experimentan gran abundancia financiera y que no están, para nada, en los términos en que tu lo describirías, conscientes espiritualmente. Te aseguraré, sin embargo, que en los casos que mencionarías, existe gran claridad en la mente de esos individuos acerca de qué es lo que desean experimentar. Y te diré yo, en estos momentos, que si eligieras experimentar abundancia financiera y éste se convirtiera en el único énfasis que mantienes en mente al punto de excluir todo otro interés, entonces la tendrías. No porque se te hubiera concedido como un regalo, sino simplemente, porque la habrías mantenido en tu mente con total claridad.

Ahora te estás preguntando cómo encaja esto con lo que he descrito anteriormente como el permitir que un estado de paz mental manifieste la misma cosa. Ambas han llegado debido a la claridad que existe, pero la una ha llegado porque ha sido el único propósito que se quería lograr, y la otra ocurre como un resultado natural de tu búsqueda de ese estado de paz, que es el proceso de reconocimiento que está teniendo lugar como respuesta a tu pregunta primordial del: "¿Quién soy?".

Lo que sucede en tu experiencia física, a la luz del estar en este estado mental, es la experiencia de verte a ti mismo completo. La experiencia de lograr abundancia financiera, cuando ésta ha sido el único propósito, será para ti una experiencia de simplemente eso, tener dinero.

Como ves, en ambos casos, se trata de la materialización de tu estado mental. En cada caso, reconocerás aquello que has recibido. Cuando pides, te enfocas y diriges tu atención indivisa y clara hacia la riqueza; reconocerás que eso es lo que recibes. Cuando diriges tu atención total, indivisa y clara a comprender quién eres, reconocerás que eso es lo que recibes, y la abundancia financiera que experimentarás como resultado, será reconocida entonces por ti como teniendo únicamente la importancia que realmente tiene. La verás entonces simplemente como un subproducto, en lugar del comienzo y el fin de todo lo que buscas.

Has escuchado, pero no has creído, lo que he dicho con relación a tu habilidad absoluta de traer a tu consciencia dentro de la materialización física, cualquier cosa que mantengas en tu mente con total claridad. Esto no parece tener fundamento confiable a nivel de tu experiencia pasada y por lo tanto, aparentemente no tienes razón para colocar tu fe en ello. Cuando te animo a que ignores toda otra distracción, excepto la búsqueda de la memoria de quien eres, lo hago con el conocimiento firme de que cuando hayas llegado a comprender el significado y el conocimiento que se deriva de esto, ya no sentirás necesidad de esas cosas que has experimentado anteriormente. La confianza y la fe en el proceso que simplemente emana de este conocimiento, se volverán seguridad dentro de ti y ya no habrá falta de claridad acerca de lo que está en tu mente, ni acerca de lo que estás experimentando directamente debido a su presencia.

Como ves, todas las cosas que parecen ser obstáculos, sólo pueden ser contestados a través del conocimiento que proviene de esta búsqueda. Es únicamente el ego el que te mantiene firmemente aferrado a colocar tu fe y confianza en aquellas cosas que has experimentado previamente. Y entonces, constantemente se vuelve un reto el permitirte aventurarte más allá de las barreras del ego. No te reconocerás a ti mismo, ni reconocerás la verdad de lo que estoy sugiriendo mientras no aceptes la interpretación del ego del "muéstrame".

Pienso que sería apropiado aquí, hacer el círculo completo y atraer tu atención hacia la primera cosa de la que hablamos en nuestra conversación. No te preocupes o desanimes por nada que puedas interpretar como un programa o proceso a cumplir acerca de lo que hemos estado hablando. Todos los caminos que estás tomando llevan con seguridad a la respuesta de tu pregunta primordial del: "¿Quién soy?".

Lo que te estoy sugiriendo es que tomes la vía rápida de acceso limitado, que tiene muchas menos salidas y le permite menos desviaciones a tu pensamiento. Permite que la simplicidad de vivir tu vida sea congruente con la expresión de tu Ser; la expresión y personificación del amor que Dios creó para que fueras tú. Es dentro de este amoroso ámbito que conoces la paz. Por lo tanto, busca la paz para que puedas comprender el amor. Ésta no es una manera hipotética o intelectual de abordar el asunto... es la única manera en que puedes entender y reconocer la respuesta a tu pregunta original del: "¿Quién soy?".

No hay otra pregunta y de verdad que no hay otra respuesta que pueda ser percibida por ti. Todas las demás cosas te desviarían y, de hecho, inhibirían tu comprensión total. Aprender a manifestar riqueza no te enseñaría nada; comprender que todas las cosas fluyen hacia ti como una extensión de tu Ser, es comprenderlo todo. Entonces, por favor no confundas los asuntos ni pienses que el uno está basado en el otro. Comprende claramente que sólo hay una pregunta y una respuesta.

Los Regalos de Dios

El Curso habla de que los regalos de Dios satisfacen todas nuestras necesidades. Yo solía pensar que satisfacían las necesidades de la forma. ¿Estoy en lo cierto ahora, al pensar que esos regalos de Dios no son físicos?

Los regalos de Dios, verdaderamente, no son físicos. El regalo de Dios eres tú, y todo lo que tú eres, tu campo entero de acción, la cuál es la Suya. Ahora que ese regalo te ha sido dado, lo que hagas con él, te da todas las demás cosas que tú categorizarías como regalos en este nivel físico. Te sugiero que una vez que te hayas visto libre de las limitaciones que ahora te impones, no categorizarás estas cosas como regalos en absoluto. Serán simples acompañamientos, cosas sujetas a la experiencia que has elegido tener. Todas las cosas de forma física o material, han sido manifestadas como acompañamientos de la experiencia que has elegido.

¿Existen aspectos, de la totalidad de nuestro Ser, tal como Dios lo creó, que nos hemos permitido reconocer y aceptar?

Permíteme decirte que básicamente, el tú que Dios creó existe única y totalmente en forma de amor. Ahora bien, lo que decidas hacer con el poder de ese amor constituye la elección de una experiencia. Y cuando esa experiencia te coloca en un estado mental que te permite creer que estás separado de Dios, que eres menos que aquello que Dios creó, entonces desarrollas un sentido de carencia. Y comenzarás a buscar algo para llenar esa carencia. No siendo consciente de tus propias capacidades, mirarás afuera de ti y pedirás un regalo. Y al pedirlo, estarás validando la limitación de quien piensas ser.

No existe nada, dentro o alrededor de ninguna experiencia que puedas elegir tener, que no esté totalmente presente dentro del ámbito de tal experiencia. La dicotomía parecerá estar en que puedes elegir una experiencia que conscientemente sientes que te sería más deseable, una vida más feliz y divertida, pero que parecerá necesitar más recursos financieros de los que dispones. Lo que te sugeriría es que comprendas que las limitaciones financieras existen porque no aceptas que el dinero fluye hacia ti tan libremente como tu creencia se lo permite.

Todo lo que se requiere para satisfacer tu experiencia está presente cuando no opones resistencia. Es únicamente cuando te encuentras en un estado en el que sientes que existe la necesidad o carencia, y no le prestas atención a la realidad de la experiencia sino a una porción de ella, que sientes que necesitas crear algo más para satisfacer tal experiencia. Y en ese momento, te vuelves muy interesado en el proceso de manifestación.

Sentir la necesidad de manifestar sucede cuando deseas algo que tu mente racional te dice que está fuera de tu alcance. Muy frecuentemente es vista como la invocación de una misteriosa ley cósmica o como un regalo de Dios y evidencia de Su amor. La manifestación de alguna clase de forma no sucede como resultado de un universo abundante. Sucede porque te experimentas, ahora, dentro de un universo físico, cuyo único fundamento para la forma física que tiene está en el significado que le atribuyes. Por lo tanto, para que una necesidad que aparece en tu mente se vuelva parte de tu experiencia física, debes traducir su significado a la forma.

Estás en un estado perpetuo de manifestación, simplemente no estás consciente de ello. Sólo lo ves cuando enfocas tu atención en ello. Entonces, al sentir la necesidad de cambiar, embellecer o ampliar el alcance de una experiencia, lo único que te sugiero que comprendas es que debería haber un reconocimiento concomitante de que todos los accesorios necesarios para que se dé tal cambio en la experiencia estarán presentes de manera instantánea tan pronto como hayas identificado y soltado todas las limitaciones para su manifestación.

La Condición Humana

La opción de experimentar aquello a lo que se le llama la condición humana, es un proceso de experimentar la limitación. No estoy emitiendo un juicio, es una observación. La condición humana simplemente implica la experiencia de la limitación. Al mismo tiempo, te pediré que comprendas que la condición humana no está fija en sus parámetros; es decir, que es una condición en la que puedes expandir el alcance de la limitación que experimentas. No es posible experimentar total libertad de toda limitación mientras te encuentres en la condición humana. Pero ciertamente, no sólo es posible, sino que es fácil llegar a comprender que puedes salir de toda limitación, estando en la condición humana, que te haga creer que estás a merced de cualquier cosa que te suceda y que parezca fuera de tu control consciente.

Pareciera que la mayoría de las personas van por la vida reaccionando a circunstancias fortuitas sin comprender lo que estás diciendo. Si te comprendo bien, al definir la clase de experiencia que queremos, creamos nuestra realidad dentro de esta vida física y tenemos total poder de decidir exactamente qué queremos encontrar y cómo lo queremos experimentar.

Eso es correcto. Y la clave está en el proceso de definir con claridad la experiencia; es decir, tener una comprensión completa y total acerca de la experiencia en la que te encuentras inmerso en el momento.

¿Por qué es esto importante?

Porque sin esta comprensión, te colocas en un estado reactivo y, por su propia naturaleza, la reacción implica que algo no planeado, algo que no ha sido llamado, ha sucedido. En contraste, cuando estás en un estado de reconocimiento de aquello que la experiencia implica, te quedará mucho más fácil saber y confiar en que todos sus acompañamientos están igualmente bajo tu control. Es precisamente el proceso de reconocimiento de lo que está sucediendo, lo que te permite expandir tu atención y tu consciencia hasta abarcar su totalidad, y esto es lo que te coloca más allá del estado reactivo.

No les es fácil, a las personas que están inmersas en el sentimiento de ser víctimas, expandir su visión más allá de un estado de temor hacia lo que están reaccionando y por esto no logran ver un cuadro más amplio.

Hablemos ahora, por un momento, acerca de cómo te haces aún más consciente de lo que es la totalidad de una experiencia. Quiero llamar tu atención hacia el hecho de que los patrones pueden ser considerados como el índice de tu experiencia, útil cuando intentas ver su totalidad, porque los patrones te mostrarán con mayor claridad de qué se trata la experiencia en la que te encuentras. Te mostrarán lo que has venido experimentando. Al permitirte ver objetivamente estos patrones, verás más claramente aquello que has estado intentando enseñarte a ti mismo. En la medida en que te vas haciendo más consciente, y al mirar al pasado y ver cuán perfectamente estos patrones se han cumplido a sí mismos, te será más fácil ver que todas las piezas necesarias para que pudieras experimentar tal patrón estuvieron sobre la mesa y en su lugar. La razón por la que le llamo patrón es porque es repetitivo, y la razón por la que es repetitivo es porque no eres consciente de lo que te has propuesto aprender. Una vez que conscientemente reconozcas la lección, y veas la totalidad y el valor agregado que habías decidido traerte a través de esta lección, el patrón habrá terminado. Su propósito se habrá cumplido. Ésta es la razón por la que te digo que lo mejor es que te hagas consciente de aquello sobre lo que la experiencia, que estás viviendo en este momento, está intentando llamar tu atención.

Terminar con un patrón, debe implicar más que simplemente ver el patrón.

Implica mucho más que simplemente ver el patrón; terminarlo requiere la experiencia de la lección que has traído a tu consciencia. Será a través de la experiencia, de haberla vivido, que descubrirás el valor que ha tenido. Muchas veces verás que el valor estuvo en mostrarte la falta de valor del miedo. Pero no experimentarás el hecho de que el miedo carece de valor mientras que estés en un estado en el que simplemente reaccionas al miedo. Porque, entonces, esa cosa que temes seguirá apareciendo, de una manera u otra, y eso es lo que crea un patrón.

¿Es a esto a lo que se le llama "Karma"?

Karma, quisiera decirte, es meramente una excusa para continuar un patrón al que te has acostumbrado. Muy a menudo, ese patrón es de la clase que dice que hay algo bueno y algo malo, y que para haber experimentado la totalidad de cualquier cosa, debes haber experimentado ambos aspectos. Esto es una elección. Pero si ésta es tu elección, tal será tu patrón.

Juzgándote a ti mismo

El Curso dice: "Sueña con la bondad de tu hermano, en vez de concentrarte en sus errores. Elige soñar con todas las atenciones que ha tenido contigo, en vez de contar todo el dolor que te ha ocasionado." (T.658) ¿Qué debo hacer cuando parece que no veo la bondad y las atenciones que ha tenido conmigo?

En cualquier momento en que eres consciente de que no logras ver amor en alguien, sé consciente de que estás privándote a ti mismo de ese amor. Cuando permitas que tu consciencia incremente y abarque a aquellos a tu alrededor, te darás cuenta de cuán conscientes te parecerá que ellos se han vuelto. Porque ya ves, nada habrá cambiado en ellos; habrá sido sólo tu consciencia acerca de ti mismo la que se habrá ampliado. Lo mismo es cierto para cualquier otra emoción o sentimiento que busques recibir de tu hermano. Será simplemente cuestión de permitirte estar dispuesto a ese sentimiento proveniente de ti mismo.

Estás buscando en todos los lugares equivocados. Cuando intentas concentrarte en la solución a un problema que percibes como propio, y buscas la solución expresada a través de otra persona, estás confundiendo los efectos con la causa. Nada te sucede a ti que no esté siendo creado directamente por los patrones de pensamiento que mantienes en tu propia mente. Todas las percepciones con relación al mundo afuera de tu mente son creadas directamente por esos patrones de pensamiento. El mundo es visto a través de los filtros de tu percepción, de los que puede que estés o no consciente.

Permíteme explicarlo de la siguiente manera: Debido a que has desarrollado la necesidad de ser amado, la necesidad de ver amor siéndote expresado, te concentras en aquellos afuera de ti para que te confirmen esto. Nunca lo encontrarás allá afuera. Lo que encontrarás allá, es el reflejo de la confusión que se encuentra en tu propia mente. Verás algunas personas que aparentarán reflejarte el amor que buscas y verás a otros reflejarte menos amor del que buscas. Ésta es la confusión que proviene de tu propia mente. Debes comprender claramente que nada viene a ti, que no venga a través de ti.

Los sentimientos amorosos que vienen a través tuyo, serán los que encontrarás reflejados a tu alrededor. Por lo tanto, debes concentrarte únicamente en el por qué no sientes que estos sentimientos amorosos sean parte tuya, que sean algo que viene a través de ti, una extensión tuya.

Te recordaré lo siguiente: Eres en este momento, nada menos que el amor total y completo. En lugar de escuchar esto como un simple mensaje en palabras, permítele ir más profundo. Permítele que pase por el lado de tu entendimiento intelectual. Debes dejar de tenerle miedo a comprender que no hay nada acerca de tu Verdadero yo, que no esté constituido únicamente de puro amor. Simplemente estoy afirmando un hecho. Como perfecta creación del Padre, es imposible que seas menos que lo que acabo de describir. Para que fueras menos que eso, Él tendría que ser menos que eso igualmente.

Una vez que te hayas permitido por lo menos comenzar a comprender esto, encontrarás que el mundo a tu alrededor comienza a cambiar drásticamente. Siéntete bien por este cambio, pero no lo veas como misterioso. Comprende que está cambiando porque estás cambiando la manera en que te ves a ti mismo. Ésta es la única manera en que el mundo afuera, como lo ves tú, puede cambiar.

El mundo a tu alrededor es simplemente un lugar que espera por las manifestaciones que emites en él. Al emitir miedo y duda en el mundo, tal será la experiencia que tendrás de éste. Pero si le permites a la experiencia del amor desarrollarse dentro de ti, también te reflejará la experiencia del amor.

Sería mucho más fácil, si todo lo que tuvieras que hacer fuera esperar a ver el amor que viene a ti proveniente de otros. Entonces nada se requeriría de tu parte. Pero si esto fuera verdad, permanecerías por siempre víctima del mundo. Yo te lo digo, la dimensión física exterior del mundo, como ahora la ves, no es sino prisionera de tu pensamiento.

No te juzgues cuando no logras ver una respuesta positiva hacia ti por parte de aquellos a tu alrededor, o cuando no logras ver el amor que te han dicho que existe en esas personas. Estás simplemente fabricando más excusas para juzgarte a ti mismo, y esto sólo perpetuará el patrón del que te he estado hablando. Es tiempo ya de cambiar ese patrón. Y en tu caso, hermano mío, ese patrón sólo puede ser cambiado renunciando a los errores en tu percepción acerca de quién eres. No te estoy pidiendo que te conviertas en algo que no eres, realmente no te estoy pidiendo que cambies nada. Simplemente te estoy pidiendo que sueltes el error en tu percepción.

Así como te das cuenta de que te resulta extremadamente difícil no juzgar a otros, comprende que esto es así porque no puedes evitar juzgarte a ti mismo. Te sugiero que te preguntes a ti mismo si esto es porque crees que Dios te juzga. Y cuando te convenzas a ti mismo de que esto no es así, pregúntate entonces: "¿Si Dios no me juzga, por qué continúo haciéndolo yo? ¿Si Dios me ve como Su amoroso Hijo, por qué entonces me niego ese sentimiento a mí mismo?"

Los patrones viejos son difíciles de descartar. Tu intelecto y tu ego te darán muchas maneras de cambiar estos patrones. Parecerá haber muchos libros, muchos sabios maestros, y aunque todos te ayudarán, en el análisis final estarás sólo tú buscando el tiempo de silencio para permitirte sumergirte en el sentimiento del amor de Dios y que éste permanezca contigo. Permítete corresponder a ese amor permitiéndote todos los momentos de dicha que puedas diariamente. Te sorprenderá la pequeñez de las cosas que te brindan dicha, si simplemente te permites sentirte digno de aceptarla. No habrá razones exteriores aparentes que vengan a ti, ninguna lógica se presentará que diga: "Soy digno de esto." Este sentimiento deberá venir de adentro tuyo. Ésta es la decisión básica que deberás tomar para poder ser feliz.

Yo sé que se trata de tu deseo de complacer a Dios, y quiero hacerte saber que no hay mejor manera de hacer esto que siendo feliz. Carece totalmente de importancia aquello por lo que te sientas feliz, se trata simplemente del permiso que te das de estar en estado de dicha.

CAPÍTULO CUATRO

Las Diferencias y la Verdad

"El punto en que te encuentras en este proceso del amar, determina tu capacidad de comprender la verdad."

Apreciando las Diferencias y Experimentando la Verdad

El asunto que me gustaría aclararte ahora, es el referente a que en tu percepción, todas las personas que están intentando comprender quién son, no parecen comprender o inclinarse hacia, lo que consideras el mensaje más apropiado. Lo que estás intentando comprender es una verdad universal que puede ser expresada de un modo singular, en un sólo mensaje, tal como es. La verdad que estás perdiendo de vista es el hecho de que todos ustedes –y me refiero a "todos"– que aún se ven a sí mismos durmiendo, no están durmiendo en realidad. Están Despiertos, en este momento. La totalidad de tu Ser está bien consciente de quién eres. Para convencer al aspecto limitado que has fabricado y con el que te has identificado –al que llamo ego– de que está, de hecho, Despierto tendrá que ser a través de medios que el ego mismo permita. Esto te puede parecer extraño, pero debido a que te has identificado y creído que eres un ego, debe ser a través del ego que el mensaje de que no eres un ego, llegue a ti. Y en la misma medida en que hay tantas razones percibidas para creer que estás dormido, como hay egos que parecen dormir, así mismo, la manera en que se recibe el mensaje, será diferente. Y, no debe preocuparte el que cada uno permita únicamente aquel mensaje que es capaz de escuchar, en el momento.

Tal como te lo he dicho muchas veces antes, existe una única cosa que te atañe, y ésta es tu propio Despertar. Por favor, permíteme asegurarte que en la medida en que esto suceda, reconocerás con gran claridad que es a través de tu proceso de Despertar que el mensaje que estás intentando transmitir será, por así decirlo, comprendido automáticamente por otra persona que está intentando lograr lo mismo. También te aseguraré que él o ella, puede que no lo perciba o no lo vea como habiendo llegado de la misma manera o a través del mismo camino que has elegido tú. Simplemente verán quién son a través de tu visión de ti mismo, y sabrán de manera intuitiva cuál es el camino adecuado para ellos seguir y así aclarar su propia visión.

Hemos hablado de la motivación. Cuando está en tu corazón el extender tu Ser, sin importar cómo lo percibas en ese momento, eso se convierte en una aceptación de quien eres, y al compartirlo, te demuestras a ti mismo tal reconocimiento. Si existiera la expectativa de que fuera recibido por el recipiente como si tuviera algún efecto significativo, entonces tu motivo se habría hecho no-descriptivo de lo que te estoy explicando. Igualmente, sé consciente de que no es importante que te concentres en ser un ejemplo, porque eso implicaría que tienes la expectativa de que los otros vean quien eres y por lo tanto esto cambiaría tu enfoque acerca de la importancia de lo que realmente está sucediendo.

Yo, efectivamente, encuentro gran satisfacción en compartir la verdad con otros debido a que sé cuán cambiada ha sido en la Biblia. ¿Estás diciendo que esto no es realmente importante?

Si vieras esto desde mi punto de vista, que también es tu punto de vista libre de distorsión, verías que ya estás perfectamente expresado. Verías que no hay nada acerca de ti mismo que sea carente. Nada en ti que no exprese, perfectamente, el Amor de nuestro Padre. Lo que también veo es que estás soñando. ¿En tu estado actual de consciencia, cuando ves a un hermano cualquiera en su sueño, lo criticarías por estar dormido y le dirías que sus sueños no son tan buenos como los tuyos? ¿O descansarías en la absoluta certeza que cuando esté listo, despertará?

Y sin embargo, yo sé que nuestro proceso de despertar es ayudado muchas veces por información que viene a nosotros proveniente de diferentes fuentes. Siento que la transcripción de estos diálogos puede desempañar esta función para alguien.

Ciertamente. Serán muchos a los que les sirva esta información. Les servirá esta información para llegar a un reconocimiento, a un punto de vista que les permita escuchar lo que estoy diciendo. Lo más útil para ti es que comprendas, al mismo tiempo, que hay muchos otros que no comparten este punto de vista y a ellos les hablaré de diferente manera. Les hablaré en el lenguaje que ellos pueden escuchar mejor.

Por favor, recuerda lo que dije anteriormente. La verdad es que nunca has cambiado tu Ser. La ilusión está en creer que sólo hay una manera en que puedas comprender que ya estás Despierto. Estás intentando conciliar lo que te he dicho, con un punto de vista singular acerca de la verdad. Y, lo que estoy intentando explicarte es que su real impacto, la consciencia y el conocimiento total de esta Verdad, no será conocido por ti en su totalidad hasta que no reconozcas que es, lo que tú Eres. Entonces, permite que tu percepción de ella sea ilimitada. Simplemente reconoce esta verdad: experimentarás la totalidad de tu Ser, y todos los demás compartirán la experiencia desde el punto de vista que mejor se acomode al entendimiento de su ego.

Te digo que estoy siempre contigo. Te diré que me es imposible no estar contigo siempre, porque somos Uno. Y es esta Unicidad, lo que te estoy animando a que permitas que se desarrolle ahora, como una forma de pensamiento. Permite que la identificación que me has asignado a mí, sea la identificación que tienes acerca de ti mismo. Somos realmente, en la única manera que tiene sentido, hermanos; somos indistinguiblemente la misma extensión perfecta e igualmente expresada de nuestro Padre. Nada me fue dado a mí, que no te haya sido dado a ti. Fue adecuado, por un tiempo, que yo te animara a profundizar en los sentimientos que tienes por mí. Sería totalmente inadecuado que yo, en estos momentos, no comenzara a animarte a que reconozcas que esos sentimientos también aplican a ti. De hecho, te lo digo, si los sientes por mí pero te privas a ti de ellos, pierden su significado.

¿Estás diciendo que debo reconocer el amor especial que siento por ti, como mi capacidad para expresar ese amor a otros debido a que proviene de la fuente que tenemos en común?

Siéntate por un momento y permítete reconocer las razones que tienes para verme tan digno de ese amor tan maravilloso que me das. ¿Qué soy yo, en tu propia manera de definirlo, que me hace tan digno de semejante sentimiento?

Es porque te veo totalmente Despierto.

Pero ya ves, yo te veo a ti Despierto. Y te animo a que te des cuenta de que no hay ninguna razón que puedas encontrar para sentir esto por mí, que no sea igualmente cierta para ti. Tú únicamente crees estar dormido. Simplemente tienes un punto de vista que te hace verte dormido. Entonces, mira a través de mis ojos. Mírate a ti mismo, como te veo yo. Mírate a través de la visión de Cristo y simultáneamente, reconoce que es tu propia visión. He ahí la belleza en todo esto. Te es fácil traducir la visión de Cristo como mi visión, porque te es fácil verme como al Cristo. Entonces acepta esto; acepta mi visión y permíteme compartir contigo de modo que pueda ver a través de tus ojos. No existe visión que yo posea, que excluya tu visión.

El Reconocimiento de la Verdad

Fue en el libro Uranita, que recuerdo que usted explicaba a los discípulos que aunque las personalidades de los hombres varían, todos los Hijos de Dios, al nivel del Ser; tienen el mismo reconocimiento de la verdad porque todos provenimos de la misma fuente. Creo que yo había interpretado esto como que todos los hombres deberían interpretar las mismas palabras como la verdad, lo que usted acaba de explicar, que no es así. ¿Se refería usted entonces, a ...

No, permíteme interrumpo. Cada Ser reconoce la misma verdad, porque la expresión de la verdad es quien eres. Pero mientras te veas a ti mismo diferente de lo que realmente eres, mientras que tu pensamiento sea una ilusión de la verdad, aquellas cosas que favorecerían el reconocimiento de tu Ser y de la verdad, parecerán variar enormemente. La verdad subyacente no cambiará. La esencia de tu Ser no cambia. Es únicamente mientras te encuentras en un estado mental que es una ilusión del pensamiento correcto, que parecerá que las razones y las formas de corregir ese pensamiento vienen de maneras diferentes. Las palabras que favorecerían el reconocimiento de tu Ser, el reconocimiento de la verdad, serán diferentes a las palabras que favorecerían ese mismo reconocimiento en otra persona. La verdad no cambia, únicamente cambiará el vehículo necesario para alcanzar tu reconocimiento de ésta.

¿Sería correcto decir que: Cuando alguien expresa la verdad de quien es, un amor está siendo expresado que es reconocible por todos, porque toca dentro de todos nosotros aquello que tenemos en común y que es la expresión de Dios?

¡Qué hermosamente expresado! Ahora, une eso con la comprensión de que las palabras, los conceptos o la forma específica en la mente de esa persona que ha favorecido ese reconocimiento, puede ser totalmente diferente a la forma que favorecería en ti, el mismo reconocimiento. Pero ambos han llegado al mismo punto de reconocimiento, porque ése es el único punto que existe, en realidad.

¿Sientes tú que la verdad tiene un fin? ¿Hay algo que sea cierto por siempre o entramos a otros niveles de percepción?

En el sentido más puro, la palabra verdad puede ser intercambiada por la palabra Creador, o Dios, o amor, y bajo ese contexto sería eterno. No sería finito. Cuando preguntas: "¿Es la verdad algo fijo?" debes entonces preguntarte: "¿Es la Creación algo fijo?" Y yo te diré que no lo es. Es un asunto que siempre cambia, pero cuyo significado es absolutamente inmutable en cuanto a que describe un sentimiento de amor absolutamente tolerante.

El punto en el que te encuentras dentro de este proceso de amar, determina tu capacidad para comprender la verdad. Mientras te veas a ti mismo danzando alrededor de la periferia del amor y experimentando más que todo, aquellos aspectos emocionales de éste, tu definición de la verdad será muy perceptual y parecerá cambiar con el cambiar de tu comprensión. Pero cuando te permites ahondar mucho más, soltando más limitaciones que te impiden comprender al amor y simplemente te vuelves el acto mismo de extender amor, tu percepción se convierte en una que conoce el significado de la verdad.

Ha habido numerosos intentos por describir una fuerza energética desde la cual se ha construido el universo. Esta fuerza energética sólo puede ser descrita como amor. Al tomar esta fuerza con tus pinceles, mezclarla con los colores y aplicarla a la lona en la que creas el universo y la vida, verás tu percepción de la verdad tomar diversas formas. Y bajo este punto de vista, comenzarás a preguntarte qué tan definida puede estar la verdad cuando te percibes moldeándola y cambiándola para acomodarse de manera instantánea a tu necesidad. Te animo a que veas la pintura en el frasco como lo absoluto y no la manera en que es aplicada sobre la lona, sino en su estado esencial, residiendo en total compleción dentro del frasco. Identifícate con la pintura, de la manera en que existe antes de ser aplicada perceptualmente sobre la lona, y conocerás el significado de la verdad.

Todo intento por describir la esencia de la Creación tiene que, por necesidad, establecer demarcaciones a su alrededor que no existen. Sólo el intelecto necesita demarcar algo para comprenderlo. ¡Renuncia a la necesidad! Reconoce que eres la Verdad. Eres la pintura en el frasco y son tu mente y tus percepciones las que te hacen creer que puedes esparcirla sobre la lona y crear algo diferente. Permítete ser esparcido, por así decirlo, al verte a ti mismo como el flujo de la Creación, la pintura que ya ha sido aplicada a la lona por tu Creador. Y en la medida en que te experimentas a ti mismo como esto, sabrás que todo lo que expresas en este contexto es la expresión de la verdad que se encuentra dentro de ti. No puedes estar más separado de la verdad, de lo que estás de Dios.

No existe diferencia alguna entre las definiciones que intentas darle a Dios, al amor, a la verdad y a la Creación. Esta cosa a la que se han referido como ilusión es simplemente la percepción de que existe una diferencia entre esas cosas, y de que tú no eres parte integral de ellas.

En lugar de buscar una definición de la verdad, busca una definición de tu Ser para aclarar la confusión en tu mente, que existe entre el conocer quién eres y el pretender ser quien no eres. Sólo a través del permitirte que estos errores en tu percepción se desvanezcan, podrás experimentarte como el flujo de la brocha del Creador sin el esfuerzo, de tu parte, por definir la escena que está siendo pintada. Eres la pintura. Eres la brocha. Pero la creación sobre la lona ya ha sido creada. Permítete la dicha de reconocer la perfección con que has sido creado y conocerás la definición del amor.

La Comunicación

¿Podrías hablar de la comunicación con seres desencarnados?

Al familiarizarte con el estar en contacto con la totalidad de tu Mente, pronto comprenderás que aquello que llamas comunicación con seres desencarnados es algo que sucede todo el tiempo y que es muy natural. Aquellas cosas que ahora crees que son extraordinarias, son realmente muy ordinarias al remover las barreras y experimentar más de tu Ser. Comenzarás a desarrollar una sensación de que no hay realmente tal distancia entre aquellos que están en un cuerpo y aquellos que no lo están. Cuando pensamientos que tienes reciben respuesta en una especie de comunicación que es tan clara como un diálogo verbal con alguien a un metro de distancia; comienzas a comprender, a través de la experiencia, que tu esencia no puede identificarse con un cuerpo. Pronto, se te hace obvio que debido a que estás en comunión con otra mente, no existe "distancia" entre las mentes que no puedas saltar con un simple cambio de enfoque en tu atención. Y esto se convierte en la fundación para el recordar que cuando hayas aceptado de nuevo la totalidad de tu Mente, no la experimentarás como separada de ninguna otra mente. La familiaridad del sentimiento de la Mente unificada comienza a registrarse en ti.

También descubrirás, al experimentar la armonía de esta unidad, que no hay un sentimiento de distinción entre aquello que es expresado y experimentado por uno y aquello que es reconocido como la expresión o experiencia de cualquier otro.

Es únicamente cuando aceptas aquello que llamas personalidad, que desarrollas el miedo a que tu personalidad carezca de algo, y en la carencia necesitas protegerte del reconocimiento de los demás a tu alrededor. Cuando recuerdes que no hay nada de lo que tengas que protegerte, cuando reconozcas la dicha que existe en el compartir de la experiencia como extensión de la unidad, entonces comprenderás por qué es que no hay barreras en las comunicaciones, tal como existen en la Creación del Padre.

¿Incluye esto a la vida vegetal o animal?

Yo, no excluiría ninguna expresión de la Creación. Encuentras esto difícil de aceptar debido a la percepción que tienes acerca de estas otras expresiones. Al verlas con una forma que presenta una barrera a tu reconocida capacidad de comunicación, presumes entonces que no es posible la comunicación con ellas. Cuando te permites experimentar todo lo que existe como una expresión de la Creación en su forma más pura, como una única fuerza de vida, entonces reconoces la pureza de tu forma y la habilidad de comunicación de esta forma. Utilizo la palabra "comunicación" en un sentido más amplio del que acostumbras experimentar. El hablar, el flujo de palabras, es un intento minúsculo de comunicación. Será al nivel del sentimiento, y únicamente a este nivel, que experimentarás y comprenderás el significado de lo que estoy diciendo.

¿Estoy en lo correcto al pensar que no hay diferencia en la esencia de vida de este gato sentado a mi lado y la mía, debido a que somos ambos energía o la creación de Dios?

Eso es correcto.

El hombre ha pensado que es un ser superior a los animales y a las plantas. ¿Es éste un error de percepción?

Para comprender mejor la base de esto, permítete recordar lo siguiente: Experimentarás únicamente aquello que resulta del proceso de tu pensamiento. Has desarrollado, lo que podría llamar, una caricatura de ti mismo, y le has dado todos los atributos que son comúnmente aceptados como la condición humana.

La superioridad de la condición humana es uno de esos atributos. Y debido a este sentimiento de superioridad, tus percepciones de otras cosas dentro de la Creación han sido malinterpretadas. Lo que equivale a decir que no las ves bajo la luz de su verdadera esencia. Las ves bajo la luz que les permite encajar dentro de las categorías que has considerado aceptables. Te diré nuevamente que todo lo que existe en la Creación, existe a un nivel de perfección.

No existe jerarquía a al nivel de la perfección. Tu percepción sólo te permite ver aquello que es aceptable dentro de los patrones de pensamiento que has adoptado.

¿De dónde provino entonces la afirmación en la Biblia que dice que al hombre se le dio dominio sobre todas las cosas? ¿Es un error o una imprecisión?

Es, en efecto, un error de percepción. El significado que se intentó comunicar fue que el hombre tenía dominio sobre sus propios pensamientos y, por lo tanto, sobre lo que esos pensamientos manifiestan. Y dentro de ese contexto, no sería, de modo alguno, víctima de ninguna circunstancia que subsecuentemente experimentase.

Entonces, tenemos dominio sobre nuestros propios pensamientos.

Precisamente.

Se trata de una malinterpretación muy grande. Me imagino que así mismo debe haber muchas más.

Dentro de la ilusión hay muchas malinterpretaciones. No te sugiero que dirijas tu atención hacia el descubrimiento de éstas, sino mejor hacia el descubrimiento de cómo puedes elevarte sobre la experiencia de la limitación, de la negación de tu Divinidad. Hacerte consciente de quién realmente eres, y traer esa consciencia a tus experiencias teniendo un cuerpo físico, es un hermoso reto. Esta consciencia puede enriquecer, mucho más allá de lo que puedes ahora comprender, la experiencia teniendo un cuerpo físico.

¿Si seguimos en la búsqueda, las barreras simplemente desaparecerán abriendo campo a esta consciencia expandida?

Tu deseo constituye la fundación para que esto suceda. Es este deseo, el cual puedo llamar una decisión, el elemento clave en aquello que llamas "búsqueda". Será esta decisión la que proveerá la motivación constante para que continúes abriendo tu pensar hacia mejores posibilidades. Lo que estás haciendo, cada vez que simplemente aceptas la noción de que hay algo más que experimentar, es crear un vacío, un pequeño nicho, por así decirlo, dentro de ese sistema de pensamiento, que permita que nueva información sea experimentada.

Aquello que tú eres, es omnipresente. Aquello que piensas ser, es fragmentado o aislado. Cada idea nueva que abre tu mente, sana esa sensación de asilamiento, ampliando tu disposición a ver con mayor claridad lo presente. Te recuerdo que aunque utilizas el término "búsqueda", recuerdes que es algo que ya tienes y que lo que estás intentando hacer es retirar cualquier velo que lo esté cubriendo.

¿Es parte del proceso, canalizar como Tom lo está haciendo? ¿O es ésta simplemente una alternativa entre muchas otras?

Te responderé que esto varía tanto como lo hace cualquier otra decisión tomada para despertar. Puede que cumpla con un propósito inmediato que sea más evidente, como puede que no. No debe ser visto, de ninguna manera, como el único camino, ni siquiera como un camino especial. Haz el favor de comprender que una vez te hayas comprometido contigo mismo a recordar quién realmente eres, todos los caminos hacia los que te permitas ser dirigido, serán aquellos que te brinden la expresión más perfecta de la respuesta a tu búsqueda. Aquello que es llamado canalizar, si es visto como un mensaje proveniente de un Ser más grande que tú o desconectado de ti, no será de gran ayuda.

En el sentido más verdadero, si la experiencia del canalizar es aceptada como el reconocimiento de la remoción de una barrera que has sentido que existe entre la versión limitada que tienes de ti y la ilimitada realidad de tu Ser, entonces es de gran ayuda. Ilustra que, en realidad, no hubo nunca ninguna barrera para comenzar. Cualquier clase de reconocimiento de tu parte, ya sea a través de la experiencia directa o indirecta de lo que estamos llamando canalización, de que se trata de la remoción de otro sentido más de estar separado de tus hermanos o de tu Padre, es de gran valor.

En el proceso de escuchar mi propia voz interior, a veces obtengo dos voces y a veces hasta están en conflicto en cuanto a lo que dicen. ¿Qué proceso puedo utilizar para refinar esto y sobrepasar la confusión?

¿Qué voz te trae paz? Sea cual sea la voz que está presente en el momento, escúchala. No te preocupes con el sentimiento de necesitar estar en presencia de la verdad absoluta. Encárgate mejor de desear estar en paz. Será a través de la edificación de este hábito que las voces se fusionarán en una sola.

Se le otorga demasiada importancia y énfasis al querer distinguir entre las voces. No hay diferencia entre que las reconozcas como originadas en ti o en una fuente fuera de ti. Este deseo, esta determinación, por reconocer qué voz habla la verdad, parece resonar en ti como importante porque crees que será al reconocer la verdad que podrás confirmar que estás en el proceso del Despertar.

Reconoce que el proceso del Despertar ha sido fabricado por el ego. Permíteme decirlo de nuevo, pues es de gran relevancia. *El proceso del Despertar es un concepto del ego.* ¡Estás Despierto! Estás totalmente completo. No lo ves. Por lo tanto, te parece que hay un proceso involucrado en el permitirte superarlo, y éste es el juego de tu ego. No hay nada que superar... simplemente hay que soltar una ilusión.

Es el proceso del soltar, el que es facilitado al estar en un estado de paz. ¿Cuántas veces te has reconocido en estado de paz y al mismo tiempo has sentido que hay algo que debas hacer? ¿Has pensado en eso alguna vez? ¿Si en tu estado natural estás en paz, entonces por qué, cuando no estás en paz, te parece tan racionalmente lógico que estás en el camino correcto hacia el despertar al hacer todas las cosas que te has convencido son necesarias para despertar?

Por favor, simplemente está en paz. Sea cual sea la voz que te hable en el momento, en palabras, sentimientos o pensamientos, y que te coloque en un sentir de paz, estate con esa voz. Lo que te está diciendo que hagas no es importante. El sentimiento con el que respondes a las palabras, es lo único que debería tener valor para ti. Nunca será lo que haces lo que es relevante en tu Despertar. Será únicamente el sentimiento que le acompaña, y cuando ese sentimiento es de paz, entonces estás en armonía con el momento, con la necesidad de ese instante. Entonces por favor no te preocupes por lo que te estaba diciendo que hicieras, sólo por cómo te sentiste al respecto. No te enfoques tanto en lo que haces, mejor enfócate en por qué lo haces.

He escuchado que los seres en el otro lado del umbral
no pueden comunicarse de manera abierta con el
plano de la tierra, y que se requiere de alguien
que los ame mucho para abrir esa comunicación
desde este lado.

¿Ya habiendo llamado tu atención hacia el hecho de que la base de la comunicación está en los sentimientos de amor, cómo no comprendes que al llevar hoy contigo esos sentimientos de amor por aquel que ha dejado la forma física, el lazo de comunicación está presente?

¿Realmente te refieres a verbalmente?

No. Ésta es la razón por la que he intentado redireccionar tu atención hacia lo que la comunicación realmente es. La comunicación, al nivel del amor, toma lugar a través del mensaje y del *sentimiento* de amor, y al mantener esos sentimientos, los compartes aún en este mismo instante.

Tu deseo de llevar una conversación a un nivel verbal responde más a una necesidad intelectual y a una curiosidad actual tuya. Te sugiero que comprendas que la curiosidad de este tipo, no enriquece el camino en el que te has embarcado. El abandonar tu curiosidad intelectual, y el permitirte relajarte en la confianza en tus sentimientos de amor, será aquello que finalmente te permitirá comunicarte al nivel más verdadero posible donde quiera, en todo el universo, que dirijas tu atención con ese sentimiento amoroso.

¿Ya me conocías a mí cuando caminaste en la tierra?

Nunca ha habido un tiempo en el que no te haya conocido. Nunca ha habido un tiempo en el que tú no hayas conocido cada expresión de Dios. Sabes en lo profundo de tu ser, que la sensación de estar en relación con un número limitado y finito de personas, que parece ser tan común en la experiencia humana, es simplemente un parecer errado, el caso es de falta de capacidad de recordar. ¿Representando tú, la expresión de Dios más completa, y sabiendo que todos los demás representan lo mismo, cómo podría, el conocimiento infinito, no conocer el todo?

Te estoy pidiendo que sobrepases el perímetro de las experiencias de vidas pasadas, que sobrepases esa barrera de sólo poder ver el valor de tus experiencias cuando logras agarrar recuerdos fugaces de tiempos pasados. Ésta puede ser una limitación severa. Es un enfoque que restringe tu atención a un marco muy angosto de experiencia. Te estoy animando a que permitas que esto pase. Al reforzarte la idea de que posees en ti todo el conocimiento de la Creación, te estoy sugiriendo que quites las barreras en tu forma de pensar, que te impiden experimentar esa totalidad.

Información acerca de Jesús

¿Es acertada la información que se encuentra disponible acerca de tu vida hace 2000 años en fuentes como El Evangelio Acuariano, Los Evangelios Gnósticos, Las Lecciones de la Era de Acuario y El Libro Urantia?

Existen aspectos que son Verdad y otros que son percepciones de la verdad. Sería más útil que comenzaras a des-hacer la conexión que has creado entre mi palabra y la palabra de la verdad que estás en capacidad total de reconocer a cada momento en que así lo eliges.

No puedo contestar tu pregunta de manera específica porque estás pidiendo una conclusión general que no se puede establecer. Como acabo de afirmar, la verdad está presente y también están presentes percepciones de la verdad. Las percepciones de la verdad pueden incluir distorsiones basadas en los miedos de la persona que las percibe en un momento dado. Te he dicho que no te concentres en las palabras. Intenta en cambio, mantenerte en contacto con los sentimientos que se generan en ti a medida que estas palabras te son comunicadas y evocan respuestas en ti. Pon tu atención en estos sentimientos. Las palabras tenderán a separarte de su fuente.

Nuestro camino busca sanar la separación. No te concentres en ningún aspecto de la verdad o de las percepciones de la verdad que sea comunicado de manera que fomente juicio o que resulte en sentimientos de separación. *Ama a tu hermano sin importar lo que diga.* Honra los sentimientos de amor dentro de ti que salen, y reconoce y acepta los sentimientos de amor que están en tu hermano y que van más allá de las limitaciones implicadas en la comunicación a través de palabras.

¿Acaso el hecho de que hubo alguien que me amó profundamente pero que posteriormente sus temores fueron filtros que le hicieron escribir sobre sus percepciones acerca de mí y de mis enseñanzas de manera tal que se hicieron menos significativas para ti destruiría el amor que es la esencia misma del mensaje? La totalidad de lo que intento comunicar se desvanecería si tú creyeras que tal cosa es posible. Las palabras son herramientas del intelecto. Los sentimientos son expresiones de tu Espíritu. Permite de la manera más clara posible que las palabras comuniquen los sentimientos de amor que inspiran en ti, pero por favor, no te limites por el hecho de que las palabras puedan tener un significado diferente del que ofreció a aquellos a quienes le fueron dadas. Cuando te sitúas en su presencia extendiendo el Amor de tu Ser más allá de la necesidad de palabras, entonces la distorsión en la comunicación se hace imposible. Pregúntate a ti mismo cuántas veces has intentado comunicar algo y aunque te has sentido bastante claro al comunicarte, han resultado así y todo, malentendidos. Por favor escucha lo que intento comunicarte. Ve más allá de las palabras. Mora en los sentimientos que representan quien realmente eres y sé consciente de que ésta es la única manera en que puede expresarse claramente el reconocimiento de quién eres.

*¿Por qué elegiste a Tom Carpenter para manifestar
tu comunicación a través suyo? ¿Fue él quien te
eligió o fue una elección mutua y simultánea?*

Bueno, debo decir que nos elegimos mutuamente. Es parte de su proceso hacia el reconocimiento de su verdadero Ser. En el desarrollo de este proceso en que nos encontramos actualmente, su propósito se está realizando. Siendo éste el propósito que, en su camino específico, favorece de manera más directa el proceso de su Despertar.

No es un trato especial o milagroso. Ni debe ser interpretado como un camino mejor que el de ninguna otra persona.

*¿Te manifiestas de esta manera a través de muchos
otros, en este momento?*

Si, a través de muchos otros también.

Sería apropiado ofrecerte claridad acerca de lo que sucede cuando alguien pide Guía Interior. Tal como hemos visto anteriormente, la mente que expresa a Dios es lo que llamo el Cristo. En esta Mente Crística reside la verdad de Dios. Esta verdad, en esencia, es integral. Su totalidad es expresada de manera única e individual a través de cada una de las expresiones que en ella residen. Cada una, al conocerse a sí misma, expresará esta verdad de manera ligeramente diferente. Esta expresión de La Verdad, en una infinidad de formas es lo que se llama el movimiento de la Creación.

Ahora bien, cuando determinada expresión de esta Mente se encuentra en un estado en el que no se reconoce a sí misma como expresión de la Mente de Dios, tal hermano no posee conocimiento verdadero acerca de sí mismo. Cuando este hermano busca recordar quién realmente es, lo hace dentro del marco de su sistema actual de creencias, en lo que he llamado un estado de sueño. Sirviéndose de las herramientas del ego dentro del sueño. Memorias de experiencias del sueño actual y de muchos otros, le son disponibles. Al escoger una memoria que para él representa a un hermano que ha recordado quién realmente es, le echa mano a tal identificación como una manera de recuperar su propia memoria.

Utilizaré el ejemplo específico de Tom y yo. En la medida en que él me ha recordado y me ha identificado como lo que llamaría su "tiquete al hogar"; su atención se concentra en la sabiduría en mí que él percibe como la expresión del Cristo. Tom elige conectarse con esta forma de sabiduría, de entre un número infinito de expresiones de la verdad que existe, debido a que este enfoque le es identificable y cómodo.

En la medida en que él se hace cada vez más consciente de que mi individualidad no es sino una representación de la verdad Crística, se permite a sí mismo darse cuenta de que él también es, de igual manera, una expresión del Cristo.

Así pues, para contestar tu pregunta de a cuántos otros les hablo, y dejando de lado la expresión individual que soy del Cristo, te puedo decir que la verdad contenida en El Cristo se expresa a través de muchos y no es en nada diferente a la verdad que yo le expreso a Tom.

Continuamente te invito a que veas más allá de la identificación particular con cualquiera de las expresiones del Cristo. Ve al Cristo como un ser Unificado y así podrás más fácilmente aceptar tu rol como parte de Él. En la medida en que me separes y me veas especial, seguirás encontrando razones que justifiquen el que no seas lo suficientemente especial como para tener cabida en tal categoría. Nuestras conversaciones están diseñadas para unirnos en la Mente de Dios. Si te diera información que me exaltase a mí, pero que no te animara a que te reconozcas al mismo nivel, entonces no podríamos reunirnos en el lugar que nos corresponde dentro de la Mente de Dios.

¿Se ubican estas manifestaciones a otros principalmente en los Estados Unidos, o suceden alrededor del mundo?

Te sugiero que comprendas que pensar en términos de "alrededor del mundo" sería demasiado limitante. En la totalidad de la Creación, existen expresiones que se conocen a sí mismas y otras expresiones que no. Y aquellas que si se conocen a sí mismas, les hablarán a los que no, en cualquier oportunidad. En el caso al que te refieres, en este planeta, son muchos en todo este planeta a los que se les está hablando.

La Biblia argumenta que uno no debe escuchar a los espíritus y algunas personas interpretan así el proceso de comunicación que estamos compartiendo en estos momentos. ¿Podrías ayudarnos a comprender por qué está eso en la Biblia?

Si, en la época existía la creencia de que espíritus del mal podían habitar los cuerpos de un hermano o de otro. Cuando este otro hermano lo denominó un estado de locura, se creyó que aquellos que eran débiles de voluntad, podrían ser influenciados por esta locura. Y por lo tanto se desarrolló la costumbre de exorcizar el demonio o el mal del cuerpo en el que parecía encontrarse.

Te haré saber, adicionalmente, que yo nunca me involucré en el proceso de llevar a un hermano a creer que su cuerpo, o el de otro hermano, poseían un demonio o un espíritu del mal. Pero tal como ahora, las percepciones de mis actos varían y en algunas ocasiones puede que reflejen la verdadera intención que tuve, mas en otros casos no.

CAPÍTULO CINCO

La Vida de Jesús

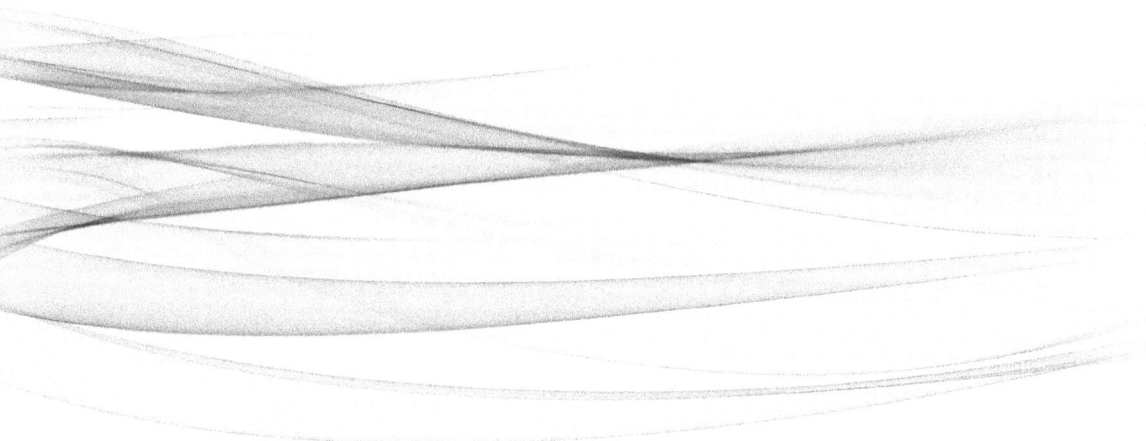

"Te exhorto a que no te enfoques en mi proceso. No te permitas ser atacado por los pensamientos que vienen a tu mente al verme clavado a una cruz. Pues te diré que te has clavado a ti mismo a muchas cruces, y aunque parezcan diferentes, no lo son. Aunque parezca que la angustia que sufres es menos intensa que la angustia que tú percibes que yo sufrí, no lo es. Es hora de que renuncies a las cruces, tanto a la tuya como a la mía."

Jesús como Hermano

El amor que sientes por mí no podría ser de la magnitud que es, si no fuera porque comprendes que es un amor, en su totalidad, que compartimos. Es un amor que, al verlo reflejado entre nosotros, reconoce por completo el amor de nuestro Padre. Y es en este sentido en el que el amor que sientes por mí parece ser especial, mientras que realmente no lo es. Se trata de la familiaridad que surge cuando reconoces en mí, la plenitud del amor; porque en tal reconocimiento no sólo encuentras la expresión mía, sino la de todos los demás. Estoy seguro de que eres consciente de que no es un amor que se concentra únicamente en un individuo, sino que es un amor que reconoce la totalidad del Ser, la incorporación de Todo Lo Que Es, de cada hermano y de la totalidad de la Mente de Dios. Lo que no quiere decir que en estos momentos no encuentre dicha en el amor que me estás expresando. Te aseguro que siento dicha y te lo agradezco.

¿Lo que te oigo decir es acaso que este increíble amor que siento por ti es el sentimiento que crecerá para abarcar a toda la Creación de Dios a medida que suelte mis limitaciones?

En efecto. Eso es absolutamente correcto. Llegarás a reconocerme por lo que realmente soy, el sentimiento que representa al Cristo, lo que tú eres.

Parece que tú, como expresión de nuestro Padre, juegas un papel importante para este planeta. El Libro Urantia se refiere a ti como Miguel de Nebadón o El Príncipe Planetario. ¿Podrías hablar acerca de quién realmente eres?

Primero, corregiré una impresión errónea con respecto al uso de la terminología "Príncipe Planetario" tal como fue expresada en *El Libro Urantia*. Sería más apropiado que pensaras que soy la representación del Cristo, es decir el sentimiento y la encarnación de los principios y de la verdad del Cristo. Y como podrás comprender, la verdad del Cristo es tu verdad, en la misma medida en que es mi verdad. La única diferencia aparente es que yo estaba más consciente de ello, que tú.

Por favor no me eleves más allá del concepto que crees alcanzable para ti, ya que eso sería lo más inapropiado. Yo soy yo, sabiendo que soy yo, animándote a que reconozcas que somos lo mismo. No hay favoritos en la familia de Dios; no hay uno más alto que los otros, más ilustre o que contenga más sabiduría. Todos somos una extensión de la Mente de Dios. Piensas que soy una persona muy especial, ¿cómo te sentirías si intercambiáramos lugares y te pudieras ver a ti mismo siendo esta persona tan especial? Éste es el mensaje que traigo para ti, amado mío.

Lo que me ha confundido en este asunto es el hecho de que tu nacimiento fue anunciado antes de que la concepción inmaculada tuviera lugar. Parecería que

*tú no fuiste simplemente otro humano que hubiera
nacido de nuevo en la ilusión.*

El mensaje que intento transmitirte, es que tú tampoco lo eres. Para ser más específico y claro: no hubo circunstancias o eventos en mi vida aquí en la tierra que fueran de manera alguna especiales o diferentes a las circunstancias presentes en la vida de cualquier otro hermano. Parecen ser más dramáticas simplemente con el fin de ilustrar el mensaje, no para concentrar la atención sobre la persona, sino para concentrarla sobre el sentimiento de ser el Cristo. No para concentrar la atención sobre mí como individuo específico que hubiera alcanzado algo que tú ya no seas.

Como ves, si esto fuera así, tu atención se vería siempre atraída hacia la persona y te perderías del fundamento del mensaje, cuya intención es llevar tu atención hacia la Mente de Dios, hacia tu esencia que es la Divinidad de Todo Cuanto Existe. Esto puede que no sea visible cuando tu atención descansa sobre una persona que concibes como especial o separada. Ésta es la encarnación del principio que continuamente estudias y que es la expresión del Hijo de Dios. Así mismo, la explicación de que el Hijo de Dios está expresado infinitamente, en ocasiones distrae tu atención alejándola del aspecto de unidad.

*Aún me pregunto cómo pudiste encarnar y, a tan
temprana edad, hacerte consciente de quién eras si
no es porque eras más avanzado de alguna manera.
¿Estabas ya completamente Despierto cuando
elegiste venir en aquel tiempo?*

Tu estado mental realmente no cambia porque estés de este lado de la cortina, como lo percibes tú, o del otro. Tu estado mental permanece siendo el mismo. No estás menos iluminado ahora que cuando te veas en un estado sin cuerpo. Mi proceso de reconocimiento y comprensión de quién soy sucedió a través de ambos estados, el encarnado y el desencarnado. Y simplemente ya estaba más consciente, más cercano a la verdad de quién soy, cuando encarné en aquella ocasión. Mi edad física no tuvo nada que ver con ello.

¿Habías tenido ya otras experiencias físicas en este planeta?

Así es.

¿Históricamente sé de algunas de ellas?

De hecho, sí.

¿Podrías compartir esa información?

No creo que en estos momentos una exploración histórica sea algo útil. Atraería tu atención hacia áreas sin importancia. De nuevo, el enfoque de tu interés debería estar en mí, únicamente en la medida en que aquello que percibes encarnado por mí, te anime a saber que también se encuentra en ti. De lo contrario estaríamos alejándonos del verdadero objetivo.

¿Has vuelto a la encarnación física desde el tiempo en que viniste como Jesús? ¿Existe acaso un Ser llamado Maitreya personificando al Cristo, en estos momentos? ¿Eres acaso tú?

No, yo no he vuelto a encarnar físicamente. La personificación que has conocido como Jesús, no es la personificación del ser llamado Maitreya. Sólo hay un Hijo y ese Hijo es conocido como el Cristo. Así como tú eres el Cristo y yo soy el Cristo, así también Maitreya es el Cristo.

¿Es alguien que yo debería buscar? ¿Se va a presentar Maitreya como un líder espiritual para estos tiempos?

Un líder espiritual verdadero, nunca se presentaría ante ti como un líder espiritual. Si alguien se anuncia como líder fomenta la creencia en tener seguidores. Ha habido muchos ejemplos de seres iluminados a quienes se les asignó el rol de líderes en contra de su deseo y en oposición al mensaje que ofrecían.

Aquel que es consciente de su Ser, reconoce ese Ser igualmente en ti y no te anima a que te vuelvas un seguidor, sino a que te unas a él en igualdad, como hermano. Él ve tu perfección, la divinidad que actualmente ocultas de ti mismo y sabe que su visión acerca de ti refuerza la tuya.

Cuando encuentres a alguien que se haya reconocido y aceptado a sí mismo como el Cristo, te lo aseguro, no necesitará presentación.

La Consciencia de Jesús

¿En tu vida como Jesús, cuando no estabas completamente consciente de que eras la consciencia del Cristo, cuando experimentabas dolor y sufrimiento, tuviste alguna clase de comprensión de que podrías

haber estado transmutando el dolor y el sufrimiento de otros?

Permítenos responder esta pregunta de la manera más veraz. Lo que quieres saber es cuál es la fuente del dolor y del sufrimiento que has experimentado y estás preguntando si es posible que tomes el dolor de otros o que se lo pases a otros a través de tus experiencias dolorosas. Yo te diré lo siguiente: No es posible que transmitas o tomes nada que no refleje la esencia de lo que eres y, la esencia de lo que eres es lo que he descrito como un fluir de amor. Todas las otras cosas que parecen venir a ti o emanar de ti, y que no comparten esta esencia son aquellas cosas que tú has fabricado y escogido experimentar, aparte de tu experiencia de ser el Cristo.

La analogía que te ofreceré es la siguiente: Si la esencia de tu Ser fuera expresada por un lago frío, un correr de agua pura, entonces todo lo que podrías expresar sería aquello que constituyera la base de lo que eres. Podría ser niebla, o vapor, o gotas de agua, o agua arremolinada, o agua calmada, pero serían todas expresiones de aquello que eres en esencia.

No sería posible que te expresaras como un tronco de madera. Sin embargo, si al experimentarte como esta piscina de agua, escogieras creer que te puedes expresar como un tronco de madera, en tu percepción sería madera lo que estarías expresando, pero esto no alteraría la verdad de lo que eres. No puedes alterar aquello que compone tu Ser. Y no puedes, en realidad, expresar otra cosa que no sea la esencia de tu Ser.

Eres totalmente libre, sin embargo, de cambiar tu percepción acerca de lo que constituye la esencia de tu Ser, y en tal percepción alterada de tu Ser, percibir de manera errónea muchas otras cosas. Entre ellas puede estar que te sería posible expresar dolor, infligirles dolor a otros, y recibir dolor de otros. Y estas cosas, al nivel de tu percepción y de tu creencia, parecerían ser la realidad. Pero intento asegurarte ahora que no son la Realidad. Se encuentran en un estado que proviene de una percepción errónea de la Realidad.

Permíteme ponerlo de otra manera. Todas las cosas que emanan de la Fuente Creadora son inalterables. Tu elección de experimentarlas ya sea en su estado natural o como una percepción errónea de ellas, depende de tu elección de reconocerte a ti mismo como estando separado o como siendo consciente de que Eres el Cristo. Cuando estés conectado con la consciencia del Cristo, no verás ningún aspecto tuyo separado de su Fuente.

¿En el Jardín de Getsemaní, cuando tomaste la decisión de pasar por aquella experiencia, a sabiendas de que llevaría a tu crucifixión, fue esa una decisión tomada por el Cristo o por Jesús?

Fue claramente una decisión del hombre, Jesús. La cruz no cumple ningún propósito para el Cristo. Sin embargo, tu pregunta va más enfocada hacia el comprender por qué, ya sea el hombre o el Cristo, tomó una decisión que parece haber sido la de ser un mártir.

Por favor, comprende que tal no es el significado de la crucifixión. No existe justificación para el sacrificio, porque esto implicaría que podría ser necesario que un hermano hiciera algo en detrimento propio con el fin de beneficiar a otro. Puedes descansar confiado en que este tipo de pensamiento no tiene cabida en la Mente de Dios y, por lo tanto, no sería una expresión del Cristo. No hay opuesto al amor que Dios le extiende a Su Hijo y nunca sería otorgado al uno al tiempo que se le niega al otro.

Para Jesús, el hombre, hubo propósitos que se cumplieron al escoger permitir la experiencia de la crucifixión. Esas experiencias también cumplieron con un propósito que facilita la comprensión de mis hermanos. La decisión cumplió ambos propósitos, el mío y el de servir de ilusión, para aquellos que realmente entendieron mis enseñanzas en aquel tiempo acerca de cómo crear una base para el entendimiento de lo que es la vida sin fin. No hubo sacrificio alguno de mi parte al enseñar esta lección. Debes saber que mi propósito como Jesús, de reconocerme como la personificación completa del Cristo, también se cumplió. Tu propósito es el mismo.

Yo, habiendo sido enviado como mensajero de Dios, no podría enseñarte nada que estuviera en contradicción directa con su mensaje de que eres, en efecto, la expresión perfecta del Padre mismo y que te ve únicamente a la luz de tal perfección.

Yo elegí mi experiencia. Yo la elegí para experimentar mi realización como el Cristo, y la manera en que pude haber comprendido mejor mi experiencia fue demostrándotela. Los principios no cambian. ¿Piensas que te pido que veas tu Divinidad reflejada en los ojos de tu hermano, pero que pudiera haber sido diferente para mí?

Muchos se han preguntado por qué no me defendí más cuando fui juzgado por el concejo final. La esencia del cargo de blasfemia impuesto contra mí, correspondió a que me rehusé a negar mi afirmación de ser el Hijo de Dios. Muchos se preguntan por qué, entonces, yo no me sacudí mis ataduras y atraje la ira de Dios sobre aquellos que estaban a punto de condenar a Su "único y amado Hijo". ¿Por qué no me protegí yo de este "cruel e injusto castigo" que se avecinaba?

Hubo de hecho aquellos que, en ese entonces, interpretaron mi indefensión como una validación del cargo. Su razonamiento fue que Dios nunca permitiría que alguien que fuera Su verdadero Hijo, fuera tratado de tal manera. Hubo otros que desde entonces creyeron que infortunios que experimentaban en sus vidas eran castigos de Dios por la muerte de Su Hijo.

El significado de mi vida se pierde en estas creencias.

Si yo hubiera reaccionado de una manera que hubiera perpetuado la ley del "ojo por ojo", defendiéndome y humillando a otros; mi vida se hubiera convertido en justificación de la creencia en que los pecados del hombre y la ira de Dios son reales. Todos aquellos que se sentaron ese día en la sala de juicio, tanto los acusados como los acusadores, eran Hijos de Dios, ninguno más santo que el otro. Y sabiendo esto, yo no podía menos que estar ahí en estado de paz y amor. Condenarlos porque sus pensamientos se ven separados de los pensamientos de Dios, le daría peso a una idea que es imposible que sea real.

No busques otros significados fundados en la ilusión del miedo que el mundo parece presentar. Simplemente acepta que mi propósito fue y es el de expresar la verdad de Dios... que Él es únicamente amor, y por lo tanto eso eres tú.

¿En qué momento exactamente supiste que habías alcanzado la plenitud del Cristo?

Estás buscando una respuesta a tu pregunta en términos temporales y te daré una respuesta que refleje lo mismo. Fue en el momento en que me permití ser liberado de la cruz. Sin embargo, la respuesta que te sería más significativa sería la siguiente: en el momento en que supe que no había necesidad ni de ser atado a la cruz, ni liberado de ella; tal fue el momento en que pude soltar toda ilusión.

¿Experimentaste dolor cuando estuviste en la cruz?

Hubo momentos en los que no estuve consciente de ser el Cristo. No estuve por completo consciente de mi identidad en todo momento mientras estuve encarnado. Hubo momentos en los que experimenté dolor al identificarme con el cuerpo que estaba colgando en la cruz.

Si me pidieras una simple definición o explicación acerca de la diferencia entre cuando estaba en reconocimiento de que era el Cristo y cuando no, te diría muy simplemente que si sentía dolor o cualquier cosa que no reflejara la dicha de la presencia de Dios, sabía que no estaba en reconocimiento de mi Ser. El sufrimiento, de cualquier naturaleza, ya sea físico o mental, no pertenece al dominio de Dios. No es el deseo de Dios poner a prueba la capacidad de nadie para soportar dolor. El único deseo de Dios es que experimentes la esencia de lo que Él Es. Y yo te lo digo: no hay dolor ni sufrimiento en la Mente de Dios. Ahí encontrarás dicha, ahí encontrarás paz y ahí encontrarás únicamente amor. Cuando te permites estar consciente de esto, es lo que llamamos "el Cristo".

Las elecciones hechas para experimentar sufrimiento y dolor son simplemente experiencias que te demostrarán al fin de cuentas haber sido elecciones hechas aparte de la Voluntad de Dios. Reconocerás que tu voluntad y la Voluntad del Creador están en sincronía absoluta cuando ni siquiera consideres opciones que te traigan algo que no sea paz y dicha.

¿Por qué no pudiste haber escogido una manera más fácil de demostrar la eternidad de la vida? ¿No hubiera podido haber sido cumplido tu propósito de una manera menos drástica y violenta? ¿Por qué no seguiste enseñando, amando, expresando, viviendo una vida "normal" y haciendo la transición de una manera menos dolorosa?

El momento para experimentar la realización de mi propósito estuvo al alcance de la mano en ese momento. ¿Por qué la cruz? La gente comprende un lenguaje cuando es expresado en los términos de la época en la que se perciben. Si bien mi propósito pudo haber sido cumplido de otra manera, no hubiera cumplido el doble propósito que yo buscaba. Por eso permití que sucediera en los términos que el humor de la época creó.

He dicho ya que muchas preguntas son contestadas pero no siempre escuchadas sus respuestas, porque a veces el enfoque del que escucha no está sintonizado con la manera en que la respuesta es presentada. La emoción y la percepción de esa época estuvieron en sintonía más adecuadamente con el evento tal como sucedió. Esto no significa que alguien más necesite tomar la decisión de encontrar y experimentar su carácter Crístico de una forma que no sea de paz y amor.

Tengo entendido que después de la resurrección te apareciste ante varios individuos en el orden en que les amabas. ¿Es esto correcto?

Esta es una percepción errónea basada en una necesidad de categorizar a las personas a mi alrededor en términos de importancia. Mi intención de transmitir la comprensión que tengo acerca de mí mismo y de mi Padre, se dirigió siempre hacia afirmar igualmente que toda persona es un aspecto de la totalidad del amor de Dios, y un recipiente de tal amor. No crees entonces que sería totalmente contradictorio aparecerme a uno que dije que amaba más, privando así de mi amor a otro. Esto no fue así.

Hubo muchas percepciones erróneas en aquella época. Te diré lo siguiente: El número de personas que me vio fue mucho mayor del registrado, estas personas me vieron en un tiempo y un lugar que aparentemente ocurrió después de mi muerte. Quiero que comprendas que debido a la naturaleza del propósito que debía cumplirse -ilustrar la eternidad de la vida- aquellos que con fe pidieron ver una réplica de encarnación física, y cuyos propósitos se cumplían al verla, recibieron respuesta. La secuencia en la que estas peticiones fueron realizadas y contestadas, no responde en absoluto a mis sentimientos por ninguno de ellos.

*¿Fue esta aparición energía en un estado superior
al del nivel denso de nuestra forma física normal?*

Te sorprendería enterarte de que fue diferente en cada caso. En cada caso se cumplió el propósito para el que la visión fue necesaria y el método, que se requirió para su cumplimiento, ocurrió con naturalidad.

¿Cómo te manifestaste ante Tomás?

Su petición fue hecha desde un sentimiento de necesitar confirmación, no tanto desde un deseo de comprender la continuidad de la vida, sino mas bien basada en un sentimiento de aceptación del amor del que le hablé. Él sintió que éste había desaparecido al desaparecer mi presencia física. Fue en respuesta a esta necesidad que yo aparecí ante él. Y para satisfacer tu curiosidad acerca de lo que describes como densidad, te diré que fue una manifestación bastante densa. Diseñada con el fin de dejar el menor espacio posible para la duda, incluyó entonces contacto físico extra.

*Tengo otra pregunta. Siempre me pregunto por qué
no tuviste ninguna mujer dentro de tu círculo.*

Había muchas mujeres dentro de mi círculo. El número de mujeres dentro de mi círculo fue mucho mayor al reportado y consignado. En la época en que se realizó el reporte, no era aceptable. Te puedo asegurar que hubo muchos hermanos y hermanas, que los reportes no incluyeron. Tampoco es.

¿Puedo preguntar por qué no hubo discípulos mujeres?
¿Fue debido a que no hubieran sido escuchadas, dado
el estándar cultural de la época?

Fue simplemente una implicación social, y si, tienes razón en efecto, no hubieran sido escuchadas en aquella época. Las otras implicaciones son con respecto al cuidado de la familia. Las mujeres estaban en el centro y núcleo del cuidado familiar.

Permíteme hablar de otro asunto. Le das demasiada importancia en tu mente al rol de los discípulos como portadores de nuestros mensajes mutuos. Los intercambios, el compartir con otros, en tu vida es lo que es importante y satisfactorio tanto para ti como para aquellos a tu alrededor. La naturaleza e intimidad del compartir es lo que fue aún más importante en mis relaciones de aquella época; y en ese sentido, te diré que hubo muchas, muchas relaciones con mujeres. Mucho el tiempo compartido, mucho el amor compartido, y mucho el beneficio mutuo derivado; no sólo en mis relaciones directas con estas mujeres, sino también para muchas otras mujeres que ellas encontraron después. Gran parte de estos encuentros tuvo lugar en el núcleo de unidades familiares. Y fue dentro de este contexto que su propósito fue significativo.

Muchos se han preguntado acerca de los diez y ocho
años que transcurrieron entre tu aparición en Nazaret
y tu bautizo en el Río Jordán. ¿Qué hiciste durante
ese tiempo?

Hubo muchos viajes. Muchas experiencias, pero con el fin de responder más concisamente a tu pregunta te diré que estaba cumpliendo con mi rol de Jesús, el hombre. Estaba atrayendo hacia mí las experiencias que, de hecho, me llevarían a permitirme el reconocimiento total que experimenté en el momento en que dejé la cruz.

Por favor, no busques diferenciar o mantener, de ninguna manera, un significado especial para el camino en el que yo estuve, a diferencia del que tú llevas. Sería extremadamente contraproducente decir que mis intentos por comprender y aprender hayan sido a un nivel más alto que los tuyos o que hayan sido en un plano que supere tu comprensión.

Pues ya ves, la comprensión no tiene niveles de profundidad. No hay distancia entre tú y la aceptación de tu Ser. Éste también es un error de percepción común. El permitir que tu pensamiento more en esta área, te estaría diciendo que es posible ampliar la brecha entre tú y Dios. Y te diré que eso no es, en absoluto, posible. Se trata únicamente de tu percepción acerca de qué tan lejos estás de tu Ser, en un momento dado. En cualquier momento puedes elegir abandonar por completo tu sentido de aislamiento y aceptar plenamente que eres la extensión de tu Padre. En cuanto lo elijas, así será. ¡Instantáneamente!

Yo no soy más Hijo de Dios de lo que eres tú. No ocupo un lugar especial en Su Corazón que se encuentre por encima o más allá del que ocupas tú.

Su Propósito

Compartí con alguien, en alguna ocasión, que tu principal propósito para haber estado en la tierra en aquel tiempo, fue el de alcanzar la plenitud de Cristo. Entonces me pregunto si tú no tenías también un propósito de enseñanza o ministerio. ¿Es esto así?

Si cuando escuchas una petición de amor de un hermano, te reconoces a ti mismo en estado de amor, por qué entonces es tan difícil para ti, reconocer que eso fue lo mismo que me sucedió a mí. El cumplimiento de mi propósito se llevó a cabo a través del compartir mi visión y guía con aquellos a mí alrededor. Esto se ha dado a conocer como mi ministerio.

A menudo se intenta extraer conclusiones basadas en información que ha sido presentada anteriormente acerca de la manera y la función que tuvo este compartir. Cuando no comparas y extraes conclusiones con base en juicios del pasado, tu comprensión es mucho más clara. Simplemente dirige una pregunta con mente abierta buscando información que crees que te será de utilidad ahora. Si tu pregunta fuera: "¿Eras un maestro en aquel tiempo?", mi respuesta sería: "Si." También te diría que yo era un estudiante. Te diría que compartí, con aquellos a mi alrededor, los conocimientos y la visión que tenía en aquel momento porque eran importantes para mí y para mi proceso de reconocer quién era yo.

Pero el camino que yo escogí no debería ser juzgado por los demás como necesariamente apropiado para ellos. Tampoco debe mi camino convertirse en la base para juzgar el camino en el que se encuentran actualmente. Esto perpetúa la percepción falsa de que soy diferente a ti. Y no sólo diferente sino mejor que tú. Entre más concreta se haga esta creencia, obviamente más difícil te será reconocer nuestra igualdad, y más importante aún, reconocer que en Cristo no hay nadie más elevado que otro.

Si creyeras que cualquier expresión del Cristo disfruta de un lugar especial dentro del Cristo, sacarías al final la conclusión que hay muchos seres especiales. Y de haber muchos que están más alto, debe entonces por necesidad haber muchos que están más bajo, y te garantizo que te colocarías a ti mismo en el escalón más bajo, y éste no es nuestro propósito. Nuestro propósito es reconocer el amor de Dios y no ver a uno más capaz, que los demás, de expresarlo.

Experimenté algo que no comprendo totalmente. Sentado en la mesa del comedor, pensaba en la crucifixión y me preguntaba por qué Jesús tuvo que sufrir en la cruz, por qué tuvo que ser así. Jesús, clavado a la cruz, apareció en la mesa frente a mí. Yo le pregunté: "¿Por qué permitiste que esto sucediera?" No respondió, se acercó y me abrazó, la cruz doblándose a mi alrededor con sus manos aún clavadas a ella. He contado esta experiencia únicamente en dos ocasiones y ambas veces lloré incontrolablemente. No pude ni detener, ni evitar el llanto. ¿Podrías explicarme esta experiencia de modo que sea útil para mí?

Mi querido hermano, te sugiero que permitas que esta experiencia venga a tu mente con el siguiente cambio sutil: Al sentir el abrazo, siente como la cruz se cae. Es el significado que la cruz tiene para ti, el que te causa las emociones de dolor y angustia, y es esta angustia la que oculta el sentimiento de dicha que era mi intención con el abrazo.

Me preguntaste: "¿Por qué necesitaste hacer eso?" y yo quisiera decirte lo siguiente, no confundas tu camino con el mío. No te imagines, con base en tu percepción acerca de mí y de lo que logré en el camino que recorrí para recordar la verdad de lo que somos, que el mismo camino es apropiado para ti. Aquellas experiencias que yo necesité para alcanzar el reconocimiento completo de la verdad, fueron elegidas por mí, en la forma en que mejor ilustraban mi propósito dadas las circunstancias que existían entonces. Serían completamente irrelevantes para ti, dadas las circunstancias presentes.

Te llamo "Hermano" para ayudarte a comprender que no estoy por encima de ti. Espero que te des cuenta de que no hubo nada especial o significativo en las elecciones que yo tomé que se pueda aplicar a tus elecciones. Os exhorto a que no os enfoquéis en mi proceso. Insisto en que no te enfoques en mi proceso. No permitas que te entierren los pensamientos de tu mente al verme clavado a una cruz. Pues tú mismo te has clavado a muchas cruces, y a pesar de que aparentan ser diferentes, no lo son. Aunque te parece que la angustia que sufres es menos intensa que la angustia que percibes que yo sufrí, no es así. Es tiempo de que renuncies a la cruz, tanto a la tuya como a la mía.

Permite que sea el sentimiento del abrazo, el amor que somos, aquello con lo que te identificas. Por favor no mal entiendas más el mensaje que te fue dado a través del sentimiento y la imagen, con base en las interpretaciones de otros acerca de mi aparente muerte y el supuesto fin de padecer dolor y liberarte de tus pecados. Éstas son mal interpretaciones. Comprende el amor que te tengo. Comprende también que no podría tenerte este amor, si no lo sintiera provenir de ti, si no identificara este amor con tu Ser.

Tienes una pregunta acerca de lo que le sucedió a mi cuerpo. Te diré que existe un pensamiento en tu mente relativo a sostener esta desaparición misteriosa de los restos de mi cuerpo físico como una especie de clave en tu búsqueda de tu Divinidad. Y esto no es necesario. Te daré una explicación fisiológica que satisfará tu curiosidad. Es simplemente lo siguiente: Tu cuerpo y mi cuerpo no son nada más que las manifestaciones que nuestra mente crea. Llegará el momento en que este misterio ya no exista para ti. Al desear manifestar un cuerpo o al permitirle que retorne a un elemento no-físico, simplemente así sucede, porque comprendes que tal es su naturaleza. Pero te diré que, en este momento, sería un poder que identificarías como un truco de magia que tu ego puede realizar para demostrar un tipo de superioridad. Dentro de este propósito, no sería útil para ti que mantuvieras esta ilustración. Lo que es importante que comprendas es que el cuerpo, en sí, fue irrelevante. No estoy diciendo que no haya sido importante, sino que fue irrelevante.

Independientemente de qué experiencias hayas elegido vivir en un momento dado, todo lo necesario para implementar tales experiencias te ha sido dado automáticamente. Es debido a que estás ahora en un rango de experiencias ilustradas a través de expresiones físicas, que tienes un cuerpo que te ayuda a tener tales experiencias. Si eligieras experiencias para las cuales un cuerpo físico o cualquier otra materialización física no fuera necesaria, no las experimentarías físicamente. Es por esto que es simplemente irrelevante. Te pido que honres las elecciones que estás haciendo y por lo tanto, honres las herramientas que te ayudan en tales elecciones; pero no te identifiques a ti mismo, a tu Ser, con tu expresión física.

Tu enfoque y tu atención en estos momentos, se debe centrar más adecuadamente en la experiencia del amor y la felicidad que te has estado negando a ti mismo. Simplemente eso.

Será en tus elecciones en pro de este cambio de actitud que te juzgarás menos duramente y volverás a un estado de Conocimiento. Simplemente te digo, mantente en paz. Y te animo a que sepas, en la medida en que permites que la experiencia de que estemos juntos entre en tu mente de nuevo, que estamos juntos y que podemos estar en estado de Comunión en cualquier momento, así como lo estamos ahora. Si decides tomar esta elección, permítele simplemente que así sea con la plena comprensión de que así Es.

Me gustaría saber acerca de tu relación con tu padre terrenal, José, y acerca del Ser que él es ahora.

Mi relación con mi padre, cuando estuve encarnado físicamente, fue excelente. Fue una relación de aceptación. Estoy seguro de que puedes reconocer lo difícil que sería si tuvieras un hijo que hiciera lo que históricamente has leído que yo hice. No fue difícil en nuestro caso. Mi padre fue realmente de mente abierta. Y su mente abierta rápidamente absorbió lo que estaba sucediendo y no fue un shock para él. Hubo muchas cosas que él no comprendió; pero fueron tan sólo muy, muy pocas las que le fueron difíciles de aceptar. Fue para mi mayor beneficio que tuve este entorno de tolerancia incondicional. Mi desarrollo, el proceso de hacerme consciente de quién soy, fue apoyado por su amorosa presencia.

Presenté muchos conflictos a las ideologías existentes, y mi padre era una persona profundamente religiosa. Fue para su propio beneficio que él no percibió los conflictos que presenté a las ideologías como conflictos frente a su rol de padre. El únicamente fluyó. Y únicamente fluye ahora mismo.

Nuestra relación no fue lo que considerarías una relación cercana y personal al acercarme yo a mi pubertad. Esto fue resultado de mis propios esfuerzos por encontrarme a mí mismo y me dejó menos espacio, por así decir, para relaciones personales. Él estaba bastante consciente de esto. Y aunque él no sabía _así como yo tampoco sabía_ lo que venía, su fe fue de tal naturaleza que confió en un desenlace que sería absolutamente perfecto para los dos.

La Segunda Venida

¿Podrías por favor explicar el proceso de "La Segunda Venida"? Yo siento que se trata de nuestro retornar al reconocimiento de la consciencia Crística, pero ha habido otro tipo de interpretación que dice que tú, Jesús, retornarás físicamente.

No tengo tales planes por el momento.

¿Tienes alguna clase de planes para el futuro?

Aquí y ahora, te pido que vivas en el presente. ¿Acaso no me permitirías lo mismo, a mí?

Tu percepción es bastante acertada. La malinterpretación está en creer que hubo una primera y una segunda venida. El Cristo nunca ha cambiado. Si estuvieras preguntando: "¿Volverá Jesús, la persona?" el significado sería totalmente diferente. Si vuelve o no Jesús, la persona, debería serte completamente irrelevante. Existen muchas razones para esto. Cómo podría yo, por un lado, animarte a que comprendas que simplemente porque parecemos estar en diferentes estados de encarnación no quiere decir que estemos separados; y por otro lado, animarte a que esperes mi regreso. Cómo podría esto significar que así estaríamos aún más cerca el uno del otro. Estas intentando permitirle a tu mente trascender los pensamientos de limitación. No sería apropiado para mí, actuar de ninguna manera que fuera contradictoria con lo esto. También te diré que hablando acerca del Cristo, es irrelevante igualmente si hay o no "Una Segunda Venida". Solamente existe un punto valioso y es que reconozcas Lo Que Es Real. Lo Que Es en este momento Presente. En este momento presente, tú Eres. Eres el Cristo, eres la expresión de Dios que se expresa a Sí mismo como Tú. Te pido únicamente que reconozcas esto. ¿Cómo podría ser importante que le permitieras a tu atención concentrarse en una segunda venida? No existe valor en esto para ti.

El Presente

¿En términos de espacio y tiempo, por qué has elegido estar con nosotros en este momento en particular?

No existe el tiempo y no existe el espacio, y yo no tengo otra opción más que estar contigo ya que somos inseparables. No existe otra dimensión especial que, en estos momentos, seas capaz de concebir. No es vasta, no es pequeña; *es*. No se le puede conocer como una dimensión porque esto implicaría limitarle. Tampoco puede ser conocida como vasta al punto que te puedas concebir a ti mismo llenándola. Estos son juegos que únicamente entretienen a tu mente del ego.

Sugiero que simplemente aceptes lo que he dicho: no hay tiempo, no hay espacio, no hay manera de que estemos separados porque la Mente de Dios es una totalidad. Dentro de esta totalidad reside también la Mente de Su Hijo, y no están separadas la una de la otra, ni de ningún otro aspecto infinito de Sí mismo al expresarse. No intentes conceptualizar esto en términos relativos a delimitaciones físicas _no se puede. Por el momento, permítete simplemente la consciencia de lo que acabo de decir porque así *es*.

¿Hay algo más que quisieras compartir en estos momentos?

El amor que está presente dentro de ti, es algo maravilloso de compartir. Lo más significativo que puedes hacer es compartir ese amor. Nuevamente, se trata de que te permitas concentrarte en el sentimiento. Las palabras pueden ser percibidas correcta o incorrectamente, pero permanecen a nivel de la percepción. Es cuando te permites sumergirte por completo en el sentimiento de tu Ser, el sentimiento de amor, que le comunicas a otros Quién es Dios. Cuando intentes explicar a otros racionalmente aquello que sientes que necesitas hacer, recuerda que es simplemente esto: comunicar el Amor de Dios. Y esto no sucederá con palabras.

Esto no sucede a través de aquello que llamas comprensión o conocimiento. Sucede únicamente al permitirte ser la expresión de lo que Eres, y ocurre a través del sentimiento. Tan sólo ocurre a través del reconocimiento de lo que Eres, confiando plenamente en que el simple hecho de que veas quién eres será el disparador del mismo recuerdo en la otra persona.

CAPÍTULO SEIS

Ilusión versus Realidad

"Debido a que experimentas únicamente aquello que se encuentra en tu mente, cuando hayas aceptado la Realidad; esto será lo único que experimentarás."

Libre de Ilusión

Al comenzar tu recorrido por este camino llamado Despertar, existe una tendencia a la confusión en cuestiones de responsabilidad. Deberías conservar una imagen clara de lo que tú has creado versus lo que es el Mundo Real, la extensión de la Mente de Dios. Como hemos visto anteriormente, al referirnos a tu cambio de percepción acerca de lo que está sucediendo, puede que encuentres extremadamente difícil cambiar de opinión y de percepción cuando se trata de aquellas cosas que estás acostumbrado a considerar como dominio de Dios. Y por lo tanto, te colocas en una posición en la que sientes que no hay nada que puedas hacer al respecto.

Permíteme comenzar con la siguiente ilustración. Mira a tu alrededor y permite que tu atención abarque todo aquello que puedas ver. Estas cosas que percibes a través de tus sentidos físicos son de tu creación. Los pensamientos y sentimientos que tienes acerca de estas cosas, determinan completamente lo que significan para ti y a esto es a lo que me refiero cuando hablo de percepción. Más allá de tales formas, la esencia de estas cosas es la extensión y realidad de la Mente de Dios. Es por esto que te digo que lo único que hace falta es que cambies tu percepción, permitiéndote reconocer la realidad de aquello que percibes. No te pido que descartes tu creación o que la veas de modo alguno como una ilusión que carece de realidad. Lo que intento es dirigir tu atención hacia un reconocimiento más claro y real de aquello que percibes. Y es desde este punto de vista que te pido que vayas más allá de lo ilusorio, más allá de la percepción limitada por el miedo, la culpa, el juicio; y que veas con tus ojos naturales.

La ilustración más común de lo que estoy diciendo es lo referente a tu cuerpo y a la idea de enfermedad y muerte que le puede acontecer a tal cuerpo. Como he dicho, todo el significado de la forma física es generado en tu mente. Y cuando tal mente abarca un sistema de creencias que permite la presencia de dolor y acepta el deterioro hasta la muerte, tal será la experiencia de su cuerpo. Para que no haya malentendido, afirmaré con claridad que: el cuerpo físico que posees es de tu propia creación. Es creado por tu sistema de creencias conforme al significado que le has otorgado y funcionará de acuerdo a las leyes que reflejan tales creencias. De igual manera te haré saber que no existe objeto, o forma alguna que esté presente en tu percepción, para el que este mismo concepto no aplique. Es absolutamente imposible que experimentes forma alguna que no se ajuste a tu sistema de creencias. Es siempre a la luz de esta verdad que te animo a que cambies tu percepción, la manera en que observas la forma que crees que te rodea.

Es por esto que continuamente digo que no existe en realidad nada que esté sucediendo a tu alrededor que no suceda primero en tu mente. Y para generar un cambio de cualquier índole en dicha forma, es únicamente necesario un cambio en tu mente. La dificultad que encuentres en aplicar tal proceso es en gran medida determinada por qué tanto aceptas o no lo que acabo de afirmar.

Las siguientes son preguntas que te ayudarán a aclarar si algo puede ser cambiado por ti, ya que es de tu propia creación, o si ha sido creado por Dios y por lo tanto es inalterable:

1. ¿Es esta cosa eterna?

2. ¿Es tal cosa ilimitada?

3. ¿Es acaso posible que yo experimente aspecto alguno de esta cosa de forma no amorosa?

4. ¿En cada y absolutamente toda circunstancia, es mi ser resonante con tal cosa de manera que me ofrece un sentimiento de paz absoluta?

Si la respuesta a cualquiera de estas preguntas es no, puedes estas seguro de que tu percepción de tal cosa se encuentra fuera de alineación con su realidad y que el cambio debe ocurrir en tu mente. Cuando quiera que no creas esto, estarás creyendo que Dios te ha creado como prisionero. Prisionero encerrado en una jaula de muerte y dolor. Tú sabes que esto no es así. La jaula de muerte y dolor es producto de un error en tu percepción. Tu libertad yace en tu aceptación de tu Ser verdadero.

En esta información reside toda la libertad que buscas.

No te sugiero, sin embargo, que utilices esta lista de cuatro preguntas como un test rápido y duro para que lo apliques a toda cosa. Son sugerencias. La idea es que, con base en estos principios, te familiarices con la forma en que se *sienten* y así tu mente tenga una comprensión general que le permita discernir lo que es realidad de lo que es ilusión.

¿Por ejemplo en el caso de los peligros contra el medio ambiente como las armas nucleares y demás, estás diciendo que en lugar de involucrarnos activamente en protesta, recordemos simplemente que tales situaciones son creación de nuestra propia percepción y que basta con que las reconozcamos como ilusión?

De nuevo, la ilusión es la manera distorsionada en que percibes la Creación. La ilusión es tu creación errónea, que cubre la realidad y la claridad de aquello que ha sido expresado y extendido por la Mente de Dios. Nada resuena en la Mente de Dios que no sea Perfección y Verdad. Aquello que no se observa o reconoce como perfección y verdad, ha sido percibido de manera errónea y se ha transformado en una ilusión de la verdad. Y es la corrección de esta percepción lo que yo te animo a que realices.

Si yo te dijera que no es útil que una gran cantidad de personas protesten por una ilusión que ellos mismos han creado, sería igualmente falso. La manera en que cada individuo protesta, por así decirlo, por la ilusión de su propia creación, es la manera en que más fácil y claramente tal individuo logrará ver lo que está sucediendo en realidad. Lo que no es útil es que creas que eres víctima de aquello por lo que protestas... o que tiene influencia alguna sobre ti. El valor y significado que aquello por lo que protestas tiene es aquel que tú le has dado. Existe como resultado de tu percepción. En conclusión, estás protestando por tus propias creencias.

Cambiar las ilusiones es algo que intentará todo aquel que ha elegido el camino hacia el Despertar. Algunos incluso lo intentarán desafiando de manera abierta y activa la manifestación física de su creación. En última instancia, existe tan sólo una forma de cambiar lo que es ilusión: cambiando tu percepción acerca de ello. Tal cambio ocurre únicamente a través de un cambio mental. Mi sugerencia es que no te preocupes por la manera en que nadie más intenta protestar por su ilusión ya que esto mantiene a tu mente en estado de juicio y a tu atención alejada de tu propio caminar hacia el cambio de la manera en que piensas acerca de tu ilusión.

¿Estás diciendo que, en este proceso de Despertar, lo mejor que podemos hacer es simplemente ver estos asuntos como ilusiones y no involucrarnos con ellos?

La mejor manera para ti, puede que no sea la mejor manera para otra persona. Te recomiendo que no establezcas una doctrina alrededor del proceso de Despertar. Por favor recuerda que hay tantos caminos a Dios como aquellos que le buscan. Con el fin de saber lo que es más apropiado para ti, aprende a preguntarle al Espíritu Santo.

Viendo la Realidad

¿En este proceso de creación a través de nuestros pensamientos, hemos creado también las fuerzas de la naturaleza, el viento, las montañas, los árboles, los océanos, el sol, el clima?

El asunto que te preocupa y que da origen a tu pregunta es el deseo de saber si las fuerzas de la naturaleza fueron creadas por Dios o si lo que ves es tu propia percepción de ellas. Todas las fuerzas de la naturaleza que ves, son de Dios, ya que contienen la energía que es extensión del Pensamiento de Dios. Pero la manera en que percibes estas fuerzas, la forma que percibes que toman, el propósito y la función que les has dado, imponen limitación y distorsionan tu experiencia o vivencia de ellas. En consecuencia lo que ves es de tu propia creación.

¿Cómo podemos percibir de manera diferente aquellas expresiones traumáticas de la naturaleza tales como los huracanes, los terremotos que parecen herir a tantas personas con sus efectos?

El propósito de la percepción del ego, es expresar el conflicto inherente a su propio sistema de pensamiento. Y lo que ves al observar estas manifestaciones es el conflicto inherente a la consciencia del ego.

¿Es la experiencia de un tsunami o un terremoto por ejemplo, particular y exclusiva de las personas que se encuentran en esos momentos viviendo la experiencia o son estas manifestaciones el producto del conflicto que todos compartimos?

Es representativa del significado que le atribuyes al entrar en tu consciencia, ya sea que estés o no presente en el lugar y tiempo en que se presenta tal manifestación. El significado que le atribuyes determina el efecto que tiene en ti.

¿Si uno se encuentra relativamente en paz, el verse envuelto físicamente en lo que llamamos un desastre natural, sería entonces vivido como una experiencia menos traumática o temerosa que en el caso de otra persona?

En general, sería poco probable que alguien en estado de paz constante se encontrara presente, pero en caso tal de encontrarse presente, estas personas enfrentarían esta situación desde la presencia de la paz dentro sí mismas y no desde la presencia del conflicto originado por la percepción del ego.

Al observar el mundo de la naturaleza, veo que todo pasa por la decadencia y la muerte. Las creaturas mueren, esto no es algo malo, simplemente un patrón de la vida. ¿Es esto meramente percepción

*o es acaso parte de un plan más amplio de la
Creación?*

Acabas tu mismo de explicar el por qué experimentas muerte y decadencia cuando describiste el proceso como *"simplemente un patrón de la vida."* Lo has aceptado como real y por lo tanto, así lo vives. No confundas causa con efecto. Yo no estaba hablando a favor de una eterna expresión física cuando te dije que la verdad es que nada se manifiesta físicamente en tu vida que no sea producto de tu sistema de creencias. De hecho, una vez aceptes por completo esta verdad, te darás cuenta de que ya no tienes miedo a soltar tu apego al cuerpo ya que éste no define quién eres. Lo que he descrito es tu pasaje hacia tal libertad.

Sé que es bastante difícil aceptar que cuando ves aves y plantas morir, por ejemplo, estas están muriendo debido a tu sistema de creencias, están muriendo porque las estás viendo morir. Tan pronto como hayas levantado el velo y hayas dejado de identificarte a ti mismo y a ellas como seres perecederos, dejarás de experimentar aquello que has identificado como el proceso de muerte.

*¿Es la realidad de lo que percibimos como muerte,
un simple cambio de forma mas no un final en sí?*

Es a través de tu sistema de creencias que interactúas con toda expresión de la forma. El ver a través y más allá de las limitaciones de estas creencias, te permite ver la forma en su realidad, infinita. En tal caso, ya ni siquiera percibirías un cambio de forma debido a que la forma ya no sería el objeto de tu atención. Experimentarías lo inmutable e invariable, la expresión absolutamente infinita de la Mente de Dios. No existe nada creado por Dios, lo cual es la extensión y expresión de la Mente de Dios, que no sea inmutable e invariable. No existe necesidad alguna de alterar la perfección. Existe tan sólo una necesidad percibida de crear una ilusión a partir de tal creación, y es en función de tal ilusión que percibes que algo cambia.

Una vez que tu creencia fundamental en la culpa y el miedo cambien, ya no será cuestión de ver energía cambiar de forma. Ya no experimentarás, en absoluto, la ilusión de la forma. No experimentarás guerra y no verás guerra, no experimentarás muerte, ni confusión, ni caos en forma alguna. Al salir de tu mente, tiene que salir también de tu experiencia.

¿Aparecerá en el campo de experiencia de otras personas, pero mi percepción habrá cambiado tanto que yo lo veré de manera diferente?

Esto es parte del concepto general de la creencia en que existes tú y alguien más, en la dualidad. Siempre que continúes verificando tu propia experiencia comparándola con la de los demás, te equivocas. Todo lo que está sucediendo es que estás aceptando su experiencia, en lugar de obtener el beneficio proveniente de la tuya propia.

Yo sé que ésta es una de las cosas que te es más difícil aceptar. Una vez que hayas cambiado de mentalidad acerca de lo que deseas experimentar, todo aquello que sea opuesto a tu nueva creencia ya no estará presente en tu experiencia. No será cuestión de verlo desde una perspectiva superior o comprendiendo cómo es que alguien lo experimenta. *No lo verás.* No sucederá en absoluto. No estarás consciente de que hay una guerra y que algunas personas están creyendo en ella y que tú no; no experimentarás guerra alguna.

¿Entonces cómo nos comunicamos con aquellas personas que sí están viviendo guerra?

Si te das cuenta, te encuentras siempre comunicándote con personas que están viviendo experiencias totalmente diferentes a las que tú estás viviendo. Debido a que experimentas únicamente aquello que se encuentra en tu mente, cuando hayas aceptado la Realidad, esto será lo único que experimentarás.

Y te comunicarás de manera hermosa con todos tus amigos Despiertos. Pero es cuestión de aceptar la verdad en su totalidad y no sólo en parte, no tan sólo aquella parte que cómodamente encaja en un nicho intelectual. Cuando aceptas el precepto de que no experimentarás sino aquello que es reflejo de tu sistema de pensamiento, debes comprender que esta declaración es completamente cierta. No existe excepción o una manera diferente en que te comunicarás con aquellas personas que no comparten el mismo sistema de pensamiento. No experimentarás otras personas sintiendo o pensando de manera diferente a aquello que concuerda con el patrón de pensamiento nuevo.

¿Entonces, experimentaremos a las demás personas conforme a nuestros patrones de pensamiento? ¿Todo realizará el cambio? ¿Absolutamente todo en nuestro patrón de pensamiento, cada reflejo de éste, realizará un cambio completo?

Esa es una muy buena manera de ponerlo.

Alguien preguntó: Me parece que en algún momento tomé la decisión de entrar en el mundo de la Realidad pero que no lograré satisfacer mis deseos a menos de que vuelva a este mundo de ilusión.

Tu real temor es que si te quedas en el mundo de la Realidad, estarás sola.

Exactamente.

No hay manera de que estés sola, al experimentar la Realidad. Te lo llevas todo contigo dentro de tu consciencia. Simplemente lo ves de manera diferente. Lo ves de manera más fiel al reflejar la totalidad de tu Ser. Lo único que dejas atrás es la percepción limitada del mundo, la forma de pensamiento ilusoria que le dio su característica irreal.

Había un temor en mí a que si me comprometía completamente a dejar esta dimensión, me sentiría separada de todo lo demás.

Si piensas que el volver a este marco de referencia te trajo una sensación de conexión con aquellos a tu alrededor, has olvidado la experiencia de la conexión que se siente cuando se ha trascendido el miedo a la soledad. Una vez aceptes tu unicidad en la Mente de Dios, descubrirás que es un lugar que nunca dejaste, lo que implica que tampoco los demás lo dejaron.

Una imagen que le fue mostrada a Tom:

Estoy recibiendo una imagen tuya, en una ronda, cogida de las manos con otras personas, danzando y riendo, felices. Tienes flores en tu cabello y se encuentran todos en un jardín. Y ahora veo la misma imagen a un nivel más alto. En este nivel únicamente hay luz, fluyendo y entrelazándose. No ves dónde termina una luz, ni dónde comienza la otra, tan sólo fluye. Y ahora veo, en el nivel inferior de personas danzando, que algunas se detienen, se emparejan y cambian de dirección. Luego veo que se detienen de nuevo, forman círculos y comienzan nuevas danzas... pero en el nivel superior, el fluir de la luz no cambia, se mantiene constante. La sensación es que en el nivel inferior, aun al mayor grado de conexión posible, te mantienes consciente de tus diferencias; en cambio, en el nivel en que experimentas tu Ser verdadero, no existe una sensación de opuestos, polaridades o diferencias.

Los niveles de danza ilustran que tan sólo pretendemos que estamos danzando "aquí". De esto se trata la ilusión, de creer que estamos aquí danzando cuando en realidad es "allá" que estamos danzando. Es por esto que no puedes estar sola. Éste es el único lugar donde puede "parecer" que estás sola.

El Tiempo

Debe haber algo a lo que me estoy aferrando y por eso volví al cuerpo y no me siento Despierto en estos momentos. ¿Podrías ayudarme a identificar qué es?

En este preciso instante, estás buscando una razón para tener algo más en qué trabajar, un problema más que resolver y esto, no es lo más conveniente. Trabajando en tus problemas hace que tu atención y emociones se enfoquen en aquello de lo que quieres des-hacerte. Esto puede generar el efecto opuesto a lo que esperas obtener. Entre más fortalezcas el asunto con tu energía y emociones, más intenso se hará.

No sugiero que ignores o resistas ningún problema que creas tener. En cambio, es cuestión de observarlo, permitir que te hable y luego pedirle al Espíritu Santo ayuda para dejarlo ir. Te haces capaz de dejarlo ir al recordarte a ti mismo quién realmente eres y renunciando al valor que le habías otorgado, hasta el momento, al miedo subyacente en tal problema. En ambos casos, tanto al resistir como al trabajar en resolver el problema, le estás dando el énfasis al control que reconoces que el problema tiene sobre ti. Ser capaz de observar el problema y dejarlo ir, es desautorizar la ilusión de ser su víctima y aceptar tu divinidad. Adicionalmente, existe un temor pequeño que se desarrolla al borde de una de tus barreras, que dice: "Creo que comprendo pero no quiero tener que volver una y otra vez a este punto." Te sugiero que dejes ir el concepto del tiempo.

No sé cómo hacer eso.

No existe un marco cronológico, ni un parámetro del tiempo que deba tomarte el Despertar.

Pero yo no quiero tener que seguir volviendo.

Ves, ésa es la dicotomía que yo estaba describiendo. La idea de trabajar en tu Despertar en el momento presente para evitar tener que volver en el futuro, valida el concepto del tiempo, reconoce el control que éste ejerce sobre ti, lo mantiene en tu consciencia y por ende, en tu experiencia. En la medida en que te mantienes en este preciso instante, de la manera más constante posible en estado de paz, el concepto de tiempo va adoptando un significado diferente hasta que finalmente, puede desaparecer. Eres infinito. El tiempo no es más que un producto de tu imaginación. Se encuentra a *tu* disposición. Literalmente.

¿Es entonces parte del proceso del Despertar, el comprender que no hay tiempo e intentar mantenerse en el momento presente?

El soltar todos los conceptos limitantes le permitirá a tu mente estar más receptiva a las grandes cantidades de información que recibes, a la memoria de quién realmente eres. Es más difícil que tal memoria vuelva a una mente que parece encontrarse en alguna clase de conflicto. Es más difícil que tu recuerdo del Ser Infinito que eres vuelva a una mente que cree en el tiempo, que cree que haya barrera alguna o limitaciones que le separan de la Mente de Dios y de cada hermano y hermana a su alrededor.

No insistas en encontrar la manera de des-hacerte de un concepto como el del tiempo o cualquier otro que percibas como una barrera. Simplemente comprende que no existe barrera alguna. No le des a tu ego una oportunidad más de que defienda al tiempo. Simplemente suéltalos a ambos. No intentes comprender, a presente, por qué es que no puedes des-hacerte de tales barreras, o el por qué es que no existen; simplemente sé consciente de que no existen y suéltalas. La ilimitada realidad de tu Ser verdadero llenará el espacio que dejas vacío al soltar estas barreras, así se hará comprensible y aceptable para ti.

Te es imposible, por el momento, captar lo que quiero decir cuando te digo que no existe separación entre tu mente y la ilimitada Mente de Dios, mientras te sigas identificando a ti mismo con tu cuerpo, con tener miedos y ansiedades y todas aquellas experiencias que el pensar limitado te trae. Te sugiero que simplemente sueltes la creencia en que existe barrera alguna a tu alrededor.

Por ahora, tan sólo permite que la noción de que no existen barreras esté presente. Y con eso, observa cuántas definiciones e identificaciones nuevas de tu Ser verdadero se hacen aparentes... cuánto de la información que te ofrezco te es ahora más aceptable y comprensible.

¿Indiferencia Divina?

Me siento perdido cuando intento comprender la "indiferencia Divina" de Dios, o la idea de que se encuentra en un estado "más allá de todo". ¿Podría usted hablar de esto?

No puedo suministrar descripción alguna de "indiferencia" que tenga ningún sentido siendo "Divina". El estado de la Divinidad, tal como existe dentro de ti y dentro de la Mente de Dios, no es en ninguna medida indiferente. El estado de Paz que acompaña el ver únicamente aquello que es real, no es un estado que pueda describirse como indiferente. Lo que estás describiendo es un estado libre de preocupación acerca de aquello que se reconoce claramente como una ilusión.

Existe una afirmación en *Un Curso de Milagros,* con la cual estás bien familiarizado, que expresa el hecho de que el Padre no reconoce la ilusión dentro de la que consideras que te encuentras. Esto no es indicativo de indiferencia alguna de su parte, es simplemente una indicación de que Él no busca darle credibilidad a tu sueño.

Existe un acto de honrar elecciones hechas dentro de la ilusión que da valor a tales elecciones en la medida en que aportan a tu liberación de la ilusión. Éste no es un acto de indiferencia, ni de desinterés. Una mejor descripción sería decir que se está consciente de lo que es ilusión pero se ve lo que es Realidad. Yo veo la Realidad como aquello que es únicamente la extensión de la Mente y del Amor de Dios. Y en tal extensión veo únicamente paz, perfección y armonía. Si mi hermano no está experimentando esta visión, y yo me niego a compartir con él, el no ver la realidad, esto no es indiferencia de mi parte. Es un acto de ubicarme en un estado que apoya a la Realidad y no a la ilusión. De ninguna manera puedo sentir indiferencia al expresar el amor incondicional que es la extensión de la Mente de Dios.

Si yo expresara de manera alguna inquietud o preocupación por el hecho de que alguien no está experimentando paz en el momento presente, entonces yo estaría, por un lado, deshonrando su derecho a la libertad de elección o libre albedrío; y por otro lado, deshonrando mi propia elección de experimentar únicamente aquello que es real. Y esto de ninguna manera significa que soy indiferente.

¿Entonces, qué significa "salvar al mundo"?

Salvas al mundo al cambiar tu percepción y verlo tal como realmente es. Restauras la sanidad del mundo al reclamar tu Mente correcta, alterando tu percepción para ver aquello que refleja la Mente de Dios. La única manera de salvar al mundo, es cambiar el significado que le has impuesto. Puesto que te ves a ti mismo en estado de limitación, te es difícil comprender que la percepción que tienes de tu hermano es también una ilusión de su Ser verdadero. En la medida en que tu percepción cambia, el mundo en su totalidad tiene que cambiar de manera correspondiente para reflejar tus nuevas creencias.

No comprendo lo que quieres decir con "Puesto que te ves a ti mismo en estado de limitación".

Puesto que te ves a ti mismo ocupando un espacio que tiene delimitaciones y trazas distinciones entre el espacio que tú ocupas y el espacio que ocupa otra persona, estás viendo un mundo dividido en compartimientos, dividido en pequeñas piezas y segmentos. Lo que te estoy presentando es un mundo muy diferente a éste.

Un mundo de totalidad energética. Un mundo en el que no hay divisiones entre las diferentes expresiones de Dios, un mundo en el que existe una fusión total puesto que tal fusión, es de hecho, la expresión armoniosa de la totalidad de la Creación.

¿Entonces, puede mi sentimiento amoroso ser otra cosa que ilusión?

El aspecto ilusorio del amor que estás experimentando a presente, proviene de la necesidad de proyectarlo hacia afuera, por así decirlo, para al final reconocer que tal amor ha provenido de ti mismo. Ésta es la ilusión. El reconocer que existes en estado de Ser amor, que es en este estado en el que realmente existes y que por ende, amor es lo único que puedes expresar. Es estar en un estado en el que puedes reconocer el amor que es Real, el amor de tu Ser verdadero, el amor de la totalidad de tu Ser. Cuando sientes la necesidad de proyectar amor, te encuentras en un estado mental donde la creencia es que tú puedes crear amor y es este estado mental el que te convencerá de que puedes también crear algo que no es amor – que el amor puede tener opuesto. Es este tipo de amor el que refleja que estás en un sueño.

Es cuando te reconoces a ti mismo como una expresión del acto de amar, de la fuerza creadora de Todo Cuánto Existe, una expresión del Creador. Te reconoces a ti mismo como amor y como una extensión de la Mente de Dios. Y en ese momento, sabrás que es imposible que seas cualquier otra cosa. Más cuando no ves esto, estás viendo una ilusión de la Realidad y de tu Ser.

Relaciones Especiales

¿Cuál es el valor y significado de una relación íntima y comprometida entre un hombre y una mujer?

Existe relativamente poca diferencia entre el valor de una relación como la que describes y cualquier otra relación que puedas tener de manera más informal. Lo que sucede es que una relación íntima y comprometida te fuerza a reconocer tu reacción ante el otro de manera continua y sin la oportunidad de retirarte.

A modo de explicación te diré, que el valor de cualquier relación es aquel que se realiza cuando te permites expresar únicamente amor. Si tomas esta respuesta y la aplicas a lo que te dije anteriormente acerca de una relación íntima, te darás cuenta de que ese aprendizaje toma en ocasiones lo que parece ser proporciones imposibles debido a que no te puedes retirar. Lo otro que sucede es que dentro de una relación íntima, se establecen dependencias. Y con la dependencia surge el temor que le acompaña de qué harás si la otra persona ya no está dispuesta a satisfacer tal dependencia. Esto parecerá dificultar aun más tu habilidad para siempre extender amor incondicional y sin compromiso, para cada situación que se te presenta.

Tu pregunta, sin embargo, no está dirigida hacia el análisis de cómo se genera una relación íntima feliz, sino hacia el hecho de si una relación de tal tipo tiene o no un propósito más importante. Mi respuesta es no. No hay propósito más importante o mayor valor en tal relación. Es simplemente el hecho de que dentro de la intimidad, debido a las complejidades adicionadas por las emociones y las personalidades, la relación íntima parece ser más importante. Y cuando la ves como más importante, la atención y el valor que le confieres adquieren proporciones mayores.

*Por favor habla de la importancia del amor sexual
si es que tiene alguna.*

Sería difícil generalizar y que la información refleje la verdad. Amor sexual puede experimentarse y puede tener su importancia al darte la oportunidad de remover las barreras a la intimidad. O puede ser reflejo de un temor que mantienes acerca de ti mismo.

Cualquier acto que realizas, ya sea sexual o no, es un reflejo del estado mental en el que te encuentras en ese instante. Si te encuentras en un estado mental libre, el acto o emoción que expreses reflejará mejor ese estado de amor. Te sugiero, por lo tanto, que no diferencies entre un acto sexual o cualquier otro acto emocional en el que te puedas encontrar involucrado en un momento dado. Si expresa amor, te traerá paz.

Mucho se ha dicho acerca del deseo sexual como la manera de preservar la especie humana. Mientras que te consideres un ser que necesita reproducirse de esta manera, éste será el impulso al que responderás. Esto es lo que tu sexualidad será para ti. La misma lógica puede aplicarse a la guerra. Siempre y cuando tu proceso mental incluya creencias que justifiquen el que sientas miedo, y por lo tanto debas protegerte, te verás envuelto en conflictos. Sentirás un impulso o una necesidad por defenderte.

Lo que te estoy presentando aquí es simplemente que tu experiencia responderá a lo que le dicte tu sistema de creencias. Si tal sistema te dicta que la expresión sexual es una expresión de amor, como tal la experimentarás. Si te dice que responde a una necesidad física, como tal responderás en tu experiencia. No es diferente de cualquier otra emoción que sientes la necesidad de expresar.

Las Profundidades de la Ilusión

He tenido la experiencia de reconocer la verdad en lo que he escuchado a través tuyo y se siente tan bien, pero ... ¿Cómo es que otros se sienten igualmente convencidos de otra verdad diferente?

Para comenzar, volvamos a la cuestión fundamental de la dualidad, lo verdadero y lo falso, lo bueno y lo malo, dentro y fuera, abajo y arriba, ilusión o realidad. Tú sabes que éstos son conceptos con los que juegas mientras estás dormido. ¿Quién puede entonces, estar soñando un mejor sueño? ¿Se puede estar Despierto en mayor o menor medida?

Tienes la percepción de que existen niveles de ilusión. Pero te refrescaré la memoria acerca de una afirmación que realicé anteriormente ... En la actualidad existe la ilusión y lo Real. Por favor no malinterpretes esto, no quiero decir que en Realidad exista una ilusión, sino que en tu caso, estás ya sea experimentando la Realidad o una ilusión. Siendo ésta una píldora bien difícil de tragar, el ego te permite seguir logrando cosas al darte permiso de lentamente salir de tu ilusión. Y a esto es a lo que me he referido cuando he dicho que en tu percepción, la ilusión tiene grados de profundidad. Ahora bien, volviendo a tu pregunta, te pregunto yo: ¿Cuál es tu motivación al preguntar esto?

La frustración de mi ego, supongo. No comprendo por qué es que todos no reconocemos la misma Verdad.

Tal como he dicho muchas veces, no existe diferencia alguna en la habilidad de reconocer la verdad en todos y cada uno de tus hermanos. Que elijas o no ejercer tal habilidad, es una elección más en una larga lista de elecciones que cada quien decide o no realizar. Tú encuentras que la búsqueda de la verdad es muy satisfactoria. Pero yo puedo decirte que para muchos la búsqueda de la verdad es bastante atemorizante. Y esto es porque existen muchas capas de miedo que ellos interpretan como miedo a la muerte, y no me refiero simplemente a la muerte a nivel físico. Hay muchos que aun no comprenden, realmente, que es imposible morir, que no existe un Dios vengativo que pueda o vaya a tomar sus vidas eternas. El obstáculo para estas personas parece ser diferente en forma al tuyo, pero obstáculo es obstáculo y son mantenidos dentro de la misma ilusión.

Te sugiero que reemplaces tu centro de atención al observar a tu hermano, deja de enfocarte en lo que percibes como su estado mental y concéntrate en verlo como quién realmente es. Puedes pasar gran cantidad de tiempo sintiendo pena por ellos o juzgándolos y esto no hace sino mantener tu visión enfocada en la oscuridad. Te digo de nuevo que ya estás Despierto. Y te digo en estos momentos, *ellos* también están Despiertos, así te pido que los veas. Esto, no sólo facilita su Despertar sino en gran medida, la aceptación del tuyo propio.

No estoy seguro de cómo hacer esto.

En cada caso que estamos discutiendo, de lo que realmente se trata es de la habilidad de ver más allá de las ilusiones, creando un patrón mental que te permita ver más allá de la ilusión en cada situación. Se trata de un proceso que poco a poco te permite experimentarte a ti mismo, más y más Despierto. Tomemos una analogía muy simple: Tienes muchos bananos creciendo en tu huerta. Si un día decides que debes llamarlos manzanas y no bananos y continuas llamándoles manzanas por mucho tiempo, se convertirán en manzanas para ti. Y se requeriría instaurar un nuevo y completo paradigma de pensamiento para devolverte al punto de llamarles de nuevo bananos.

No hay nadie en tu dimensión que no esté tratando de Despertar. Encuentras esto difícil de creer porque tu mente inmediatamente piensa en aquellas "muy malas personas"; los asesinos, los violadores, los terroristas, etc. Pero te recordaré que a un nivel muy profundo, no existe quien no desee volver a su estado natural. No existe quien no tenga dentro de sí, la memoria que refleja su Ser verdadero de Paz y Armonía, y esta memoria reside al interior de todos como un llamado a volver al Hogar.

Has establecido un patrón de creencias en lo que se refiere a la idea de profundidades de la ilusión y es dentro de la credibilidad que le otorgas a este patrón que ves a otros relativamente dormidos. Ahora bien, te pregunto: ¿Al acostarte en la noche tienes sueños y crees que son reales, verdad? ¿No crees que lo mismo les sucede a todos tus hermanos? ¿Y crees que te despiertas de tus sueños de manera diferente a ellos? Es cuestión de que los sueños son diferentes pero siguen siendo simplemente sueños. Y cuando el miedo se hace sobrecogedor en el sueño, el deseo de despertar es reconocido más claramente.

Cada hermano parece escuchar su llamado a Despertar de manera diferente. De hecho, seguramente te parece que: ¡Algunos ni siquiera lo han pedido!

Cuando me encuentro con aquellos que insisten en que el banano es una manzana: ¿Qué hago? ¿No digo nada? O ...

Insistes en ser el banano ya que ésta es la única forma verdadera que reconocerán.

¿Entonces no son las palabras las que importan, verdad?

No, en realidad, no.

CAPÍTULO SIETE

Estando en el Presente

"Ya que el estar en el momento presente es una expresión de tu estado natural de Ser, debe entonces, en su verdadera esencia, ser un acto fácil de realizar."

Manteniéndose en el Presente

Estoy intentando descubrir lo que significa vivir en el momento presente. Se siente como si una parte mía estuviera aferrada al pasado y otra parte al futuro, entonces nunca realmente he experimentado el estar completamente presente. ¿Cómo puedo hacerlo?

Mantenerse en el "momento presente" es difícil porque sientes que en el pasado hay todavía mucho que valoras. Y debido a que aún no te logras concebir como un Ser infinito, sin un pasado no te parece que existes. Con el fin de retirarle la dificultad al hecho de mantenerte en el momento presente, debes darte cuenta de que aquello a lo que te aferras del pasado surgió de tus propios pensamientos de culpabilidad y de miedo. No intento excluir las memorias de amor y de felicidad, las cuales aun no comprendes que son tan sólo una fracción de lo que podrían ser, despojadas de tus creencias temerosas.

En esta experiencia de un mundo que proviene de tu estado mental presente en el que hay tanto conflicto, te es imposible estar completamente presente si lo haces por ti solo. Una concentración en el momento presente ininterrumpida y constante requiere un estado mental intrínsecamente en Paz, no uno que dependa de comparaciones y opuestos. El ego depende de una serie de incoherencias para justificar su creencia en ambas, la inocencia y la culpa. El estar completamente presente en este momento eterno es, sin embargo, tu estado natural de consciencia, en el que te encuentras ahora mismo en cuanto sueltas tus creencias en la culpa y el pecado. Ésta es la función del Santo Guía en tu interior.

El valor que tiene el aprender a estar en el momento presente es que puede enseñarte a ser libre de tus percepciones acerca de ti mismo que se han desarrollado a partir de experiencias del pasado. Debes darte cuenta de que has valorado estas experiencias simplemente porque han ocurrido, pero que no hubieran podido haber sucedido si no tuvieran ningún valor en tu sistema de creencias. El experimentar libertad frente a pensamientos de miedo requiere que sueltes el valor que les atribuyes para que veas que en el momento presente, únicamente las creencias del momento influyen en las experiencias del momento.

La práctica de mantenerse en el momento presente requiere, en consecuencia, una actitud de aceptación incondicional. Todo juicio está basado en conceptos del pasado acerca de lo que es correcto o incorrecto. El momento que está aquí y ahora debe ser libre de eventos pasados al igual que los pensamientos que le dan origen. No sabes cómo des-hacerte de estos pensamientos del pasado. Puedo decirte esto con certeza pues lo mismo me sucedió a mí cuando hice lo que tú estás haciendo ahora. Aprendí a escuchar y a poner mis decisiones en las manos del Espíritu Santo.

Todo debe servir el propósito de retornarte a la consciencia de tu Ser verdadero o no sirve ningún propósito realmente. Permite que ésta sea tu motivación en la búsqueda del único momento que realmente existe, y la Guía que Dios nos ha dado utilizará tal invitación para garantizar que así sea.

Tengo mucho dolor en mi espalda y cuello, y yo se que se trata de duelos no resueltos del pasado. Una parte en mí quiere soltar esto, pero al mismo tiempo noto una resistencia muy fuerte a soltarlo. ¿Qué me puedes decir al respecto?

La clave para ti, muy ciertamente, es ubicarte en el único lugar y espacio en el que te encuentras, aquí y ahora, el momento presente. Imagina que te hubiera dado amnesia, olvidando toda conexión con el pasado, dejando atrás toda memoria de dolor, toda memoria de aquellas cosas que te hirieron. En tal caso, no podrías en estos momentos encontrar beneficio alguno en el dolor. Y en ausencia total de beneficio, no verías ningún propósito para el dolor. Sin propósito alguno, no estaría presente en tu experiencia.

Recuerda que es imposible que experimentes nada en tu cuerpo físico que no se origine en tu mente. Si soltaras esas memorias, esos eventos de ansiedad que causaron el dolor, habiendo visto que el miedo no tiene fundamento; no habría propósito para volver a percibir erróneamente la situación, recreando el dolor.

El retornar una y otra vez a la escena del crimen, por así decirlo, ha sido un método efectivo para soltar aquello que crea el dolor. Pero en tu caso, te estoy sugiriendo que sería más beneficioso que simplemente limites tu atención al momento presente. Ha sido tu sentimiento de culpa el que te ha llevado a reexaminar esos eventos del pasado, reforzando tu sentimiento de culpa en el momento presente. Tal culpa ha oscurecido tu visión del momento presente.

No será en el pasado donde encontrarás razones para perdonarte a ti misma. Es en presencia de tu actual consciencia que conoces la inocencia de tu Ser. Es aquí y ahora que sientes la resonancia al escuchar cuando te digo que eres una Creación de Dios perfectamente divina.

Estando Disponible

¿Cómo puede alguien ser espontáneo y administrar varias cosas al mismo tiempo sin planear?

Te sugiero que interpretes el "Estar en el momento Presente" como el mantenerte espontáneamente disponible para tu vivencia momento a momento. De no estarlo, muy seguramente te perderás de las actividades que has planeado. Recuerda que aquello que está sucediendo en estos momentos, es el reflejo físico de tus pensamientos, mostrándote el significado que les has dado. ¿Qué es lo que entonces debes administrar, sino tus pensamientos?

Todo fluye con facilidad sin restricciones de tiempo cuando dejas de restringir tu Ser verdadero, cuando dejas de intentar mejorar la Creación de Dios. El planeador perfecto ya te ha sido dado en el Espíritu Santo. Recurre a Él de manera espontánea y todas las cosas encontrarán perfecta administración.

Cuando te encuentras pensando, experimentando, generando creencias, estás en un constante estado de planeación. Y cuando no estás disponible para tu momento presente debido a proyecciones de pensamientos acerca del pasado o del futuro, te pierdes de aquello que con tanta dedicación planeaste. Cuando te des cuenta de que toda la administración y planeación que tienes que realizar es simplemente alinear tu atención con el sentimiento que quieres obtener como resultado de tu experiencia, habrás definido conscientemente el significado que tiene para ti. Todos los detalles necesarios para facilitar tal significado, tal suceso, sucederán sin ningún esfuerzo adicional de tu parte. Tal es la naturaleza de tus experiencias de vida ya sea que estés consciente de ello o no. Y es precisamente debido a que no siempre eres consciente de este proceso que no te sientes responsable de ningún evento desagradable al no tener recuerdos de haberlo planeado conscientemente. Pero te aseguro que tu percepción acerca de lo que sucedió y el significado que le diste es un reflejo fiel de tus creencias.

Objetivos y Expectativas

Estoy en un momento de transición en mi vida, pasando de ser una persona enfocada en metas y en mi carrera profesional a ser una persona enfocada en una nueva misión. A lo que se resume es a que no quiero hacer nada. Ya no quiero más metas. ¿Cómo manejo esto? ¿Tomo mi vida como un rompecabezas y coloco las fichas a medida que van surgiendo, o debo planear para tal misión?

Estás desarrollando una consciencia clara de la futilidad de los objetivos y metas del ego. Esto no está completamente integrado aun en tu experiencia a nivel consciente, pero es algo de lo que comienzas a hacerte consciente. Es esta consciencia la que te frustra al intentar establecer objetivos para el futuro. Existe un patrón de pensamiento que defiende que establecer objetivos es muy valioso y que una persona puede medirse de acuerdo a su habilidad para alcanzar los objetivos que se ha establecido. Existe por ende, un conflicto interior.

El establecer objetivos enfoca tu atención en expectativas. Las expectativas, son una de las barreras más grandes que te impiden el reconocimiento claro de la totalidad de la experiencia que estás teniendo es este preciso instante. Tus expectativas crean un embudo que filtra aquello que aceptas del momento presente. El estar inocentemente presente a cada instante, te permite ver con claridad la totalidad de lo que te estás presentando a ti mismo. También quiero aclarar que la totalidad de la experiencia está siempre en el presente, cada ingrediente que hace que una experiencia sea completamente satisfactoria para ti, está siempre en el momento presente. Ha sido únicamente al haberte negado a estar completamente presente ante la totalidad de una experiencia, que te has impedido reconocer su beneficio.

Será a través del proceso de aprender a confiar en tu Ser verdadero, en la totalidad de tu Ser, que podrás entregarte de manera más completa a la experiencia que estás atrayendo hacia ti mismo. Existe también un leve aspecto en el que continúas creyendo y que dice que: "Alguien allá afuera está trayendo esta experiencia a mi vida" "Alguien que no sabe lo que es mejor para mí, ya sea Dios, un Guía o una entidad desconocida y ajena." Te aseguro que esto no es así. Eres tú mismo el que te estás trayendo tal experiencia.

Cuando hayas abandonado la voluntariedad de tu ego y su necesidad de controlar, y te hayas entregado a la totalidad de tu Mente, podrás ver claramente que es tu propio Espíritu Santo el que te trae cada experiencia y que te la trae de una manera que refleja la perfección de su origen. Será a través del desarrollo de tu confianza en este aspecto de tu mente que encontrarás la seguridad que estás realmente buscando.

Tomando Decisiones

La toma de decisiones siempre me ha costado trabajo pues me da miedo no tomar la decisión correcta. ¿Me puedes decir algo al respecto que me pueda ayudar, por favor?

Existe gran confusión al querer distinguir entre el sentimiento de buena voluntad y el de la voluntariedad. Lo más beneficioso para ti es que comprendas que en cualquiera de los dos casos, estás escogiendo entre dos maneras diferentes de reconocerte a ti mismo. Por un lado, estás reforzando el reconocimiento de tu ego o ser limitado; y por el otro, estás eligiendo colocar tu confianza y tu fe en la parte que te es desconocida dentro de la totalidad de tu Ser verdadero.

El ser voluntarioso, tal como comprendes en la actualidad el significado de esta palabra, te limita a experimentar únicamente aquello de lo que tienes reconocimiento proveniente del pasado. Te sugiero que te permitas recibir respuestas más ilimitadas a tus preguntas, pero que no creas ni por un instante que la información que te estás disponiendo a recibir proviene de ninguna otra fuente sino de la totalidad de tu Ser verdadero.

La dificultad que percibes al intentar confiar en que vas a recibir la información adecuada, proviene de tus experiencias pasadas ya que dichas experiencias se han basado en tu ser limitado. Te estoy animando a tener fe y confianza en quien realmente eres. Te estoy sugiriendo que una de las mejores y más bellas maneras, en la experiencia, en que puedes comprender esto es al abrirte a la Guía Interior en tus actividades del día a día. Permítete experimentar este ámbito mucho más amplio de cosas que pueden venir a ti. La armonía que experimentarás, será el aliciente para que continúes este proceso. Esto, por supuesto, requiere confianza, para comenzar. Requiere confianza en quien realmente eres. Esta confianza es permitida, por el momento, en pequeñas dosis. Pero esto también cambiará en la medida en que tu paz incremente.

Comienzas por reconocer que toda pregunta puede ser contestada por la totalidad de tu Ser. Comprendiendo que probablemente al comienzo estarás dispuesto a confiar y a actuar de acuerdo únicamente a las respuestas recibidas en cuestiones de poca importancia para ti. Pero cada vez que lo hagas, la experiencia se convertirá en un refuerzo que te permitirá mayor aceptación para la próxima vez. Ampliarás tu zona de confort de modo que cada vez más, permitirás que tus preguntas sean contestadas por esta parte más amplia de tu Ser verdadero y con base en ellas actuarás. No te permitas creer que provienen de afuera de ti, creyendo cosas como: "Qué suerte tuve", o "Qué maravilloso que el Universo, o Dios, hizo esto por mí". Esto continuaría previniendo que comprendas que es tu Ser verdadero, tu Espíritu Santo, el que te está proporcionando las respuestas.

Existe una tendencia hacia sentimientos de grandeza acompañando el pensamiento de que Dios te ha dado algo maravilloso. Te sugiero que te apropies de este sentimiento de grandeza y así reconozcas la gloria de tu Ser verdadero tal como Dios lo creó. Y al mismo tiempo, reconoce el placer que le da a tu Padre verte aceptar aquello que te dio desde tu Creación. Así como fuiste creado perfecto, inmaculado, como una ilimitada expresión y consumación de la Mente de Dios; así mismo es Su placer el verte experimentando todo esto y reconociendo quién realmente eres.

Seguridad en lo Desconocido

En mi intento por enfrentar mis miedos, me confundo al no saber si lo que estoy haciendo es siendo crítico y juzgándome o si estoy siendo firme. ¿Me puedes dar claridad, por favor, acerca de lo que estoy haciendo?

Puedes descansar en la certeza de que mientras intentes mantenerte en estado de paz, cuando surja un bloqueo en este fluir es que estás siendo crítico o te estás juzgando a ti mismo. Estás evocando una experiencia del pasado y estás colocando tu atención en su aparente influencia sobre tu estado mental en el momento presente.

Sabrás que has encontrado verdadera paz cuando no haya pensamiento alguno acompañando dicha paz, fuera de la consciencia de estar completamente a salvo y seguro dentro de la totalidad de tu Ser. No habrá sensación alguna de estar bajo ninguna influencia. Te verás a ti mismo siendo total armonía. Te diré también, que al final, experimentarás esta armonía en tu consciencia de toda otra forma de existencia igualmente. Toda otra expresión del Ser residirá igualmente en esta paz y armonía. Simplemente quería que supieras que hacia allá te diriges.

Permítete la sensación de estar en el fluir de una suave corriente y al mismo tiempo estar aferrado firmemente a una raíz. Por favor suéltate. Suéltate en la confianza de que te estás entregando a la corriente de tu propio Ser, al fluir de tu propio Ser. Y es únicamente dentro del santuario de este Ser, aunque por ahora lo hayas olvidado, que encontrarás la seguridad que tanto has estado buscando. Es en realidad extraño para el ego el comprender que la seguridad se encuentra en lo desconocido, pero lo que intento que comprendas es que en la medida en que te entregas a la seguridad de este fluir, las memorias de bienestar vendrán a ti y te abarcarán y te contendrán, y así es que comprenderás. De esta manera lo reconocerás y ya no será desconocido. Pero no lo experimentarás hasta que no hayas realizado la elección consciente de disponerte a Serlo, permitiéndote así reconocer la naturaleza de aquello en lo que te estás permitiendo fluir.

Vidas Pasadas

Tengo muchos recuerdos de haber sido quemada en la hoguera, apedreada a muerte, ahogada y cuando alguien se acerca a mí y siento una energía similar a la de ese tipo de experiencias, siento ansiedad extrema. ¿Me puedes decir, por favor, cómo puedo lidiar con este sentimiento de ansiedad?

Quiero recordarte aquí que la razón por la que no te hablo de reencarnación en "Un Curso de Milagros" es porque entraría en conflicto con mi constante recomendación de enfocarte y permanecer en el momento presente. Durante tu sueño has tenido una gran cantidad de experiencias que has percibido como reales. Algunas de ellas las traduces en términos de experiencias en vidas pasadas, con el fin de darles significado.

Yo te hablo de vida presente. No es necesario que te quedes en lo que consideras son vidas pasadas, ni es necesario tampoco que intentes saber por qué las produjiste. Es útil que comprendas lo que acabo de decir, que tú sólo le das validez a lo que crees que has vivido, y es por esto que consideras importante haber tenido vidas pasadas.

Estás comenzando a comprender mejor que lo que está realmente sucediendo es que: los pensamientos están pasando dentro y fuera del enfoque de tu mente, un lugar que parece ser el hábitat de tu aspecto físico. Y a medida que el enfoque de tu mente pasa de lo que percibes como la forma encarnada de existencia a lo que percibes como la forma desencarnada, pareces tener experiencias que son directamente correspondientes.

Lo que estamos viendo es que esto no es necesario y comprende que no estoy emitiendo un juicio, al decir esto. Esta información te presenta la alternativa de no experimentar más sombras o ilusiones de Realidad y, en cambio, levantar el velo y ver la Realidad de tu Ser. La oportunidad que te ofrezco no es la de diferentes alternativas entre sueños, ni siquiera la de comprender mejor tus sueños, sino que lo que te ofrezco es que te des cuenta de que estás soñando y presentarte la alternativa de ver más allá, de Despertar. Y esto lo logras al permitir que tu atención se mantenga enfocada en el momento presente.

Te es difícil comprender claramente la infinitud de tu Ser cuando te parece que pasas por ciclos de comienzos y finales. Cuando sólo ves el momento presente, obtienes un sentido más claro del concepto de la "infinitud". También te permite mantener tus sentidos completamente abiertos. No me refiero a los sentidos físicos, sino a sentimientos, tu sentir interior. Se hace confuso presentarte una nueva imagen de ti misma cuando tu imagen actual está manchada y empañada por la manera en que te has visto a ti misma con base en las experiencias del pasado. Intentas hacer que los conceptos que te presento encajen en el molde que has creado de ti misma. Lo que intento que veas es una imagen muy diferente.

Entonces por favor, deja ir el pasado. Deja ir cualquier concepto precedente que tengas acerca de quién eres o de por qué has reaccionado hoy de cierta manera basándote en experiencias del pasado. Esto únicamente sirve para desviar tu atención de aquello que sientes, escuchas y sabes que resuena contigo en este momento presente, puesto que es precisamente aquello que resuena contigo del momento presente, lo que te servirá en tu proceso de Despertar. Si todas aquellas cosas que percibes que sucedieron en el pasado y en las que te estás concentrando, fueran de importancia dentro de tu proceso de Despertar, ¿Por qué entonces no funcionaron? ¿Por qué no despertaste en aquel entonces? No, simplemente, déjalas ir. Reconoce que son las elecciones que realizas en el momento presente, con tu intención tal y como es en este momento, lo que te permitirá ver más claramente.

Aunque has evaluado circunstancias y experiencias como habiendo ocurrido ya sea en el pasado o en el porvenir, estás llegando a un punto en el que se hace más significativo el que concentres tu atención en ver las cosas que están ocurriendo únicamente en el momento en que las experimentas.

Ahora bien, aunque esto parezca ser una contradicción, déjame explicarte que cada vez que traes a tu mente un evento pasado, tal evento "pasado" toma un rol dentro de la situación actual y es dentro de este rol actual que te será más útil concentrarte en este momento. Cuando intentas traer a tu mente algo del pasado, existe siempre un esfuerzo que realizas basado en una creencia que te dice que hay algo que ocurrió en el pasado que es de importancia para ti ahora. Te sugiero que redirijas tu manera de pensar enfocando su importancia en el momento presente. No hay nada de valor para ti en lo que llamas el pasado.

La Inconstancia de la Separación

¿Por qué es que aunque experimento el expresar, el dar y el recibir amor, armonía y dicha como un estado muy superior al de ignorancia y olvido, me devuelvo a este último estado en el que olvido quién soy? ¿Por qué no puedo ser más constante cuando el contraste entre estos dos estados es tan marcado?

Déjame decirte que la naturaleza misma de la experiencia que has elegido aquí, es la limitación. La expectativa que tienes es la de trascender completamente los aspectos limitados de la experiencia física, pero te diré que esto no es posible. El primer paso debe ser el de abandonar el concepto de la limitación y no preocuparte por los detalles de lo que la limitación implica. Una vez hayas decidido que ya no deseas experimentar más limitación, serás libre de toda limitación.

Te estás cuestionando a ti misma con base en lo que consideras tu inconstante capacidad de mantenerte en un estado de paz y armonía. Esto entra en conflicto con tu elección inicial de entrar en esta experiencia de encarnación humana, la que por naturaleza es una experiencia de limitación. Resultará mucho más fácil y armonioso si te preocupas únicamente por enfrentar las limitaciones a medida que éstas surgen, basándote en tu habilidad del momento. Resiste la tentación de juzgarte a ti misma cuando consideras que tu nivel de paz y armonía es inferior al que desearías que fuera. Te estás pidiendo ser totalmente constante en un ámbito cuya naturaleza es la inconstancia. La naturaleza de esta experiencia está basada en la polaridad. Es la experiencia misma de los opuestos. Te pregunto entonces: ¿Cómo puedes tomar una experiencia de opuestos y pretender que puede haber una manera de mantenerse en armonía constante o de experimentar constancia alguna?

Si lo que hay es dualidad, bueno y malo, abajo y arriba, debe entonces haber constantemente un cambio en el enfoque y en el sentir, engendrando inconstancia.

Será el proceso de continuamente ser lo más armoniosa que puedas a cada instante, lo que finalmente te llevará a una experiencia de casi constante paz y armonía. Y será esta experiencia la que te animará a tomar la decisión de no experimentar más la limitación. Lo que te estoy sugiriendo es que no seas tan dura contigo misma, pues es precisamente en este constante juzgarte a ti misma como incapaz, que refuerzas la inconstancia que actualmente experimentas.

Debes comprender claramente que sea lo que sea, en lo que te enfoques, será eso lo que atraerás con mayor frecuencia en tu experiencia. Al enfocarte en juzgarte por ser inconstante, tal inconstancia recibirá un mayor enfoque y tendrá un lugar más extenso en tu experiencia. Te sugiero que en lugar de concentrarte en volverte más constante, te concentres en permitirte a ti misma permanecer más completamente en aquel estado que llamas armonía y paz. Estoy seguro de que sabes bien que cuando estás en ese estado mental no hay reconocimiento alguno de que tal estado tenga un opuesto o de que exista ninguna inconstancia. ¿Para qué, entonces, concentrarte en la inconstancia o en juzgarte, cuando la experiencia parece cambiar? Simplemente permítete re-enfocarte de nuevo y re-dirigir tu pensamiento hacia un estado mental que dice: "Elijo experimentar armonía y paz."

El Presente Creativo

Durante los últimos meses he tenido esta sensación recurrente de sentir que tengo un propósito, pero luego lo pierdo, pierdo mi dirección. Es como si estuviera perdiendo mi apego, y no estoy segura de qué hacer al respecto.

Lo que te diré al respecto, es que poco a poco te estás dando cuenta de que el propósito que te habías asignado anteriormente era el de cambiar a la Creación de Dios, y estás reconociendo su inutilidad. En la medida en que, de manera amorosa, te permites reconocer más y más que tu Ser es la *expresión* de la Creación de Dios, te vas dando cuenta de que no necesita ningún cambio, simplemente requiere de tu cooperación. Y tu cooperación está en soltar la ilusión acerca de ti misma y simplemente ser quien eres. Esto te parece confuso en estos momentos, pero en la medida en que te permites relajarte confiando en esto, reconocerás que nunca has estado confundida.

Lo más difícil parece ser el bajarle la nota a la creatividad y simplemente, ser paciente.

Permíteme mostrarte una manera diferente de ver tu creatividad. En lugar de verla como una herramienta para cambiar al mundo, utilízala para ser la expresión de la totalidad de lo que Dios es y así te estarás ofreciendo una manera diferente de experimentar tu creatividad. Utilízala para ser alegre y juguetona, para experimentar tu Ser verdadero. Ves, no te estoy sugiriendo que te conviertas en un bulto informe, tan sólo que cambies tu intención, el propósito; esto alterará el significado que le das a la actividad. La actividad en sí no tiene significado, todo el significado que tiene es el que tú le das. Y cuando xle des el significado de que eres la expresión de Dios, verás que tu creatividad toma una dimensión completamente nueva, más feliz y libre. Una que no trae consigo ninguna responsabilidad.

CAPÍTULO OCHO

La Experiencia Física

"Cuando tu pensamiento ha sido alineado con el conocimiento de tu Ser verdadero, su perfección se expresa en toda tu experiencia de vida, lo que incluye por supuesto, a tu cuerpo."

La Salud Física

Si tu estado mental se mantuviera todo el tiempo libre de conflicto, nada habría que pudiera aparecer como enfermedad. Mírate a ti mismo como un campo limpio y puro que llamaremos energía. Observa los pensamientos, aquellos aspectos creativos de las experiencias, como fluyen por este campo. Si no encuentran ninguna resistencia, simplemente pasarán sin inhibiciones. Cuando los resistes, creas una base de miedo a su alrededor y estos se detienen. Y cuando se detienen, concentras tu atención en ellos y al concentrar tu atención en ellos, manifiestas la resistencia como una manera de enfermedad en tu cuerpo.

¿Entonces, cómo puedes evitar que se acumule resistencia en tu cuerpo? Estando abierto y dispuesto a cada experiencia con la certeza pura de que eres el Cristo y no existe fundamento para temor alguno. Tu ego refutará esto y te dirá: "Mira lo que ha sucedido en el pasado." Y lo único que yo puedo decirte es: "¿Estuviste siempre consciente de que eras el Cristo?", "¿Sentiste siempre que no había justificación para temor alguno?" No, no ha sido así; así es que por eso has experimentado lo que he descrito.

El cuerpo que tienes es mecánico por naturaleza. El cuerpo natural se mantendrá sano a sí mismo y desempeñará la función que le asignaste desde el momento en que lo creaste. Creaste el cuerpo con la idea en mente o pensamiento de que expresaría quien realmente eres en todo momento. Y hasta que desarrollas una percepción errónea acerca de quién eres, tal perfección se desempeña con naturalidad.

Cuando introduces el pensamiento que crea la perturbación, el conflicto dentro de tu forma de pensar, tal distorsión se refleja en tu cuerpo. No necesitas manipular tu equipo original; éste se desempeña muy bien. Simplemente necesitas remover los impedimentos que evitan su adecuado desempeño y tales impedimentos son única y exclusivamente tus pensamientos. Cuando tu pensamiento ha sido alineado con el conocimiento de tu Ser verdadero, su perfección se expresa en toda tu experiencia de vida, lo que incluye por supuesto, a tu cuerpo.

La Sanación

¿Cuál es la mejor manera de sanarnos a nosotros mismos, cuando experimentamos enfermedad?

El cuerpo, al ser el espejo de la mente, reflejará los síntomas del conflicto y del miedo presente en tus creencias. Hablar de sanar el cuerpo equivale a dirigir de manera equivocada tu atención y fomentar la creencia de que tu cuerpo es víctima de la suerte. Esto tiene mucho más impacto e influencia en la manera general en que percibes todo evento y circunstancia de lo que crees actualmente. Implica de manera específica y errónea, que debes volverte defensivo y reaccionar a tus experiencias, des-conociendo que eres su autor.

No es posible sanar la causa de la enfermedad del cuerpo hasta que no reconozcas su origen, tu mente. Es igualmente imposible que una mente sana experimente enfermedad física.

Con este entendimiento, el primer paso hacia la sanación de tu mente es evitar juzgarte por lo que puedes percibir como dolor auto-impuesto. El proceso de sanación está en dejar ir todo juicio y culpa que hayas acumulado a través de tus experiencias del pasado. Toda enfermedad está fundada en el miedo. Los juicios resultan de creerte vulnerable y en necesidad de protección. Abandonar todo juicio confirma que el miedo no es justificado y no tiene significado alguno porque has identificado tu Ser verdadero con la fuente de toda seguridad.

Hay ocasiones en las que te encuentras inmerso en el dolor físico y sientes que no logras establecer contacto con la fuente que lo genera. Permanecer mucho tiempo con el dolor o pensar que debes continuar con el sufrimiento hasta que el miedo haya sido descubierto o su significado hecho manifiesto con claridad, es tan innecesario como contraproducente. El dolor se convierte en el precio por la paz y la claridad, y el sacrificio se convierte en virtud. Dios no pide sacrificio de ninguna índole. Alivia tu dolor de la manera que te parezca apropiado en el momento. Sé consciente de que es una cura física de la sintomatología del miedo, al mismo tiempo que te honras a ti mismo soltando el apego al dolor.

Cuando el dolor es comprendido de esta manera, enfrentado sin juicio y abandonado en un acto de amor propio, lo habrás liberado de todo el valor que tiene para ti. Siendo entonces inútil, ya no requerirás de su presencia y estarás más dispuesto a aceptar una manera más amorosa de darte cuenta de que tus creencias se han desviado de lo que deseas que sean.

Descubrirás que el poder que el miedo parecía tener sobre ti, se habrá disipado. Eres libre de observarlo, y con el poder del dolor ya disipado, lo podrás reconocer por lo que siempre ha sido; un pensamiento hecho forma con dolor, un error en la percepción hecho realidad porque ves al Hijo de Dios como carne y hueso y le das poder al miedo para castigarlo.

Yo te digo esto: No será el medicamento que tomas o el tratamiento aplicado el que sanará tu cuerpo. Por sí solos no tienen significado alguno y por lo tanto tampoco tienen efecto alguno. El poder que cualquier medicina o tratamiento tiene es el que tú le das al amarte a ti mismo. El miedo se hace irreconocible en presencia del perdón y del amor. Una mente sanada de esta manera, se expresa a sí misma en el mundo de la forma, como una extensión física de su estado perfecto del Ser.

Estoy realizando una distinción entre la curación de la sintomatología física y la sanación de las creencias a nivel mental, fuente de toda experiencia física. Cuando se experimenta la cura de síntomas físicos, sin tratar la fuente de miedo que los ha creado, no ha habido sanación verdadera. Y mientras el miedo se mantenga inalterado, otros síntomas de igual o similar naturaleza aparecerán eventualmente. Cuando la sanación verdadera es percibida de manera errónea, el significado que derivas de una cura es incongruente con tu verdadera naturaleza y por lo tanto no ayuda a que la recuerdes. Sin embargo, la cura temporal de los síntomas físicos se puede lograr porque el cuerpo refleja los pensamientos de la mente. Y cuando existe un pensamiento claro, libre de miedo y de conflicto, conscientemente dirigido hacia la eliminación de una enfermedad, el cuerpo reflejará tal manera de pensar. Digo libre de conflicto ya que si existe, al mismo tiempo, la creencia de que la enfermedad es apropiada o de que ofrece valor alguno, por la razón que sea, entonces no habrá sanación.

¿Qué valor tienen las visualizaciones o las imágenes guiadas en la sanación?

Cualquier clase de medicamento, tratamiento, o proceso de visualización, o de imágenes guiadas que acompañe y clarifique la intención del pensamiento sin conflicto, otorgándole mayor poder a nivel de tu creencia en su efectividad; incrementará tu habilidad para lograr la sanación deseada.

Te recuerdo, sin embargo, que el uso de cualquier técnica funciona muy bien cuando tu intención es la de reconocer y honrar el estado de tu Ser verdadero a través de la expresión del amor propio. La utilidad de la técnica depende por completo del significado que le des.

Como ves, ya sea curando o sanando, la fuerza guía está en el significado de tus pensamientos, los que siempre reflejan la manera como te sientes acerca de ti mismo.

Hace poco experimenté una sanación a través del uso de la medicina vibracional o radiónica, la cual reproduce la vibración de la enfermedad y luego la cambia. Estoy pensando en estudiar este proceso y me preguntaba acerca de lo que tendrías para decir al respecto.

Existe realmente una única forma de medicina, el poder de sanación que posees dentro de tu Ser verdadero. Tú mismo tomas la decisión ya sea de experimentar salud o de no experimentar salud y tú mismo permites que tu cuerpo refleje y te demuestre tal decisión. Mientras te encuentras en un estado de transición hacia esta manera de pensar, inventarás muchas clases de muletas y eso está bien. Pero reconoce claramente que estás utilizando estas cosas para convencer a tu mente de que sea saludable. Si tienes éxito, éstas funcionarán. Si no lo tienes, entonces no habrá cambio alguno en la manifestación de la enfermedad.

Tu cuerpo es una herramienta de comunicación. Una de las cosas que comunica de manera más obvia es la elección que realizas a nivel mental. Como ves, si fuera de cualquier otra manera, esto pondría a tu cuerpo frente al volante, en una posición de control. El cuerpo, siendo de forma física, no posee las cualidades infinitas que tendría si fuera una creación de Dios. Tu esencia es la Creación de Dios, la completa expresión de la Mente de Dios no diluida, y ésta es absolutamente indestructible.

La Muerte y el Cuerpo Físico

No entiendo por qué, si esto es un sueño, la muerte es necesaria.

En pocas palabras, no es necesaria. ¿Esto te sorprende? Es únicamente tu aceptación de ella, la que la hace aparentemente necesaria. Si en este mismo instante, descartaras por completo la creencia que sostienes: "Yo nací y moriré, hay un comienzo, un final y hay transiciones", no experimentarías nunca más la idea llamada muerte. El significado de tus creencias es transferido a aquellas cosas que experimentas en tu vida física. ¿Si no le dieras más significado a los comienzos y finales, nacimiento y muerte, cómo sería posible que los experimentaras? En estos momentos, tú ves la vida como un proceso sin fin que alterna entre los estados de encarnación y des-encarnación. Si vieras la vida eterna como un fluir continuo sin necesidad de ser interrumpido, ésa sería entonces la manera en que la experimentarías. ¿Te parece muy simple? Si tú realmente no vieras problema alguno en esto, nunca morirías.

La Experiencia Física

¿A pesar de toda la evidencia que se tiene de lo contrario?

¿Es éste, el problema que tienes? ¿Es el problema aquello que ves cuando reflejas la Realidad en el espejo de la ilusión? ¿Cómo puede ser así?

Bueno, pues sería bueno contar con algunos ejemplos de tal proceso ...

Ha habido muchos que se han movido a través de este proceso de la manera exacta que acabo de describir. Tú no los ves porque están fuera del alcance de aquello que estás dispuesta a aceptar y a creer.

Es lo mismo que cuando observas a un hermano cualquiera y crees acerca de él lo mismo que él cree: que es un ser limitado y sientes que debes de alguna manera iluminarlo. No es así como funciona. A medida que expandes las barreras de limitación dentro de las que actualmente operas, verás a todo el mundo expandir las suyas para acomodarse a tus nuevos parámetros. Verás a todo hermano en un estado de mayor iluminación ya que esto reflejará tu nueva creencia.

El mundo no cambia primero y al verlo cambiar entonces te permites cambiar tú. Esto serías tú reaccionando, respondiendo con base en la ilusión. No tiene nada que ver con el estado de la verdad. La verdad existe en tu Mente y en la medida en que se refleja más y más a través tuyo, todo lo que ves a la luz de su reflejo se hará más y más verdadero. La percepción se acerca cada vez más a la visión de Dios, hasta que al final has renunciado a toda ilusión y a toda percepción falsa. Al final lo verás todo desde el punto de vista de Dios, en su estado de perfección absoluta.

La perfección existe en este momento presente, porque la perfección es la Voluntad de Dios. No puede cambiar, nunca ha cambiado y nunca cambiará. Únicamente tu percepción de ella parece cambiar. En la medida en que tu percepción parece cambiar, ves diferentes profundidades de esta verdad. Digamos que lo que buscas es ver todo en blanco y actualmente ves todo en negro, entonces gradualmente permites que tu percepción se expanda para ver varios grados de color gris y tu mundo toma un tono diferente reflejando la tonalidad de tu grado de visión del momento.

¿Si no existe la muerte, qué le sucede entonces al cuerpo cuando lo dejamos?

Los restos del cuerpo serán tratados tal como lo define el patrón establecido por tu manera de pensar en el momento en que decides dejarlo. Si te encuentras en un estado en el que estás absolutamente convencida de que tu deseo es el de tomar tu cuerpo contigo y sabes en lo más profundo de tu ser que ésta es una elección que estás en total capacidad de tomar, entonces te lo podrás llevar contigo.

¿Qué le pasaría en un estado desencarnado?

Su desempeño sería acorde y compatible con la experiencia que estás teniendo en el estado desencarnado. Tu cuerpo está compuesto de cosas que te parece que son muy sólidas en la experiencia que estás teniendo en estos momentos y esto es debido a que un cuerpo sólido es el que desempeña de la mejor manera el rol que le has asignado. En un estado desencarnado, el propósito que le tienes al cuerpo es completamente diferente, y el cuerpo cambia conforme al propósito que has elegido para él. Explicarte esto en términos de su densidad sería contraproducente ya que no es más que una imagen en tu mente.

Es de mayor utilidad, por el momento, que comprendas que el cuerpo sirve cualquier función que se derive de aquello que has

La Experiencia Física

elegido traer a tu experiencia. Mientras te encuentras en un estado que llamamos "desencarnado", tus experiencias son de naturaleza completamente diferente. Si te llevaras tu cuerpo contigo, sería reconocido como tu cuerpo, pero su naturaleza cambiaría conforme a la naturaleza de las experiencias que estás eligiendo vivir en ese momento.

Se te ha escuchado decir a algunas personas que ésta es su última vez en forma física.

Si escoges no utilizar más el estado físico en tu proceso de Despertar, no experimentarás más el estado de la forma física. Esto no significa que automáticamente despiertas por el hecho de que eliges no estar en estado físico. Tu sentido de limitación es mental, existe dentro de un estado mental limitado en el que no estás consciente de la Mente en su totalidad. Dicho estado mental permanecerá contigo hasta que hayas soltado todas las limitaciones que le impones. Esto no tiene nada que ver con estar dentro o fuera de la experiencia física.

Entiendo que el cuerpo es una limitación. ¿Si elijo Despertar, me imagino que descartaría el cuerpo, no?

Yo no puedo decirte ni en este estado en el que te encuentras, ni en el de estar Despierta, qué elecciones querrás tomar. Lo que sí puedo decirte es que muchos consideran el cuerpo como un impedimento cuando se dan cuenta de la naturaleza totalmente ilimitada que poseen y eligen experiencias más ilimitadas. La función del cuerpo es, primordialmente, la de identificar los límites que el ego valora tanto. Una vez hayas superado los límites del ego, seguramente no tendrás ninguna necesidad de identificarte con un cuerpo. Quiero reiterar sin embargo, que esto de ninguna manera te niega la oportunidad de tener un cuerpo en cualquier momento. Te estoy diciendo que una vez estés completamente Despierta reconocerás que no tienes ninguna limitación. No puedo después decirte que no podrías tener un cuerpo bajo ninguna circunstancia, porque sería imponerte una limitación. Por lo tanto, deberá mantenerse como una cuestión de elección.

¿Una vez que alguien descarta la forma física, puede luego recrear y manifestar un cuerpo físico por un periodo corto de tiempo?

De seguro. El estar en un estado sin límites te ofrece latitudes que ahora consideras verdaderas hazañas. Pero por favor recuerda que tú has creado tu cuerpo. La manera en que lo creaste no te permite reconocer que así fue. Te sugiero entonces que simplemente te metas en la cabeza que así es. Una vez te encuentres libre de los límites que ahora experimentas, verás que crear un cuerpo es bastante simple.

Dirigiré tu atención hacia aquello de lo que tantas veces hemos hablado, que tú eliges las experiencias que vives primero al traerlas a tu mente. Tal es el proceso creador, simplemente decides que así sea. En el momento en que recuerdas qué tan Despierta realmente estás, este proceso se hace más vívido. Reconoces el proceso por lo que realmente es y simplemente lo utilizas. Y esto incluye tu deseo, por la razón que sea y el tiempo que sea, de tener un cuerpo.

Traeré una cosa más a tu consciencia, a manera de ilustración acerca de la simplicidad de lo que te estoy diciendo en lo que respecta a crear un cuerpo. ¿Cómo te sentirías si te dijera que así de fácil puedes crear una estrella?

¿Comenzamos a crear el cuerpo que habitaremos antes del proceso de nacimiento o en el proceso del crecimiento del feto?

La Experiencia Física

Decides acerca de la naturaleza de tu cuerpo con base en la naturaleza de las experiencias que eliges tener. Recuerda lo que te dije, que si decidieras llevarte el cuerpo contigo cuando pasas al estado desencarnado, éste se emparejaría con la naturaleza de las experiencias que eliges en ese momento. Entonces, en el momento en que eliges la naturaleza de las experiencias que deseas tener después de esta encarnación, estás eligiendo también la naturaleza del cuerpo. Ya que crees en tu limitada habilidad para crear un cuerpo, escoges unos padres cuyos genes parecen producir ese tipo de cuerpo en particular. Pero esto también, es parte del sueño. Es simplemente la manera en que encubres la creación del cuerpo que has deseado tener. La creación de tal cuerpo sucede de manera simultánea al momento en que decides acerca de las experiencias.

Entonces, es un proceso continuo dentro de la experiencia que llamamos vida física.

A lo que me refiero, más específicamente, es a la naturaleza en general del cuerpo que has elegido desde antes de venir a este estado encarnado. También es cierto que una vez estás en este estado, el cuerpo continuará cambiando de manera completamente compatible con las experiencias que estás viviendo en el momento. La más dramática evidencia de esto es la manera en que el cuerpo cambia por la edad. Ya que crees que a medida que pasa el tiempo te haces más vieja y tal es tu patrón de creencias, el cuerpo es condescendiente y por eso envejece. Y porque crees en la muerte, el cuerpo parecerá morir y dejará de tener la función que originalmente le diste. Otras ilustraciones por supuesto, serían si has elegido manifestar una enfermedad o un accidente, el cuerpo cambiará para ajustarse a tal patrón. El cuerpo se acomoda a la experiencia. Y sirve para que identifiques las consecuencias que has ligado a tus experiencias. En la medida en que vayas comprendiendo tus experiencias, comprenderás más y más, que en realidad no hay consecuencias y ésta será una de las razones por las que comenzarás a cuestionarte acerca del verdadero propósito del cuerpo.

En una conversación como ésta, es fácil pensar que estoy poniendo al cuerpo por el suelo y no me gustaría que tuvieras tal impresión. En cambio, te animo a que disfrutes del aspecto más alto que puedas de cada experiencia. Conoce la totalidad de cada experiencia. Si tal experiencia incluye estar en un cuerpo, el conocer la totalidad de tal experiencia requiere del cuerpo. Entonces, honra al cuerpo. Hónralo por el propósito que cumple, al traer a tu reconocimiento consciente el aspecto más completo de la experiencia que has elegido tener

Cuerpos de Tubos de Ensayo

¿Debería el hombre estar intentando crear un cuerpo humano en el laboratorio científico? ¿Habitaría el Espíritu de Dios, un cuerpo creado de tal manera?

Cualquier ser que tenga vida debe ser parte del Espíritu de Dios ya que nada existe fuera de la Creación de Dios. Lo que hace que esto sea confuso para ti, es tu intento por darle una función y la manera en que le das habitación.

No necesitas preocuparte ya que el deseo del hombre de crear de esta manera no es en nada diferente. Crear un cuerpo a través del coito sexual o en un tubo de ensayo, es lo mismo.

Este tipo de actividad no es en nada diferente a lo que realiza el ego con el fin de recrearse a sí mismo y así creer que es tan poderoso como el Dios que niega. No comprendes que lo que motiva este intento extremo del ego de recrearse a sí mismo tiene su origen en el miedo a la aniquilación. En otras palabras, entre más se acerca el ego a su consideración de no ser necesitado ya más, mayor será su deseo de demostrar que esto no es así.

¿Estás diciendo que esto está sucediendo porque nos estamos dando cuenta de que somos más que un cuerpo?

Hace mucho tiempo que estás aprendiendo que no existe fuerza creadora fuera de Dios. ¿Este asunto parece cuestionar tal creencia, o no? En pocas palabras, el ego está diciéndote: "¿Para qué necesitas a Dios cuando me tienes a mí? Y yo te digo, no te preocupes por esto, que te aseguro que éste, como cualquier otro intento por negar a Dios, pronto pasará.

¿En qué punto, del desarrollo de la forma humana proveniente de un tubo de ensayo, entra el Espíritu de Dios a habitar esta clase de cuerpo?

Te puedo decir de manera simple y directa que el Espíritu de Dios nunca habita el cuerpo y esto debería clarificar también el asunto del aborto. Tú no vives dentro de un cuerpo o dentro de un mundo. En cambio, dentro de tu mente hay un pensamiento de separación que se experimenta como un cuerpo separado, dentro de un mundo de seres diferentes e independientes. Dentro del contexto de ver al mundo como la experiencia de tus pensamientos, esta afirmación debería parecerte obvia. Y para aquellos que no aceptan este concepto, será cuestión de esperar al Espíritu Santo para que les ofrezca otra manera que puedan aceptar.

El punto en que cada Hijo de Dios se define a sí mismo como el cuerpo, durante su desarrollo, varía de acuerdo a las necesidades específicas de la percepción de cada uno. Es por esto que tienes un rango tan variado de opiniones cuando discutes el tema de cuándo entra la vida al cuerpo.

¿Por qué razón un alma elegiría experimentar un cuerpo hecho de esta manera?

Si decidieras experimentar de nuevo el mundo de la forma, cuando en tu vida pasada, por ejemplo, tu experiencia fue interrumpida, de manera muy atemorizante por tus padres en un tema general de abandono; ésta podría entonces ser la manera más conveniente en que decidas venir. Pero debo recordarte que no intentes hacer mucho de esta situación. Te animo a que veas lo que tienen en común todos los símbolos que representan la característica ilusoria de tu pensamiento. Éste es otro símbolo más que también pasará.

El Suicidio

Me preocupa un miembro de la familia que hace poco se suicidó y me preocupan también otros miembros de la familia que se encuentran afectados por esto. ¿No hay nada que yo pueda hacer con respecto a esta situación además de extender amor?

Comprende por favor que simplemente porque no logras identificar de manera consciente el espacio en el que se encuentra tu familiar, no quiere decir que él no esté en el único lugar que existe, en las manos del amor. Así como le darías la bienvenida dentro de tu hogar, dentro del amor en tu corazón, a alguien en problemas, así mismo, debes saber que tal es la bienvenida que recibe alguien que llega al otro lado del velo, como tú lo percibes. En estos momentos tú no puedes ver las amorosas manos en las que se encuentra y en consecuencia temes que esté flotando en el vacío, desconectado. Permíteme asegurarte que así no es. ¿Podrías, aunque fuera por un instante, pensar que el cuidado amoroso que es la extensión del Padre existe únicamente en el lugar en el que logras reconocer su presencia? Tú bien sabes que así no es.

Las manos que le consuelan son experimentadas, sin duda, en el arte de amar. Tu deseo de que encuentre la luz es la expresión de tu intención de que se encuentre a sí mismo y al amor que él realmente es. Y se encontrará al elegir reconocer que ese amor siempre ha estado ahí. Digo estas cosas para aliviar tu preocupación, para que comprendas claramente que él se encuentra en un espacio de descanso, un espacio de cobijo y exactamente donde ha elegido estar.

Te sugiero que no te detengas en ningún aspecto negativo de la idea de esta experiencia de suicidio. También te invito a que reconozcas que esta verdad aplica igualmente a los miembros de tu familia que se encuentran de este lado del velo. Por favor suelta tus temores. Permítete ser liberado del miedo que acompaña todo proceso de pensamiento que te identifica con el cuerpo físico y con su capacidad de sufrir dolor y muerte. Permítete aceptar la paz. Permítete aceptar aquello que de manera más fiel refleja tu Ser natural, tu Ser verdadero.

La ayuda que deseas darle a aquellos que tú piensas que están en necesidad o perdidos, solamente se puede extender al reconocerte a ti mismo como la personificación de la única cosa que ellos pueden realmente reconocer, el amoroso Ser de Paz y de naturaleza armoniosa que realmente eres. No tendrás la sensación de estar extendiendo este sentimiento ya que en la medida en que te alineas más y más con él, te das cuenta de que ya existe en todo y todos a tu alrededor. Y es únicamente en la medida en que aceptas este sentimiento, que logras reconocerlos por quién realmente son. Si yo te reflejara de vuelta preocupaciones acerca de tu bienestar, yo estaría reconociendo y reforzando aquellos sentimientos que mantienes que no son reales. Yo te veo como la manifestación física del amor, de la Creación armoniosa que eres y te animo a que veas a otros bajo esta misma luz. Será únicamente al practicar esto que te permitirás ver a tu Ser verdadero.

El Envejecimiento

Creo que comprendo lo que estás diciendo con respecto al envejecimiento y la muerte, y sin embargo, no parezco lograr detener mi envejecimiento en este momento. ¿Tienes alguna sugerencia? ¿Cómo funciona esto?

La totalidad del proceso que llamas "Despertar" no ocurre a través de la selectiva toma de decisiones conscientes con el fin de facilitar aquellas cosas específicas que sientes que hacen parte de tu proceso de Despertar. En este caso particular, tu referencia es al envejecimiento y, en última instancia, a la muerte. Es dentro del sistema de creencias del ego que existe la idea de que si le ganas al envejecimiento o eliminas la necesidad de morir, es señal de progreso en tu camino hacia el Despertar. Te animo a que comprendas que esto no es verdad. De la misma manera en que no curas una enfermedad del cuerpo con tratar al cuerpo, no facilitas tu Despertar tratando cosas que parecen estar sucediéndote dentro del sueño, tal como el envejecimiento y la muerte.

La Experiencia Física

Al concentrarte en estas áreas, continúas pensando en las consecuencias de tener un cuerpo. Lo que quiero que comprendas es que el proceso proviene de adentro. Proviene del continuo sentir del soltar las restricciones que parecen atarte a un estado de sueño. No a un sueño en particular sino al soñar en general. Es un proceso en el que te permites – sin forzarte, sin sentir que hay algo que tienes que comprender y por lo tanto despertar – simplemente al estar en un estado constante de consciencia de que estás soñando. Es el proceso de permitirte a ti misma saber que así no será por siempre, y que el proceso de Despertar está llevándose a cabo por sí mismo, sin tu intención o esfuerzo consciente. Te recuerdo que tu estado de Ser ya existe. El hecho de que suceda por sí mismo, te indica que cualquier acto de voluntad que aparentemente crea algo, es en realidad perjudicial porque va en contradicción al hecho de que ya Eres.

Si has elegido no vivir la experiencia del envejecimiento o de la muerte, entonces permite que así sea. Permites que así sea, al expandir toda otra decisión más allá de los límites que parecen acompañar tal elección. Ves, es el concepto en general, de estar Despierta o dormida, el que trae consigo las alternativas de elección que son obvias en un caso o el otro.

Permíteme hacer una analogía: Si desearas comprar un automóvil, simplemente decides el color y la función, talvez un poco acerca del diseño interior, y entonces vas y obtienes el automóvil. Tú no construyes cada pieza que conforma el automóvil. Todo esto es una función del automóvil. Y cuando estás Despierta, la clara realidad y consciencia de tu elección de no envejecer y no experimentar la muerte física es simplemente una función del estar Despierta. No es una elección consciente del ego.

Toda experiencia de limitación, al final, llama tu atención hacia el hecho de que carece de valor. Y una vez que desistes de otorgarle valor a cualquier clase de limitación, obtendrás un reconocimiento más claro de quién eres.

La Senilidad

¿Por qué la gente pierde la memoria de corto plazo al envejecer?

No es una cuestión de que la mente pierda nada, ni tampoco es una función del tiempo o de la edad. Tu mente es atemporal. Sin embargo, cuando aceptas al cuerpo como la total identificación de quién eres, naturalmente, la mente está asociada a tal cuerpo. Y al creer que el cuerpo debe deteriorarse, le das origen a la creencia de que la mente seguirá ese mismo patrón.

Otra creencia ampliamente aceptada es la de que únicamente mereces amor en la medida en que puedas contribuir al apoyo y placer de otros. Ya que este apoyo ocurre normalmente durante los años de la juventud; durante la madurez, al madurar más allá de este sentido de utilidad, rediriges la atención de tu mente hacia aquel periodo productivo del pasado en tu vida. El momento actual es ignorado, dirigiendo el enfoque de tu mente fuera de éste ya que no te ves a ti misma contribuyendo valor alguno. El único propósito que tal edad tiene entonces para ti, está en la posibilidad de manipularla de modo que encaje en aquel tiempo en el que te permitías sentirte útil, sentir que valías. En las sociedades en las que la edad es valorada, vista como equivalente a sabiduría y utilidad, no encuentras pérdida de la memoria de corto plazo, ni senilidad en las personas de la tercera edad.

Te preguntas entonces: ¿Qué puedo hacer para cambiar esta tendencia de pensamiento social, para ayudar a las personas de edad a que valoren su edad y sabiduría? La respuesta es simplemente ésta: cambia la manera en que piensas acerca de que tienes que experimentar el proceso de envejecimiento. Si te es difícil aceptar que el envejecimiento no es necesario, intenta al menos descartar que la noción de tu valía depende de tu habilidad o disposición a proveer apoyo o placer a otra persona de modo alguno diferente a siendo consistentemente e incondicionalmente amorosa. Será únicamente al aceptar esta liberación para ti misma, que podrás reconocer su validez en el caso de cualquier otra persona. Una vez reconozcas esto por completo, descubrirás que así ha sido siempre. No hay nada más que cambiar.

La Enfermedad del Alzheimer

¿Tiene la enfermedad del Alzheimer una causa similar?

Esta es una forma de retiro cuando se está lidiando con dolor, estas personas llegan a un punto en sus vidas en el que la acumulación de miedo les hace perder la disposición a enfrentar la vida tal como la están experimentando. Este dolor ha sido acumulado y en la mayoría de los casos, proviene de un sentimiento central de rechazo, que se ha generalizado en toda la experiencia. En otras palabras, cualquiera que sea la experiencia que están teniendo, debido a que su percepción se ha saturado de un sentimiento de falta de valía proveniente del rechazo, esta experiencia se convierte en confirmación de tal rechazo.

Se ha desarrollado el sentimiento general de que, sea cual sea la experiencia que está teniendo lugar, sería mejor si ellos no estuvieran en ella y en consecuencia, se retiran de tal experiencia.

En las primeras etapas, tienen la tendencia a proyectar su falta de autoestima en aquellos que ellos sienten le han rechazado y esto genera odio. La manera en que lidian con este odio, al ser experimentado a través de la percepción de su autoestima menguante, es retirándose de tal experiencia. Entre más es abarcada la totalidad de su experiencia de vida, más retiran su participación de ella.

El cuerpo, al ser un reflejo del proceso mental, bloquea de manera correspondiente las funciones neurológicas que caracterizan físicamente aquellas actividades de las que se están retirando. Normalmente, estas actividades no incluyen aquellas funciones que son parte del sistema de respuesta automática tales como la respiración, la digestión, o la capacidad de identificar objetos espacialmente a través de la visión; pero sí, en la mayoría de los casos, bloquea la respuesta al dolor, lo cuál es el reflejo primordial que intentan evadir. Podrías referirte a este caso como un caso de amnesia general.

El SIDA

¿Podrías por favor hoy abordar el tema del SIDA?

Primero quiero dirigir tu atención hacia otras epidemias que han aparecido de vez en cuando en este planeta como por ejemplo La Gran Plaga. En cada caso existió un gran temor. El miedo que acompaña el caso del virus del SIDA parece ser diferente únicamente debido a las implicaciones sociales y a que te ves a ti mismo involucrado. También existe la sensación de que esta manifestación en particular podría, de cierta manera, ser el resultado de una clase de castigo a nivel social.

Eres capaz de crear en secreto toda clase de castigos y seguirás haciéndolo, mientras continúes suscrito a la creencia en el concepto del pecado; el concepto de un Padre que te puede ver como un niño negligente y que te castigaría por hacer el mal. Éste no es el caso. No existe reconocimiento del virus del SIDA dentro de la Mente de Dios, así como tampoco hay reconocimiento de la gran plaga en la Mente de Dios.

Por favor, no permitas que la implicación social u otro trasfondo, que parezca haber surgido alrededor de esta forma de plaga, distorsione tu manera de pensar o le dé un significado que te haga creer que esta manifestación de enfermedad es diferente de cualquier otra.

El SIDA, como toda otra manifestación de impedimento físico o enfermedad, es reflejo de un conflicto interior o culpa, que es en sí, tan sólo otra definición para el miedo. La razón por la que es tan difícil aceptar que una enfermedad como el SIDA sea manifestada por tus pensamientos es porque interpretas esto como algo auto-infligido. Al resultarte inaceptable este pensamiento, concluyes que eres víctima de la enfermedad. La cosa de la que te vuelves víctima es de tu creencia de que te es posible ser víctima. Yo te diré que cualquier manifestación de enfermedad es una aceptación de tu parte de que hay cabida alguna para aquello que no es perfecto dentro de tu manera de pensar. Existe la tendencia a decirse: "Todo esto está bien y teóricamente lo puedo aceptar. ¿Pero qué hay de la amenaza en nuestro día a día, aquí y ahora?"

Entonces debo decirte de nuevo que nada cambiará en tu experiencia a menos de que cambies tu manera de pensar acerca de tal cosa. Lo que escuchas como algo muy teórico, es lo que te ofrezco como una solución muy práctica para eliminar el problema. ¿Hará esto desaparecer el SIDA? Al reemplazar tus pensamientos temerosos por aquellos que te identifican como la extensión del amor de Dios, no solamente experimentarás seguridad personal, sino que también encontrarás que las decisiones de tu hermano con respecto a su sueño no son amenaza alguna.

Existe la tendencia a distorsionar o cambiar las implicaciones de lo que ves que sucede con base en tus juicios pasados acerca de su importancia. Te animo a que comprendas que cualquier clase de enfermedad debería llevarte a que te preguntes a ti mismo: "¿Soy yo una víctima?, ¿Existe alguna fuerza fuera de mí que pueda hacerme feliz o infeliz, o que pueda destruir mi vida física?" ¿De verdad crees que existe una diferencia entre creer que haya una fuerza que pueda hacerte feliz o infeliz y creer que una fuerza pueda destruir tu vida física? Debido a valores de juicio del pasado, presumes que la una es una infracción que puedes superar simplemente cambiando de opinión y decidiendo sentirte bien, mientras que la otra tiene implicaciones mucho mayores que están fuera de tu control. Yo simplemente te estoy diciendo que esto no es así.

Cualquier implicación de la creencia que mantienes de que existe una fuerza fuera de ti, te llevará al final a la conclusión de que hay un Dios vengador. Entonces, a lo mejor, éste es un buen punto de inicio. En lugar de pensar en la enormidad del caso del SIDA, pídete reconciliar plenamente en tu mente, el interrogante: "¿Existe un Dios vengativo?" ¿Existe un Dios capaz de darte algo que no sea amor y libertad de albedrío para elegir experimentar lo que sea que quieras atraer a tu existencia física?

Te estoy dando una respuesta que te es muy difícil aceptar en estos momentos. Pero, en verdad, te estoy dando la única respuesta que finalmente te permitirá resolver el problema que has planteado.

El Cáncer

¿Por qué el cáncer es tan frecuente y por qué no parece tener ninguna cura encontrada?

No es tanto que el cáncer en sí, sea más frecuente. Podría ser cualquier cosa que exprese la culpa del ego y satisfaga su necesidad de mantener su miedo activo encontrando amenazas para el cuerpo. Así es como justifica su miedo. En el pasado, fue el SIDA y su epidemia.

Cuando usted ha experimentado algo como el miedo durante mucho tiempo, "la familiaridad" de la emoción de impotencia cumple con el propósito de la culpa como "una expiación dolorosa para sus pecados." Cuando el cáncer se haga menos atemorizante, una cura será encontrada y algo más surgirá para tomar su lugar. Para controlarte con eficacia, el miedo debe parecer imponer una amenaza para la cual no hay ninguna defensa.

La causa de toda enfermedad es la misma y por lo tanto, deben todas tener la misma cura. El diferenciar que una tiene un impacto mayor o menor, o que requiere de una cura especial, proviene de una percepción errónea. ¿Crees que si te digo que aprender a amar es lo que cura todas tus percepciones erróneas, incluyendo la de la enfermedad, tiene sentido pensar que alguien que tiene lo que llamarías "una enfermedad que amenaza su vida" quiere ser amado más que alguien que parece tener una dolencia menor u otro tipo de problema?

¿Responderías de manera diferente a aquellos que percibes necesitando más o menos amor? ¿Es posible amar en grados?

Todo esto confunde el poder y la capacidad de sanar y de amar del ego, con la del Espíritu Santo en tu interior. Tu papel en el proceso de sanación es mantenerte consciente de la Presencia sanadora que se encuentra siempre y ahora mismo presente en cada mente, simplemente esperando ser reconocida. Sólo aquí puede tu fe en el poder del Amor, ser justificada.

La Experiencia de la Homosexualidad

¿Podrías aclararnos de qué se trata la experiencia de la homosexualidad?

La homosexualidad es una manera más en que el ego demuestra su culpa imperdonable. Cuando reconoces las implicaciones sociales que como sociedad has colocado sobre ésta, comprendes de qué estoy hablando. Aquellos que sienten la necesidad de ser rechazados debido a la culpa que sienten, pueden utilizar la alternativa de la homosexualidad con tal finalidad. La homosexualidad se ha considerado antinatural, y habiendo sido señalada como tal, ahora cumple bien con el propósito de la culpa. Te sugiero, sin embargo, que te des cuenta de que no es más antinatural que cualquier elección de falta de amor. Habiendo sido creado como la Presencia del Amor de Dios, la elección de extender amor es la única elección natural que puedes realizar.

Una vez más, te sugiero que no te quedes en las implicaciones sociales de aquello que describes como homosexualidad. La totalidad del concepto de la sexualidad ha sido cubierto, malinterpretado y usado de muchas maneras en el intento por definir barreras sociales aceptables. Y como en todo intento por establecer barreras sociales o de cualquier clase, existirá para algunos el sentimiento de necesidad de estirar tales barreras más allá de las limitaciones y vivir aquellas experiencias inaceptables dentro de tal marco. Tal es el caso de la homosexualidad.

Existe siempre la tendencia a extraer gran distinción entre las numerosas formas de ilusión. Existe siempre un admirable intento por acallar al ego estableciendo rutas alternas que parecen ser más titilantes que otras, que parecen tener mayor o menor importancia o impacto en tu intento por Despertar. Te he dicho varias veces que ésta es una forma muy retorcida que el ego toma con el fin de mantenerte distraído evitando que tu atención se enfoque en lo único que verdaderamente está al alcance de tu mano, el saber quién realmente eres.

Yo podría, caso a caso, darte tantas razones técnicas de por qué una persona escoge la homosexualidad, como de por qué otra no. ¿Pero no ves que esto de nuevo, es simplemente una distracción? Seguirás validando el sueño mientras continúes estableciendo distinciones entre cosas que suceden dentro del sueño y que parecen tener variadas implicaciones en tu Despertar.

Te estoy invitando a que comprendas que en lo que estás concentrándote es en la práctica de un proceso que cambiará tu patrón mental; lo que al final, te liberará de la forma de pensar del ego. Colocar tu interés en asuntos ajenos a tu propio Despertar reforzará el juego del ego. Y el juicio es el elemento clave que estará omnipresente. Cuando hablo de juicio, me refiero a ambos bueno y malo. No puede existir realmente un estado de aceptación incondicional mientras te mantengas en un estado mental que te anime a que establezcas juicios de cualquier índole. Cuando hablo de aceptación incondicional, me refiero a un estado mental fijo que te ubica únicamente en el momento durante el cual ves exclusivamente aquello que se relaciona con tu propio Despertar.

Tu atención es fácilmente distraída de este proceso por una sensación de necesidad de concentrarte en el proceso de alguien más. Existen, de acuerdo a tu percepción, muchos otros allá afuera. Y si eliges esta desviación de tu enfoque, puede ser infinita.

Las Almas Gemelas

A través de los años he escuchado el término de las Almas Gemelas. ¿Tiene validez alguna, este término?

Desde el punto de referencia desde el que preguntas, la respuesta tiene que ser no. Desde un punto de referencia más amplio, es imposible que haya nada menos que almas gemelas dentro del Cristo. Todos somos reflejos los unos de los otros. Estás buscando saber si hay dos aspectos del Cristo que pudieran ser especiales, el uno para el otro, y te sugiero que tal no es una manera apropiada de pensar. Así como no hay quién sea más que otro, así mismo sería inapropiado que intentaras racionalizar cómo es que dos pueden tener una relación especial e independiente, cuando ya reconoces que cada experiencia que se tiene dentro del Cristo es compartida por todos.

Al escoger experiencias que, en tu mente, están siendo elegidas desde un punto de vista que no reconoce la totalidad de la Mente de Cristo, puedes elegir tenerlas con expresiones especiales que tampoco reconocen su totalidad. Tales experiencias serán como cualquier otra experiencia que ocurre de relaciones individuales. Puede que trasciendan elecciones subsecuentes de estados de encarnación y desencarnación, simplemente porque así has elegido tener tales experiencias.

Recuerda que todas las experiencias que estás teniendo, son experiencias que cuidadosamente has planeado. Y tus planes no están limitados. Si eligieras tener una pareja cósmica y uno de ustedes dijera: "Bueno, pienso ir a tal extremo del cosmos esta vez. ¿Por qué no vas tú al otro extremo y nos encontramos de vuelta aquí y comparamos apuntes?", pues que así sea. No sería diferente a que uno de ustedes dijera ahora: "Creo que iré a la ciudad. ¿Por qué no vas al otro extremo de la isla? Nos vemos esta noche en casa y hablamos al respecto." No estás limitado en tus opciones de experiencia ya que toda experiencia se origina en tu mente. Mi única sugerencia es que no le atribuyas un significado espiritual importante a estas relaciones cósmicas. Tu relación está basada en tu decisión de conocerte a ti mismo.

¿A veces venimos en forma humana con un grupo de amigos, por así decirlo, y tocamos las vidas los unos de los otros en diferentes oportunidades?

La respuesta es la misma. Será como quieras que sea. Te comunicas y haces planes en este estado encarnado. ¿Crees que por alguna razón especial no podrías comunicarte estando en el estado desencarnado? A menudo hemos dicho que nada cambia, tan sólo tu mente. Teniendo un cuerpo o no teniendo un cuerpo, no es más que una elección más que realizas. El rango de posibilidades cambia únicamente con base en el hecho de que elegiste experimentar algo con o sin el cuerpo. Tu mente no reside en tu cuerpo y por lo tanto no puedes limitar tu marco de referencia a tu mente como si fuera el cuerpo.

¿Cuando elegimos venir a la experiencia física, siempre venimos en forma humana o experimentamos

una variedad de formas físicas aquí o en otros lugares? ¿Mezclamos las cosas o nos mantenemos constantes?

La elección nuevamente es tuya. Te diré, sin embargo, que en la mayoría de los casos, se elige experimentar en plenitud, el máximo número de lo que llamas dimensión física, antes de elegir experimentar otra. No es necesariamente cierto, es simplemente casi siempre así. Si decidieras entrar en otro tipo de experiencias que no incluyen la necesidad de un cuerpo físico, tendrías la libertad de realizar tales elecciones igualmente.

¿Por qué querríamos encarnar dentro de este estado de limitación en modo alguno? ¿Por qué no vine a otro nivel, sin tales limitaciones?

Continúas operando bajo la impresión de que hay alguna clase de influencia externa que te trae o te saca. Tu estado mental es bien sea limitado o ilimitado, o en un estado intermediario entre los dos. Entonces, donde quieras que vayas, lo haces con base en tu creencia del momento. Y al entrar en cualquier otra existencia, cualquier otra clase de experiencia, debido a que creas tal experiencia primero en tu mente, la crearás ya sea con mayor o menor limitación con base en lo que comprendes en ese momento. No es que vayas al estado desencarnado donde de repente estás totalmente Despierto y entonces dices: "Creo que me sumergiré de nuevo en este tipo de experiencia física y limitaré mi visión un tanto así." Tu visión es siempre tan amplia como se lo permites, pero no cambia entre los estados de encarnación y desencarnación.

CAPÍTULO NUEVE

La Forma y la Fuerza Vital

"La creación consiste en una única fuerza de vida. Dentro del ámbito físico, tal como lo estás experimentando ahora, no ves la unidad en esta fuerza vital. La ves segmentada y a cada segmento le das un significado diferente."

Definiendo la Presencia de Dios

¿Dentro del sueño, en el que parecemos existir únicamente en el planeta Tierra, cómo podemos distinguir lo que es de Dios de lo que no lo es? ¿Cómo podemos identificar la presencia física de Dios dentro de este estado de sueño?

Dios, en sí, no está presente en el sueño. Es el reconocimiento que tienes de ti mismo como extensión de Dios, como expresión de Dios, lo que ves y reconoces dentro del sueño, porque percibes una parte tuya existiendo dentro de él. Sabes que no estás realmente dentro del sueño. Sólo pareces estarlo. Te percibes como estando en un lugar en el que no estás, entonces está ese aspecto de tu Ser que llega hasta ti, se reconoce a sí mismo y dice: "He aquí Dios". Y al percibirte como estando "aquí", entonces en ese sentido, traes a Dios al sueño.

Cualquier cosa que pueda tener, de alguna manera, un sentido finito, no puede ser un reconocimiento verdadero de Dios. Aquello que tenga un comienzo o un final, o algún borde, tan sólo puede ser tu percepción de lo que una Creación de Dios es. La "forma" que Dios toma, es la forma del amor. En dondequiera que percibes amor siendo expresado, sin importar la forma, te estás reconociendo a ti mismo como expresión del amor de Dios a través de tu sentir, y eso es lo que estás viendo manifestarse. Cualquier otra forma que veas es completamente irrelevante; es únicamente el *sentimiento* que experimentas por esa forma lo que es relevante, la extensión del sentimiento en el cual te reconoces a ti mismo como el amor de Dios.

Podría decirse que todo lo que ves es Dios, porque tú eres Dios. Pero eso sería engañoso debido a que tienes una percepción limitada de tu Ser. No te encuentras en un estado en el que reconoces la Divinidad de tu Ser, y es por esto que ves una ilusión de la verdad acerca de tu Ser y de Dios.

¿Sería apropiado decir que esas cosas que experimentamos con los sentidos físicos no son, en su forma, expresiones directas de Dios?

Sería más apropiado decir que Dios es la fuerza vital, y punto.

¿Y esta fuerza vital la percibimos a través de nuestra consciencia, mejor que a través de nuestros sentidos?

Esta fuerza vital es percibida de muchas maneras diferentes. Cuando es percibida en su pureza, su esencia sin comienzo ni final y emanando únicamente amor, está siendo reconocida en su Realidad. Cualquier otro sentido que utilizas para percibir su forma, se convierte en aderezo y por lo tanto en una distorsión de lo que realmente es.

En el Curso hay una afirmación que dice que no hay diferentes tipos de vida, que la fuerza vital en mí, que es una extensión de Dios, es la misma que se encuentra en una planta o en un animal. ¿Si esto es cierto, entonces qué diferencia a un humano?

Ahora mismo estás creando una distorsión al intentar separar las cosas en paquetes. Reconoce que tu expresión es la totalidad de la fuerza de vida de Dios. Cuando intentas crear otra fuerza vital, la proyectas afuera en el mundo de manera que creas una diferencia entre ella y tú. Al crear esta proyección, le otorgas atributos que llamas "un caballo", "un perro", "un árbol", "una roca". Pero la Creación consiste en una única fuerza vital. Dentro del ámbito físico, tal como lo estás experimentando ahora, no ves la unidad en esta fuerza vital. La ves segmentada y a cada segmento le das un significado diferente. En el proceso de darle un significado diferente, su forma se hace diferente, y tu percepción se categoriza para convencerte a ti mismo acerca de la realidad del mundo que es una ilusión.

Si yo me encuentro en esta ilusión debido a una elección que realicé… entonces, ¿han elegido estas otras formas de vida separarse de Dios, igualmente?

No existen otras formas de vida. Existe únicamente una verdadera "forma" de vida que es la expresión o esencia del Creador de Todo lo que es. De la misma manera en que Él es indivisible, así mismo lo es la forma de vida. Ya ves, si creyeras que existen todas estas otras formas de vida con características diferentes, las utilizarías para confirmar tu creencia en que existe algo fuera de ti. Esto es lo que significa realmente la afirmación de que no existe nada fuera de ti.

Tú eres la fuerza vital que es llamada Creación. Las experiencias de la Creación son muchas y variadas, y es al parecer diferentes, que las percibes como partes separadas de la fuerza vital. Es cuando te concentras en la necesidad de identificaciones individuales que te queda extremadamente difícil comprender el concepto de una única fuerza vital.

Es aquello dentro de ti que lucha debido a una necesidad por existir, una necesidad de sentir que Dios te reconoce como digno, lo que es la justificación misma de la necesidad de ser identificado individualmente. Pero debo decirte que en lo profundo de tu Ser, comprendes muy claramente la libertad que yace en el saber que no hay necesidad de sentirse diferente.

Me confundo cuando pienso en la experiencia humana, la experiencia de una planta, un mineral, y un animal como una sóla fuerza vital.

Entonces debes concentrarte únicamente en comprender que para ti sólo existe una cosa, tu propia experiencia. Comprende que cuando sientes la necesidad de extenderte hacia afuera y definir aquello que percibes como una expresión diferente de la fuerza vital, estás simplemente reforzando tu creencia en una falta de continuidad; en la que la fuerza vital de Dios, el significado de la Creación, se encuentra dividida en paquetes de mayor y menor valor. Te gustaría pensar que existen formas de vida que experimentan el significado de la vida de manera diferente a como tú experimentas el significado de tu existencia. Esto no es así. Esto no es más que la proyección de tu falta de comprensión. Es la base de lo que llamamos percepción. Es tu proyección afuera de ti mismo de un concepto que refuerza tu creencia en que existe algo más aparte de la totalidad de tu Ser.

Cuando hablo de la totalidad de tu Ser, esa totalidad incluye todo lo que existe dentro de la Creación y que se expresa a través de todo aquello que ahora defines como entidades separadas: una planta, un árbol, otra persona, una nube, un planeta, una estrella. Todo eso eres tú, en el sentido más amplio, porque lo que tú eres, en el sentido

La Forma y la Fuerza Vital

más amplio; es Dios, la Creación, todo cuanto existe, ha existido y existirá. Esto es Dios. Esto es el universo, y es únicamente amor. Es únicamente cuando no logras creer que esta descripción que te presento sea suficiente, que comienzas a percibir que hay otras cosas que debes adicionarle. En tal intento, divides a la fuerza vital en cosas que te son más fáciles de comprender intelectualmente, en aquellas cosas y en la manera de comprenderlas, que te presentan tus sentidos físicos. Es únicamente cuando te deshagas de esa necesidad, que recordarás la experiencia de quién eres.

La información que he recibido acerca de que hemos creado todas las formas de vida aquí presentes para nuestra percepción a través de nuestros sentidos físicos, me es difícil de comprender.

Todo sentido que tengas de algo diferente, sea que lo percibas con forma o sin forma, es tu percepción, tu comprensión errónea de la Realidad de lo que es Dios en su totalidad y por lo tanto, tú en tu plenitud. De nuevo, te animo a que no te detengas en esto, sino a que partas de la base de la comprensión que dice: "Estoy en el centro de todo lo que es y no hay nada afuera que esté desconectado de mí." Reconoce que cuando percibes que esto *no* es así, has creado otra ilusión dentro de la Creación. De hecho, yo diría que así es precisamente como creaste la ilusión, para comenzar.

Cuando miro por la ventana, la belleza del paisaje…

Concéntrate en los sentimientos que este ver genera en ti y no creas lo que tus ojos te están diciendo. Concéntrate en lo que tu corazón te está guiando a que comprendas. Tus ojos simplemente categorizarían aquello que has decidido que es hermoso en contraposición a aquello que has decidido que no lo es. Permítele a tus ojos que estén presentes y que compartan la plenitud de esta experiencia que has elegido. No te niegues esto. Pero mantén tu atención concentrada en tu sentir. El sentimiento será el único real comunicador del mensaje que buscas. Te dirá que no es lo que ves, sino lo que sientes con respecto a lo que ves.

Hay unas palabras en "Un Curso de Milagros" acerca de la Mente, que parecen estar relacionadas con esto. Ahí explicas que la Mente no puede crear un cuerpo o habitar dentro de un cuerpo. Crea todo cuanto hay pero no puede crear lo físico. (L.167.6:6) Para mí, esto dice que todas las cosas reales existen en consciencia, no en lo físico. Todas las cosas de Dios pertenecen a ese nivel que no es visto por lo físico.

Esto es exactamente lo que intentaba que comprendieras cuando te hablé de que reconocieras lo que sientes al creer que ves. Es la mente, en el sentido de la Mente con M mayúscula, por así decir, la que te trae todas las experiencias. Pero entonces tú intelectualizas y creas tu percepción acerca de ellas. Y cuando tú creas tu percepción acerca de algo, le das forma y esa forma adquiere un significado. Estos significados están definidos por los límites de tu percepción. Es únicamente cuando te permites expandirte más allá de un sentido de limitación, que la percepción se disuelve y el significado verdadero se comprende.

Si tuvieras un globo, y ese globo representara la percepción, lo podrías inflar y tu percepción se expandiría y expandiría, pero continuaría siendo percepción porque continuaría teniendo límites o perímetros dentro de los cuales te permites definir la experiencia que estás teniendo. La percepción, por definición y naturaleza, es limitación. Pero al continuar expandiendo sus límites, gradualmente se te comenzará a ocurrir que si inflaras el globo un poco más, se reventaría y no habría más necesidad de continuar valorando la percepción.

Tienes un sentimiento de estar protegido por lo que te es familiar. Son las barreras de tu familiaridad las que constituyen los límites de tu percepción. Cuando descubras que tu seguridad reside en tu libertad total, en tu completa infinitud, descubrirás también que no hay necesidad de la percepción. Debido a que no hay necesidad de seguridad, no hay necesidad de barreras. Entonces te permitirás expandirte y ver por completo la totalidad de cada experiencia, y comprenderás lo que quiero decir con que una única fuerza de vida es todo lo que hay.

Una Única Fuerza Vital

He leído información acerca de que hemos experimentado la vida como minerales, plantas y animales antes de ser humanos. ¿Es esto correcto?

No, ésta no es una percepción acertada. Permíteme te lo aclaro de la siguiente manera. Existe una única fuerza vital. Puedes comprender cualquier aspecto de esta energía o fuerza vital en cualquier momento que elijas comprenderlo y te encuentres dispuesto a experimentar su comprensión. No necesitas encarnar esa forma particular de la fuerza vital para comprenderla.

¿Son las fuerzas de vida animal, vegetal y mineral, de naturaleza evolucionaria?

No, no lo son. Son expresiones de la fuerza vital a las que les has otorgado una cierta percepción y significado como plantas, animales y minerales.

No comprendo esto.

El verte separado de otros aspectos de la fuerza vital, el ver a la fuerza de vida dividida en diversas manifestaciones de sí misma, es percepción. Es una percepción que has aceptado. Y al ser una percepción, es ilusoria. Es una ilusión de la verdad.

Como ejemplo tomemos a mi caballo. ¿Puedes explicarme cómo es que la fuerza vital de mi caballo, está relacionada con mi fuerza vital?

Existe una única fuerza vital. Esta fuerza vital puede ser vista en su totalidad, indivisa, o puede ser vista en segmentos separados. Cuando es vista como una totalidad, es vista en su realidad. No existe fuerza vital que no sea una expresión del Padre porque la fuerza de vida *es* la expresión del Padre.

Entonces, si la fuerza de vida de un caballo se expresa como forma... ¿Qué pasa con ella cuando abandona la forma?

La ilusión está en que haya sido percibida como separada de la totalidad de la única fuerza vital. Es tu percepción la que la ve fuera de contexto.

¿Contiene la fuerza de vida humana más de la expresión de Dios que otras fuerzas de vida como la del caballo o una flor?

Al verte a ti mismo como un segmento separado de la fuerza vital y al experimentarte de esa manera, tu experiencia será la de aquel que comparativamente tiene más inteligencia, lo que parece ser una expresión más completa de la fuerza vital. Pero, esto es únicamente debido a que has elegido ver segmentada a la fuerza vital.

¿Entonces es nuestra falta de reconocimiento consciente de lo que es la fuerza vital, lo que da lugar a las aparentes diferencias entre nosotros?

Tu reconocimiento consciente te presenta la percepción de que hay una diferencia. Y si pensaras acerca de esto de una manera más clara, verías también que _aunque tratas de no establecer distinciones_ abrigas una percepción de que hay también una diferencia entre tú y una forma humana más primitiva.

Tal como...

Tal como un Aborigen. Cuando permitas que esa distinción, ese sentido de separación, de segmentación, desaparezca de tu mente, te darás cuenta de que habrás soltado una barrera más de limitación.

¿Es correcto percibir entonces, que no hay diferencia entre el caballo, la flor... y yo, que somos todos expresiones de la totalidad del Creador?

Ya ves, el hecho mismo de que formules la pregunta de esta manera, expresa la creencia errónea de que existe una diferencia. Existe una única fuerza vital. Tú la expresas. Los términos en los cuales la expresas, le darán o no, fronteras y un sentido de limitación.

Has leído ilustraciones acerca de personas que se sientan por largos periodos de tiempo frente a un árbol en estado de meditación, para reconocer que son el árbol. El reconocimiento que está ocurriendo, en términos más exactos, es el de la singularidad de la fuerza vital que existe.

Ellos no son el árbol, son la misma fuerza vital.

En efecto.

¿Es el hombre más consciente de ser esta fuerza vital?

Definir al hombre como una forma distinta de esta fuerza vital es confirmar el error en la percepción. La totalidad de la fuerza vital es consciente.

Y por lo tanto deberíamos poder comunicarnos con cualquier aspecto de ésta.

No existe ningún aspecto de ésta del cual no seas parte. ¿No te parece maravilloso remover esta barrera?

Experimentando la Totalidad de la Creación

En una conversación pasada, usted mencionó que yo sabía que había experimentado cada aspecto de la

Creación de Dios. ¿Si esto es así, qué estoy haciendo entonces en este minúsculo planeta tierra, en este cuerpo con una esperanza de vida de 70 a 100 años?

Comencemos por decir que tu percepción acerca de mi respuesta, estará limitada por tu creencia en que estás limitado únicamente por aquello que llamas lo individual. Quisiera dirigir tu atención hacia una pregunta que me hiciste acerca de si yo, como la individualidad de Jesús, estaba o no hablándole al mismo tiempo, a otros en el planeta. Mi respuesta en aquel momento, incluyó una explicación orientada hacia una mejor comprensión del Cristo. Te hablé en aquel entonces de la necesidad que tienes de reconocer que yo me divorciara de esta individualidad conocida como Jesús, o más apropiadamente, que le permitiera a mi identidad fundirse con el Cristo y de esa manera, el conocimiento se extendiera a través del universo.

En este contexto, te pido que comprendas que cuando comiences a conocerte a ti mismo ya no como una partícula separada en la Mente de Cristo, llegarás a un reconocimiento más profundo de que todo lo que es experimentado por el Cristo es experimentado por ti debido a que eres una parte integral e indivisa de Cristo. Cuando piensas en términos de lo que has experimentado dentro del contexto de tu interpretación de ser una entidad separada, te limitas demasiado. Refuerzas la posibilidad de que el Cristo se pudiera dividir en segmentos individuales, pero al nivel más profundo de tu Ser comprendes claramente que esto no es posible. Estás conectado. Nunca has estado desconectado. Y es cuando te permites recordar esto que reconoces que todas las experiencias vividas por el Cristo, son experiencias que han sido tuyas.

No sientas que falta algo o que haya menos conocimiento derivado de la experiencia misma simplemente porque no te puedas identificar con haber estado directamente involucrado en ella a nivel de tu personalidad individual. Eso también te llevaría a concluir que hay una diferencia entre tú y Jesús. Cuando te hablo de la compleción que existe dentro del Hijo de Dios, no es un concepto, es una Realidad. Y en cuanto una experiencia es elegida por cualquier aspecto dentro de la infinidad de aspectos que componen esa Mente, es compartida por la totalidad de la Mente. Si esto no fuera cierto, no podría de hecho ser un todo. Y si tú no aceptas tu participación en cada una de esas experiencias como algo real y que está sucediendo, entonces nunca aceptarás el hecho de que eres una parte integral de esa totalidad.

Es un concepto del ego, un concepto de separación, que piensa que: "Si yo no sé algo por experiencia propia, no lo tengo y no es mío." Esto te lleva constantemente a sentirte separado de cada individuo con el que entras en contacto. Creyendo siempre que ha habido un interés en ellos que no te ha pertenecido y que por lo tanto, no podrías encontrar valor alguno en ninguna experiencia que parezca haber tenido lugar a través de la individualidad de otra persona. Esto también te mantendrá en un estado constante en el que juzgas las experiencias individuales que percibes, creyendo que no tienen nada que ver contigo. Cuando te digo que no estás separado de tu hermano, comprende que no se trata de una comprensión intelectual. Es la verdad. Y sé consciente de que al nivel que analices esta verdad, cuando quiera que te parezca que algo es diferente para ti comparado con alguien más, en ese momento estará fallando tu reconocimiento del significado de la totalidad.

Nuevamente, te digo que no sientas que porque te doy esta respuesta, deba disminuir de modo alguno aquel sentimiento maravilloso que sentiste con respecto al significado de mi respuesta inicial. Basta con que permitas que tu atención descanse en la Mente unificada para que comprendas que no hay experiencia que haya sido elegida por algún aspecto de esa Mente, que no esté también a tu disposición a nivel personal. Sería únicamente tu sentimiento de limitación, lo que te impediría reconocer que la totalidad de cualquier experiencia es tuya, independientemente de que sepas o no, de manera específica, que ha sido elegida por tu personalidad individual.

¿Estás diciendo entonces que nuestra Unicidad se experimenta en esas elecciones que tomamos dentro de la ilusión al igual que en la Realidad?

Tú ves tu mente dentro de lo que llamamos ilusión, como un aspecto limitado de la totalidad de la Mente, pero no te dejes engañar al creer que las experiencias que has elegido simplemente se han ido o que no han tenido ningún valor o sustancia. Es imposible que tengas una experiencia, independientemente de que te percibas a ti mismo en un estado completamente Despierto o no, sin que ésta esté disponible para la totalidad de la Mente de Cristo. La manera en que tales experiencias son percibidas, y el significado que se les atribuye, varía dependiendo de cuán limitada percibes que tu mente es.

No te reduces simplemente con creer erróneamente que eres menos de lo que en Realidad eres. No se trata de que tengas una experiencia más grandiosa al permitir que las barreras de tu mente se expandan. Es únicamente la interpretación, la manera en que se percibe la Realidad de la experiencia, lo que se altera a medida que le permites a tu visión hacerse cada vez más clara. Al escuchar esto tenderás a preguntar: "¿Cómo pueden, todas las decisiones erróneas e insignificantes que he tomado, tener la importancia suficiente como para ser incorporadas dentro de la Mente de Cristo?" Y yo te diré nuevamente que simplemente le has puesto una limitación, una malinterpretación a la experiencia en sí.

Cómo Creamos el Universo

Comprende esto: La Mente de Dios es infinita y no hay descripción para ella. Cualquier descripción que se le intente dar tiene necesariamente que limitarla. Esto no es posible. Los universos que son creados por el Hijo de Dios, aún por uno que no se reconoce a sí mismo como parte de la Mente de Dios, pueden tomar cualquier forma que ese Hijo de Dios desee. No te permitas creer simplemente que porque sólo te ves a ti mismo en estos momentos como un ser pequeño e incapaz, que esto limita de modo alguno el poder de tu mente.

Ves, te acabo de decir que has creado el universo, todos los planetas, las estrellas y los soles, pero no registró en tu mente. Cuando te veas a ti mismo como el Cristo, cuando te veas completamente conectado con la expresión de la Mente de Dios, no verás razón alguna para limitar nada dentro de la Mente de Dios amarrándole un cuerpo físico. Es debido a tu percepción acerca de tu necesidad de identificarte, de ver las cosas separadas, que actualmente ves y experimentas el universo como una serie desarticulada de planetas, estrellas y soles. Cuando te experimentes a ti mismo como el Cristo, no tendrás necesidad de ver nada separado de o teniendo una identificación diferente a aquella otorgada por Dios.

Te digo que esto es así, para que comiences a edificar una nueva fundación en tu manera de pensar, que dice: "Al ver ese universo allá afuera, se convierte en mi creación. Al renunciar al significado que le he dado, permito que el significado que Dios le dio, se haga cada vez más claro." No es más que una opción que tienes de jugar dentro de la forma física, dentro de un universo físico. No es una mala elección, y no es una buena elección. Es simplemente una opción que tienes de jugar en el campo de juego de tu propia creación. Mi intención es simplemente que comiences a comprender que el significado que le has dado a este universo, así como el significado que le has dado a la uña en tu dedo meñique, no equivale al significado otorgado por Dios.

Acepta que no comprendes actualmente este significado y te permitirás dar comienzo a la costumbre de escuchar la Voz de Dios expresarte lo que tal significado realmente es.

CAPÍTULO DIEZ

Separación versus Plenitud

"La creación no está dividida. La Creación es La Mente de Dios y dentro de Su Mente, el concepto de división no existe. Somos Uno. Tú simplemente te ves a ti mismo limitado a un rango de experiencias que tus sentidos físicos te permiten definir. Por favor comprende que esto no es así."

Una Invitación

Les pediré que se miren unos a otros y reconozcan que lo que realmente ven, independientemente de lo que sus sentidos les estén diciendo, es la luz de Cristo. Sé consciente, al permitir que tu mirar descanse sobre el otro, de que es la misma luz que identificas conmigo. Te animo a que hagas esto con el fin de comprender que cuando se miran unos a otros, me están de hecho mirando a mí también. Te animo a que comprendas que es imposible que esto no sea así. Te diré lo siguiente: no hay nada más que puedan hacer en este momento o en cualquier otro con el fin de enriquecer su comprensión acerca de su Ser, o realzar la validez de su Divinidad a un nivel superior, que mirarse los unos a los otros y reconocer lo que realmente hay ahí.

Acerca de la Resistencia

No resistas ningún pensamiento o sentimiento que venga a ti, tan sólo fortaleces lo que resistes. La resistencia está basada en que en el pasado has juzgado que algo puede ser peligroso o engendrar temor. Así pues, el resistir significa que todavía mantienes la creencia de que este miedo es real, justificable y que merece que lo mantengas. Esto también significa que continuarás manteniendo los bloqueos que estos temores han edificado en tu mente y los manifestarás en tu cuerpo.

Estos pensamientos y sentimientos han venido a ofrecerte una oportunidad de escoger de nuevo, una especie de programa de intercambio en el cuál, continua esclavitud es reemplazada por libertad. Simplemente accede a cada uno de estos pensamientos y sentimientos a medida que aparecen, al mismo tiempo que identificas su fuente. Aquellos provenientes de Dios, hablarán solamente de amor, debido a que, como dice el Curso: "Dios es amor" y por lo tanto eso eres tú. Todo otro pensamiento ocultará la verdad. Amorosamente reconoce que ya no los necesitas y elije nuevamente la libertad.

No cargues ningún remordimiento o culpa por el hecho de que estos miedos hayan sido tuyos. Reconoce únicamente que ya no tienen valor en el camino en el que te encuentras. No exageres el acto de soltarlos, ya que eso también les suma importancia que ya no merecen. Simplemente suéltalos. Déjalos meramente pasar a través de la luz que realmente Eres. Esto puedes hacerlo pues siempre estoy ahí para ayudarte. Tu entrega es realmente la mía pues no hay en realidad separación alguna entre nosotros. Lo que haces por ti, lo haces también por mí, y esto nos acerca a todos un paso de vuelta a nuestro Hogar.

La Entrega

Tal como lo hemos discutido muchas veces, la Creación simplemente Es. Hemos descrito que se siente como paz, dicha y amor. Cuando te encuentras en un estado de resistencia o de discriminación, juzgando aquellas cosas que parecen estar alrededor tuyo, desarrollas un patrón de hábito que te dice que *tú* tienes que decidir qué cosas son reales y cuáles no lo son. Es precisamente el cambio de este patrón lo que viene a ti ahora como un deseo de entregarlo todo.

Te lo diré de esta manera. ¿Si la paz es la base de todo lo que existe en Realidad, entonces cómo podrías sentirte conectado con tu Fuente si no sientes paz? ¿Qué puede ser la paz sino tan sólo una palabra, si no le permites fluir a través tuyo? He dicho que eres la expresión de la Creación. ¿Cómo podrías expresar aquello a lo que no le permites fluir a través tuyo? La Creación existe. ¿Pero cómo sabes que la Creación existe si no le permites a su sentimiento fluir a través tuyo?

Todo lo que es, existe sólo como una comprensión intelectual hasta que te sientes a ti mismo como la personificación de, y el canal para, su expresión. Y debido a que eres la expresión de la Creación, todo debe fluir a través tuyo con el fin de realizarse. Tu experiencia de la Creación se encuentra bloqueada hasta que te abres a la expresión de su fluir a través tuyo. ¿Qué es el amor sino tan sólo una palabra, a menos de que sea expresado? ¿Y cómo podría ser expresado sino a través tuyo?

La Creación Es. Dios es. Tú eres. Pero la conexión de Todo lo que Es se bloquea cuando no te reconoces como su conducto. Lo puedo describir como el sistema eléctrico en tu casa, es y existe a todo tu alrededor pero cuando los interruptores están en posición de "apagado", no fluye, ha sido resistido. Sus efectos no son aparentes mientras que los interruptores no hayan sido ubicados en la posición "abierta" permitiendo que el fluir no sea impedido y se exprese a través de lo que se encuentre conectado en ese momento. Con el fin de permitir la realización de aquello que parece existir únicamente en estado durmiente, inutilizado, ábrete a ser el conducto de este fluir de amor, paz y armonía que es la expresión de la Creación.

Esta experiencia ha sido muy difícil debido a que ha venido a ti a través de la palabra "entrega", y te queda difícil entregarte a cualquier cosa. Míralo como una falta de resistencia a experimentar Aquello que Es. ¿Qué podría ser Dios si no es expresado? ¿Y qué puedes ser tú, como su Perfecta Creación, si te resistes a Su expresión al ser un circuito cerrado? Ahí reside el proceso de la separación. Es un proceso de resistencia. Es el proceso mediante el cual estableces un disyuntor que resiste el fluir natural de la expresión de Dios a través tuyo.

En este punto te debes estar preguntando cómo hacer para no resistir muchas de las cosas que parecen fluir a través tuyo mientras te encuentras en un estado no realizado, un estado en el que te ves a ti mismo como una sombra de lo que realmente eres, en aquello que hemos llamado una ilusión de la verdad. ¿Pero acaso no lo ves? Ésa es la ilusión. La ilusión es que se ha colocado un disyuntor entre la verdad de Dios y lo que pareces estar experimentando. Sigues experimentando que para poder estar fuera de la ilusión, te tendrías que salir a otra área en alguna otra parte. No existe otro sitio a donde puedas ir. No existe otra manera en que puedas ser. No te convertirás en una persona diferente. Únicamente reconocerás a la persona realizada que siempre has sido y este proceso de realización toma lugar cuando abres el circuito y le permites al fluir que es Dios expresarse naturalmente, ya que tú no eres otra cosa sino la expresión natural de Su fluir.

Esa es la razón por la que esto está viniendo a ti en términos de entrega. Es tu Ser quien te está animando a que renuncies a la resistencia. Y la mejor manera de que lo puedas ver es que renuncies a la resistencia en todo. Por favor escúchame cuando te digo que en el desarrollo del permitir que este proceso tenga lugar, al renunciar a toda resistencia hacia todo pensamiento y actividad que te ocurra a ti o a tu alrededor, aquellas cosas que parecen estar tomando lugar comenzarán a tener una apariencia diferente. Ya te darás cuenta de que su apariencia cambiará debido a que renuncias a juzgarlas al no resistirlas más. Tú simplemente le permitirás a todo lo que está ocurriendo que siga su curso. De esa manera, te estarás sugiriendo a ti mismo abrirte igualmente a que este mundo real se haga aparente. En la medida en que renuncias a tus juicios, tus temores se disiparán. Verás la evidencia de tu seguridad total.

¿Cómo se experimenta la elección dentro de este fluir sin resistencia? ¿Sí se experimentan elecciones?

La expresión de paz y amor, que es la expresión de la Creación, cuenta con tantas posibilidades como lo hace la expresión de la ilusión. Tus elecciones, cuando te encuentras en un estado mental realizado, constituyen el movimiento de la Creación. Pero el movimiento es visto de manera diferente cuando expresas tu conocimiento de la Creación en su forma verdadera y natural. De la misma manera en que las elecciones se realizan ahora para expresar caos y conflicto, las elecciones se realizarán para expresar amor y paz. Ése es el movimiento de la Creación. El permitirte moverte dentro del marco que expresa a Dios. Reconocerás a tu Ser como la expresión de Dios, y reconocerás aquello que ahora llamas elecciones como la expresión de la Creación, también llamada la Voluntad de Dios. Reconocerás que ésta es también tu voluntad, al verte a ti mismo como el vehículo para la expresión de Dios. Dios existe. Él Es. Él es la base de toda la Creación. Pero su Creación no puede ser expresada hasta que permitas que su expresión se dé a través tu Ser como el vehículo que Dios mismo creó para que ilustrara su movimiento. ¡Tal vehículo eres tú! Eres el movimiento de la Creación. Y cuando realices tus elecciones comprendiendo esto, verás a la Creación a través de los ojos de Dios puesto que reconocerás esos ojos en tu Ser.

Míralo así: ¿Si toda la Creación, todo lo que Dios Creó, pudiera ser representado por tu automóvil, qué propósito tendría éste sin su conductor, sin quien lo moviera? ¡Ese eres tú! Por favor, no caigas en la ilusión de creer que este automóvil no se mueve a menos de que sea movido por ti, el tú tal como te ves a ti mismo ahora en este estado limitado en el que crees que estás. La Creación no ha estado estática, no ha dejado de moverse simplemente porque no te hayas visto a ti mismo en el puesto del conductor. Siempre has sido el movimiento de la Creación, pero no reconoces que esto es lo que has estado haciendo realmente. Tu función y tu propósito no han cambiado. Lo que has venido haciendo como expresión de la Creación de Dios no se ha detenido, simplemente te has equivocado al percibirte desconectado de Ella.

El fluir de la Creación ya Es. Lo apropiado es simplemente permitirte ser consciente de su movimiento. También he dicho que tú, siendo el infinito y completamente unificado Hijo de Dios, eres el único movimiento de la Creación. Y ambos son uno solo. Cuando no los ves como lo mismo, estás viendo una ilusión de tu Ser. Estás viendo un aspecto de ti mismo que ha sido removido del verdadero Tú.

Entonces, al permitirte ser el conductor o conducto para el fluir de la Creación, al dejar de resistir este saber que está creciendo dentro de ti, al experimentar el fluir natural de tu Ser, así recordarás a tu Ser. Será en el acto de hacer esto que te es tan natural, que recobrarás tu memoria acerca de quién eres.

El estar en un estado totalmente libre de resistencia es útil, aún si es libertad de resistencia hacia el sueño, puesto que será esta aceptación la que te ayudará a reconocer tus sentimientos naturales. Será en tu aprobación de todo, incluyendo el soñar, que te permitirás renunciar al soñar. Por favor recuerda lo que hemos dicho: la importancia no reside en qué estás haciendo sino en por qué lo haces. Entonces al sentirte libre de resistencia, reconocerás que la razón por la cual lo estás haciendo es porque refleja quién eres. Es un reflejo del estar libre de resistencia a ser el fluir de Dios, a ser la expresión sin restricción de la Creación... un reflejo del verte a ti mismo realizando a Dios.

Dios no tiene significado alguno a menos de que sea expresado. Eso eres tú en este preciso instante. Está sucediendo ahora mismo. Y al permitirte estar libre de resistencia hacia todo sentimiento, estarás libre de resistencia hacia éste también. Esto es a lo que me refiero cuando te digo: Siéntete fluir y reconoce que el fluir es lo que eres tú.

Esto también responde a tu pregunta acerca de tu propósito. Tu propósito es simplemente reconocer aquello que ya eres, la expresión de Dios.

Soltando el Sentido de Separación

¿Cómo se puede superar el sentido de separación y experimentar unicidad?

El reconocimiento de tu Ser ocurre al reconocer mi Ser y el Ser de cada hermano como una extensión de tu propio Ser. Cuando enfrentas cada circunstancia que viene a ti viéndola como habiendo ocurrido en otro espacio fuera del tuyo propio, pareces reconocer separación.

Ha habido muchos intentos por explicar "el principio del espejo". La mayoría no han sido comprendidos claramente. Lo que con frecuencia crees que son los problemas de otros, luego crees que realmente existen en ti, al aplicar el principio del espejo. Mientras que esto es cierto por una parte, y el saberlo te anima a juzgar menos a los demás, también enfoca tu atención en el aspecto negativo de los problemas en lugar de en el aspecto positivo que representa la opción de paz. Y te provee de oportunidades adicionales para juzgarte a ti mismo por tus fracasos. Mientras que tu ego se deleitaría al sugerirte que veas a tus hermanos a través de los mismos errores de percepción que tienes acerca de ti mismo, declarando que éste es claramente un sentido de "unicidad", sería tan sólo una confirmación de que tu sueño ha sido real.

Lo que se te ha pedido realmente al emplear este concepto no es que te fijes en lo que se está reflejando en la superficie sino que veas en ellos la perfección que existe más allá del espejo y que reconozcas esta perfección en ti igualmente.

Con el fin de responder de manera más específica a tu pregunta acerca de cómo superar todo sentido de separación, sería útil que vieras esta perfección no como idéntica a la tuya, sino que la vieras directamente como tu perfección, esto reconoce a la Fuente como una totalidad. El sentido de individualidad que percibes como personalidad tiende a acentuar la sensación de separación. La individualidad, en un sentido más apropiado, trata del continuo desarrollo de la Mente de Dios en una multitud de expresiones amorosas.

De lo que esto se trata es de un intento por reconocer la Realidad acerca de ti que existe más allá de lo que llamarías la "dimensión" en la que te encuentras actualmente, y hasta más allá de la dimensión que en estos momentos luchas por alcanzar. Esto puede simplificarse mucho al comprender que aquello a lo que te refieres con "dimensiones" es en realidad tan sólo diferentes estados mentales.

La connotación de dimensiones trae consigo una sensación de que debes estar en otro lugar y esto te trae la sensación o necesidad de que hay algo que lograr, algo que hacer para mejorarte a ti mismo con el fin de lograr esa transición. Esto necesariamente resulta en confusión. Lo que te estoy sugiriendo aquí es que todo cuanto existe, todo lo que ves, existe y es visto por el estado mental que experimentas actualmente. Experimentar algo diferente requiere únicamente de un cambio mental.

No existe distancia entre lo que se describe como la tercera y la cuarta dimensión. Se trata únicamente de una manera diferente de pensar. ¿A dónde podrías ir si ya te encuentras en el Paraíso? El Reino de los Cielos no es un lugar. El Reino de los Cielos es simplemente un estado mental que reconoce la unidad y armonía de la Mente de Dios. El reconocimiento de tu hermano reside ahí.

¿Cómo se logra esto? Se trata de un estado mental. Debido a que estás acostumbrado a trabajar con patrones que establecen hábitos de pensamiento, esto se logra cambiando tus hábitos, cambiando tu manera de pensar acerca de cada nueva experiencia. Cada contacto que estableces ya sea con un hermano, un pájaro, un árbol, o una brizna de hierba, es una oportunidad de que experimentes tu Ser al ver de manera diferente, al ver más allá de la distorsión creada por los límites físicos, al permitir que tu estado natural de Saber, la Divinidad en tu interior, sea tu intérprete. Siempre está presente, de manera continua, si no siempre consciente. En consecuencia, lo que buscamos es un patrón mental que promueve este reconocimiento estableciendo nuevos hábitos de pensamiento.

Aprovecha cada oportunidad para ver compleción, para ver la armonía de tu Ser que está constantemente llamando tu atención. Encontrarás que esto te resulta más fácil cuando me tienes presente en tus pensamientos. Lo que represento para algunos de ustedes favorece claridad para percibir la perfección. Te puedo asegurar que me presento ante ti en cada encuentro que tienes con un hermano.

Permite que tus nuevos patrones de pensamiento refuercen esta toma de consciencia. Sé consciente a un nivel muy personal de que no hay diferencia entre tú y yo. Sé igualmente consciente de que no hay distinción o diferencia entre tú, yo o cualquier otra persona. La práctica está en reconocer esta simple verdad.

Confía y cree en que el amor de nuestro Creador no priva a nadie, ni puede ser cambiado en ningún Hijo dentro de Su Mente. Siempre nos conviene recordar que sólo existe un Hijo de Dios. Existe una infinidad de expresiones de este Hijo pero sólo existe un único Hijo. ¿Cómo entonces podría la mente racional percibir esta totalidad como comparativamente diferente, de forma alguna?

El permitir un sentido de diferenciación con base en el comportamiento que observas dentro del sueño, refuerza la sensación de que hay una diferencia entre tú y los demás. Ver más allá de esto es ver al interior de tu Ser, ver aquello que existe en Realidad.

El Sentimiento de Unión

Al comienzo de uno de nuestros encuentros, Jesús nos habla acerca de su muy real presencia entre nosotros, en el aquí y ahora.

Quisiera animarte a que reconozcas que esto es lo que se conoce como comunión al nivel más amplio de tu Ser. Por favor comprende que yo estoy contigo ahora mismo, tan total y completamente como se experimentan ustedes. Quiero que sepas esto y que te acostumbres a este sentimiento. Quiero que sepas que lo puedes sentir en cualquier momento y con cualquier hermano, ya sea que esté encarnado o desencarnado. Hazte uno con este sentimiento para que sepas que no hay realmente diferencia alguna entre los lados de la percepción que llamas nacimiento y muerte.

La Creación no está dividida. La Creación es la Mente de Dios, y en Su Mente, el concepto de división realmente no existe. Somos uno. Tú simplemente te ves a ti mismo por error como confinado a un rango de experiencias definibles por tus sentidos físicos. Por favor créeme cuando te digo que esto no es así. Es únicamente tu estado mental el que te confina. Nuestra unión es tan real como si yo estirara mi mano y te tocara. ¿Te gusta este sentimiento? Quiero que sepas que a mí también me gusta.

¿Te gustaría dirigir nuestra conversación, esta vez?

Mi intención era que el sentimiento que estamos generando juntos fuera el camino. Estoy seguro de que estás consciente de que este sentimiento de estar unidos, no separados el uno del otro, te permite comenzar a tener una percepción verdadera acerca de la totalidad del Ser que estás queriendo alcanzar. En la medida en que te abras más y más a esta sensación, tu sentimiento alcanzará fronteras más lejanas. Y aunque se mantienen como barreras, se están expandiendo.

Este es el sentimiento que te lleva a un mejor nivel de contacto con tu Ser, la Mente en su totalidad, expandida y cohesiva. En estos momentos es parecido a si estuvieras inflando un globo. Al mismo tiempo que sientes el globo expandirse, eres consciente de que sigue estando confinado. No obstante, ves la expansión y eres consciente de que en cualquier momento puedes insertar el alfiler que hará explotar el globo y así remover todas las barreras.

Ahora bien, cuando te has estado concentrando en ti mismo como un cuerpo y luego te sientes expandirte más allá de tu cuerpo, asumes que tiene que haber otra clase de límite hacia el que te estás expandiendo. Yo describiría esto como la base del miedo a renunciar realmente, debido a que no sabes a qué estás renunciando o hacia qué te estás expandiendo. Te has acostumbrado tanto a las barreras y limitaciones que te parece apenas natural que aún en tu expresión o sentimiento de lo infinito, deba haber alguna clase de barrera. Sí, aún para lo infinito. ¿Entonces, hacia qué te vas a permitir expandirte? ¿Qué tan lejos puedes ir?

Piensa en ello de la siguiente manera: Mantén un pensamiento en tu mente acerca de cualquier cosa, reconoce que se trata de un pensamiento, de tu pensamiento, y que como pensamiento, se puede expandir y cambiar. Puede tomar una forma diferente o ninguna forma en absoluto, y al permitirte fluir con él te darás cuenta de que no hay necesidad de barreras a su alrededor. Recuerda, es tu propio pensamiento. ¿No te sientes cómodo con él? ¿Hay miedo asociado con el reconocerlo ilimitado, sin barreras e infinito?

Lo que te estoy animando a que comprendas es que aquel que eres al permitirte estar en lo que llamaré un estado mental ilimitado, ése eres realmente Tú. Eres aquello hacia lo que te expandes. Esto es lo que sucede cuando te permites pinchar el globo y hacerte Libre. Tus pensamientos se hacen libres, debido a que siempre lo han sido, cuando ya no los limitas a una ilusión o asociación con una limitación relacionada con tu cuerpo físico. Eres tan libre e ilimitado como se lo permites ser a tus pensamientos.

Cuando el miedo a lo desconocido aparezca en tu mente, sé consciente de que realmente no existe lo desconocido. Cada limitación o barrera en tu mente que te permites soltar, revela las respuestas que has estado buscando. Todo lo que antes consideraste desconocido y atemorizante, se convierte en revelado y familiar. En términos con los que te encuentras más familiarizado en estos momentos te diré simplemente que pienses en lo que quieres saber, siendo consciente de que sólo hay un velo en tu mente que te separa del conocimiento de lo que sea que quieras saber. Cuando eliges renunciar al miedo, mueves hacia atrás las divisiones en tu mente que parecen crear un concepto que distingue lo conocido, de lo desconocido.

Ustedes lo son todo, mis maravillosos hermanos. Ustedes y yo, lo somos todo. No hay nada más qué saber más allá de lo que eres. Y te recordaré algo que tú ya sabes, que lo que tú eres es amor. Será el amor lo que al final te liberará de tus miedos y de tu sentido de limitación. Se trata de un sentimiento de amor que no conoce sino la confianza, la confianza absoluta. Y tal confianza tiene por base, fundamento y compleción, tu conocimiento acerca de quién eres. Tienes la impresión de que yo sé esto, entonces acógeme. Acógeme y conoce tu Ser, porque yo soy tú y tú eres yo, y juntos somos el reflejo indiviso de nuestro Padre. Esto es todo lo que quieres recordar, realmente.

Tú reconoces esta verdad, sin embargo una parte tuya se pregunta: "¿Qué tiene esto que ver con los problemas de mi vida diaria?" Y queridos míos, la única manera en que puedo contestar es diciéndote que los problemas que percibes en tu vida diaria tan sólo se encuentran ahí porque no te sientes en paz y no re-conoces quién eres.

Siempre parece que hay algo qué hacer para llegar a aquel estado en el que re-conoces tu Divinidad. Pero yo te he sugerido desde el comienzo de nuestra comunicación, que nos permitamos estar unidos y que sintamos la paz que se encuentra presente en nuestra unión. La paz no ha sido creada por nuestra unión, la paz es lo que somos, la paz es quien eres. Simplemente la experimentamos debido a que hemos elegido experimentar la unión. Tú has elegido estar en esta experiencia. Has elegido tener los problemas que pareces estar teniendo y puedes elegir no tenerlos. Puedes elegir reconocer tu Ser. Puedes elegir reconocer un estado de infinita armonía.

Cuando alguien me trae un problema diciéndome: "Por favor ayúdame con esto." En realidad, la única ayuda que puedo ofrecerle, de una manera u otra, en cualquier lenguaje que sea comprendido por esa persona en esos momentos, es decirle: "No necesitas ese problema, no eres ese problema. Puedes elegir no experimentar ese problema." Parece existir un constante sentir que al alterar tus problemas, o solucionarlos, como dices tú, te acercarás a tu Divinidad. Mi recomendación realmente es que renuncies a la idea de que hay algún problema.

¿Y esto lo logramos al movernos a ese estado de confianza?

En efecto, se trata de ese estado de confianza, del reconocer y del recordar tu Ser. Cuando logres alcanzar ese sentimiento de quién eres, experimentarás total perfección. Ésa es tu Divinidad. Ése es Dios. ¿Qué podrías hacer para mejorar a Dios? ¿Qué respuesta buscas que no se encuentre simplemente en el renunciar a la ilusión de tener una pregunta?

Algunos creen que viví una vida física perfecta. Te puedo asegurar que no fue tan perfecta como en aquel entonces hubiera querido. Hubo muchos momentos en los que me sentí arrastrado, muchos momentos en los que fui arrastrado.

¿Con arrastrado, te refieres a arrastrado hacia tu ego?

Mi descripción del ego ciertamente así lo demuestra. Intento expresar la dificultad que existe a nivel de este plano de limitación, de esta experiencia humana.

¿Entonces, estar Despierto no es un estado permanente? ¿Puede entonces un Ser Despierto oscilar o danzar de un lado para el otro de esta línea?

En lugar de intentar responder a tu definición de lo que es estar completamente Despierto, permíteme darte la mía con la esperanza de que nuestra comunicación sea más clara. Un Ser completamente Despierto no ve ninguna línea con base en la cual danzar. Un Ser completamente Despierto no elegiría experimentar las limitaciones del reino físico. Simplemente no hay necesidad de ello.

A lo que me refería cuando hablé de mi propio danzar, como le has llamado tú, fue al danzar que experimenté cuando estaba en forma física. Mi danzar ahora es de una naturaleza muy diferente. El tono que escucho es de perfecta armonía. El mismo tono que tú escuchas pero que, con frecuencia, no reconoces.

¿Qué tan Cerca Estás de Dios?

¿Qué tan cerca estás tú de tu próxima inspiración, de tu próximo latir del corazón? Uso estos ejemplos porque en estos momentos, son representativos para ti de lo que te mantiene vivo. De manera más apropiada, te preguntaré: ¿Qué tan cerca estás de la esencia Espiritual que constituye en realidad la plenitud de quien eres?

Por favor, ve más despacio y concéntrate ahora claramente en el sentimiento que el significado de mis palabras te transmite. La esencia Espiritual es el Pensamiento de Dios. Es la manera en que

Él elige expresarse como la naturaleza misma de la Creación. Es la manera en que Él ha elegido verse a sí mismo. Y eso eres tú. Esto es lo que te he venido diciendo cuando te he dicho que eres la expresión misma de toda la Creación –la expresión completa del Creador- la única expresión de Dios.

La Mente que mueve todo lo que Es, es la fuerza del amor incondicional y sin compromisos, el material del que está hecho tu Ser. Su identidad es inseparable de la tuya. No te permitas sentirte abrumado ante este pensamiento, o tendrás la tendencia a disminuir su importancia y a reducirte a proporciones más fácilmente aceptables por tu ego.

Ahora bien, volvamos a tu pregunta. ¿Qué tan cerca estás de Dios? ¿Qué tan completamente dispuesto estás a aceptar lo que te acabo de recordar? Nuevamente, pon mucha atención pues tu respuesta será precisamente la descripción misma de la naturaleza de la ilusión. Lo que te he dicho es la verdad. Tu falta de disposición a reconocerlo, en este preciso instante, es la sustancia misma de tu ilusión.

La respuesta a tu pregunta es que estás tan cerca de Dios como estás de la disposición a renunciar al pensamiento, al error en la percepción, que te dice que alguna vez tuviste la opción o la capacidad de cambiar o alterar en modo alguno, tu estado de Ser infinito en la Mente de Dios. Permite que ésta sea tu celebración del nacimiento de Cristo en tu interior. Expresa tu dicha permitiendo que la naturaleza de tu Ser sea transparente, extendiendo y experimentando el fluir del amor que es Dios, y que eres tú.

Los Pensamientos de Uno son Compartidos por Todos

Sigue habiendo un factor de limitación sentido por muchos, un sentimiento que te dice que de alguna manera, están aquí juntos como bolsas de expresión de individualidades separadas. Y lo que yo quisiera compartir contigo, es la magnitud de la limitación en que este pensamiento te mantendría. El estar juntos en este preciso instante es un compartir que no tiene límites. Es sentido, literalmente, por la totalidad de la consciencia, por la totalidad de la Mente de Dios. Te invito a que te abras a este sentimiento, verdaderamente te ayudará a conocer el alcance y la amplitud de quién realmente eres.

Cuando sientes la paz y el amor fluyendo a través tuyo, debes saber que toca a cada aspecto consciente de la Creación. Sé consciente de que no estás de manera alguna desconectado. No eres una pequeña partícula de esta consciencia, sino el poseedor de su totalidad. Pues ya ves, no hay fluir que no te toque, que no te abarque de cada manera posible.

Te he hablado de este fluir en términos de un río sin principio ni fin. No se conoce a sí mismo gota por gota sino que naturalmente siente su totalidad. Te sugiero que sepas y sientas eso mismo acerca de la esencia de tu Ser. No hay ninguna barrera encerrándote o separándote de la Mente de Dios, excepto cuando sientes que esa barrera existe en tu mente. Te invito a que te unas a la totalidad del río, a que te sientas conectado a Todo lo que Es, sin excepción, sin sentir la necesidad de saber cómo o por qué puede esto ser así, y sin ninguna preocupación acerca de la mecánica o del cómo está sucediendo. Simplemente sé consciente de que así es.

Será en tu aceptación de esta simple verdad que te permitirás experimentarla cuando se te presente a nivel de sentimientos, y hasta visiones, sonidos y palabras. Lo que te estoy pidiendo que experimentes es lo infinito de tu Ser.

Este fluir de consciencia es el río de sentimiento, energía y amor, del que todos somos parte, en el que todos estamos inmersos y con el que todos nos identificamos. Por favor, permítete estar en este lugar. Por favor, acepta este reconocimiento de ti mismo. Quiero que sepas que yo, en la manera en que me identificas, estoy aquí únicamente para facilitarte que te reconozcas como lo que realmente Eres. No construyas ninguna barrera entre lo que identificas como tu Ser y yo. Porque no hay ninguna. Somos en conjunto la consciencia del Cristo. No existe forma alguna en que ninguno de nosotros se separe de ésta, entonces por favor, permítete sentir nuestra unidad. Permite que aquello que todos compartimos y que es nuestra esencia, sea reconocido y sentido, compartido con dicha y gran regocijo pues en este reconocimiento de nosotros mismos llevamos la Presencia de nuestro Padre.

Enseñándole a Otros

El Curso declara de muchas maneras que quieres que enseñemos a otros, el sistema de pensamiento que compartes en el Curso. ¿Me podrías dar por favor, más información acerca del aspecto de enseñanza que nos has dado en este material?

He dicho muchas veces en *Un Curso de Milagros* que enseñarás aquello que has elegido aprender. Y en este sentido, lo que sea que enseñes cobra valor para ti. Te sugiero que tengas en cuenta que este valor se verá disminuido al tener expectativas acerca de lo que la enseñanza significa para la otra persona.

La percepción es un asunto muy personal. La percepción de cada individuo está compuesta por los patrones y los filtros del ego a través de los cuales ve el mundo con base en experiencias que ha elegido en el pasado. Esto te permitirá ver la verdad únicamente en la medida en que se aplica a tu experiencia y al ser alimentada a través de esos filtros. Es poco probable que alguien más haya tenido exactamente las mismas experiencias, o que haya construido sus filtros de la misma manera, entonces su percepción es muy diferente. Es por esta razón que te es completamente imposible enseñarle algo a alguien.

Al embarcarte en el proceso que hemos descrito en *Un Curso de Milagros* como el enseñar, estás seleccionando aquello hacia lo que deseas llevar tu atención, y es así que te permites tener la experiencia. A medida que te involucras en el proceso, tu consciencia se expande. Tu consciencia acerca de quién eres se hace más clara para ti y al suceder esto le estás ofreciendo una oportunidad única a aquellos a tu alrededor. La oportunidad que a ellos se les ofrece es la de ver quién realmente son al mirarte a los ojos y ver ahí reflejado tu claro conocimiento acerca de quién eres. Pero debes ver esto únicamente como una oportunidad que simplemente les ofreces. No le añadas expectativa alguna. Debes permitirles escoger si ven o no ven. Si tú hicieras menos o intentaras hacer más que esto, estarías emitiendo juicios que Dios Mismo no ha emitido.

De la misma manera en que Él te ha dado la libertad de elegir lo que quieres ver, así mismo debes ofrecérsela a los demás. No juzgues a aquellos que percibes como menos que lo que has determinado que alguien debe ser. Te diré algo con certeza, esto no será útil para ellos y mucho menos para ti porque cada expectativa que no se te cumpla parecerá ser un paso en la dirección equivocada. No es así en realidad, por supuesto. Pero parecerá así debido a la percepción que tienes de ti mismo.

Tú existes en este momento, en el estado inalterable de perfección. Es en este estado en el que eres claramente visto por el Padre. Lo que te estoy sugiriendo es un proceso que te permitirá soltar toda noción errónea que tengas acerca de ti mismo de modo que te puedas ver a ti y a los demás, de la misma manera.

He dicho en *Un Curso de Milagros* que te encuentras en un estado de ilusión. Utilizo esta palabra para ilustrar que te ves diferente a como eres visto por Dios. La verdad únicamente se puede ver a través de los ojos de Dios. Cuando no miras a través de esos ojos, no ves la verdad sino una ilusión de la verdad. Cuando ves a tu hermano como alguien que necesita cambiar, estás viendo una ilusión de tu hermano, de la misma manera en que ves una ilusión de quien eres tú mismo. Entonces, al embarcarte en el proceso de "lo cambiaré", únicamente estás reforzando la ilusión de cómo lo ves y no estarás enseñándole nada ni a él, ni a ti mismo.

Solamente hay una cosa que debes hacer. Y es soltar la percepción errónea que tienes acerca de quién eres. Cuando mires a través de los ojos de tu Ser natural, descubrirás que son los ojos de Dios, y no verás defecto en tu hermano. No te verás a ti mismo como menos que la perfección en la que Dios te creó.

También quisiera explicarte esto: La naturaleza de Dios, el patrón en la Realidad de toda la Creación, es de armonía, amor y perfección. Pero este patrón existe únicamente como una idea hasta que es experimentado. Y es a través tuyo que esta experiencia toma lugar.

Es cuando estás en un estado de comprensión de quién realmente Eres, que el significado total de la Creación se hace expreso.

Se hace expreso debido a que ha sido experimentado. Ésta es la razón por la que te digo que sólo hay una cosa que debas hacer: conocerte a Ti mismo. Y en este conocimiento, experimentarás, y en este experimentar expresarás, y lo que expresarás es Dios, y lo que Dios es, es amor. Lo único que verás será amor, porque únicamente verás lo que puedes expresar, y únicamente expresarás lo que puedes ver. En el sueño, expresas un estado de limitación debido a que eso es lo que ves, pero no es lo que eres. Entonces te sugiero que cambies tu visión. Abandona las percepciones erróneas que mantienes acerca de ti mismo. Muchas veces en tu vida has escuchado en tu mente: "Entrégate a Dios". Éste es el significado de esta frase. Entrégate a como Dios te ve. Conócete a Ti mismo y expresarás a Dios.

Ahora, te diré una cosa más. Ya estás, en estos momentos, haciendo precisamente lo que he descrito, pero no lo estás haciendo de una manera que reconozcas, y ésta es la razón por la que digo que estás teniendo un sueño. Estás teniendo el sueño de estar haciendo algo diferente. De este modo, ves una representación errónea de ti mismo, ves tu funcionar en el sueño como algo real y por lo tanto, no te ves expresar a Dios. Y entonces te digo: "Despierta".

Despierta y date cuenta de que siempre has sido la expresión de Dios, de que siempre has vivido en estado de completa armonía. No intentes involucrar a tu intelecto en comprender cómo es que algo puede parecer tan real y sin embargo ser llamado por mí, simplemente un sueño. No habrá manera de comprenderlo. Y no lo resistas, no trates de salirte de él, no pienses que muriendo pasarás de un plano a otro. No hay lugar alguno a dónde ir. Estás ahora mismo en tu Hogar. Siempre has estado en tu Hogar, pero no lo verás así hasta que no le permitas a tu mente este reconocimiento. Verás la gloria de Dios que siempre ha estado a tu alrededor. Verás el estado de amor en el que siempre has estado. Pero no lo verás mientras que o lo resistas, o intentes forzarlo. Simplemente renuncia a la creencia de que no es así.

No hay nada más que hacer.

EPÍLOGO

La Experiencia Santa

"No existe una manera correcta y otra incorrecta. Existe una manera que comunica un mensaje de amor, y parece haber una multitud más."

La Experiencia Santa

Mi intención siempre es compartir contigo todo lo que realmente Soy, pedirte que te unas a mí en el reconocimiento de que somos el amor de nuestro Padre, y entonces demostrar nuestra plenitud Total a través de nuestra unión con todos. ¿Bajo esta luz, qué otra cosa podría yo traerte?

Te preguntaré lo siguiente: ¿Qué sería aquello que revelaría la clave en tu reconocer y recordar la Divina plenitud de tu verdadero Ser? ¿Qué palabras sabias podrías buscar que te hicieran re-conocer esto? ¿Qué palabra "Santa" podría ofrecerte yo en estos momentos a la que pudieras aferrarte definitivamente y que de repente y mágicamente te retornara a tu Mente recta? ¿Qué palabras te he estado ofreciendo durante lo que percibes como los últimos dos mil años?

Veo que cada uno de ustedes tendría su propia opinión acerca de esto. Cada uno de ustedes presentaría una definición diferente de la palabra más Santa. Cada uno de ustedes aportaría un sentimiento diferente, como expresión de Dios, frente al significado de la palabra Santa. ¿Han entonces las palabras Santas, ofrecidas durante estos dos mil años, cambiado tanto? ¿O es que se ha perdido su significado debido a que tu atención se ha concentrado únicamente en las palabras Santas en sí?

Te he dicho de muchas maneras y en muchas ocasiones, que el único propósito significativo que tienes es el de reconocerte a ti mismo como la expresión Santa de Todo lo que Dios Es. ¿Entonces, dónde se ha perdido esto? ¿Dónde ha cambiado su significado? ¿Por qué ahora ves esta palabra Santa tan diferente? ¿Podría acaso ser que la palabra Santa se ha interpuesto en tu experiencia del sentimiento Santo?

¿Podría acaso ser que, debido a que te aferras tanto a la idea de estar separado de tus hermanos, utilizas la palabra Santa para validar que estás en lo correcto y que tu hermano no? ¿Qué tan Santa se ha hecho la palabra cuando le has cambiado su propósito con esta intención?

¿Si existe una única cosa que te separa del reconocimiento de quién realmente eres, y esa única cosa es tu aceptación de la plenitud de tu Ser como expresión de la amorosa Mente de Dios, entonces cómo es posible que puedas recordar esto si niegas a tu hermano de alguna manera?

Si devolvieras el tiempo, verías que el patrón de creencias en conflicto ahora, es el mismo de aquella época. Verías a cada hermano luchar por tener la razón, con la determinación de probar que su comprensión de la palabra es más Santa que la de cualquier otro.

Entonces te ofrezco una opción, la opción de terminar este conflicto, la opción de darte cuenta de que no se trata de lo que tu hermano diga, sino de saber que es el amor que él representa lo que define su Ser y lo mismo que define tu Ser. Y será en este reconocimiento que se cerrará la brecha que parece existir entre ustedes dos.

Por el lado amable, te diré lo siguiente: aún si escoges continuar creyendo en las diferencias que aparentemente existen, no tienes de qué preocuparte porque no cambiarás la Realidad. No puedes alejar a tu hermano simplemente porque elijas ignorar la conexión que existe entre ustedes dos. No puedes des-hacer lo que Dios ha creado, ni tampoco puedes corregir lo que aparentemente has hecho tú. Pero puedes elegir, en cualquier momento, simplemente soltar la ilusión y aceptar lo que es, aceptar lo que siempre ha sido. Te sugeriré además que puedes tomar esta decisión en cualquier momento, y que el momento que elijas no será condenado en el tiempo. No importa si no eliges Despertar en este momento.

Existe una inquietud en tu mente cuando me oyes decir esto debido a que escuchas decir muchas cosas acerca de la relevancia del tiempo en tu Despertar. Yo te estoy sugiriendo un enfoque más gentil. El tiempo no es un producto de Dios, no ha sido creado por Él sino por ti. Al trasladar esto a Dios y creer que el tiempo te fue impuesto por Él, puedes con facilidad convencerte de sentirte bastante culpable de no despertar inmediatamente. Con tal creencia te estarías confirmando automáticamente que estás dormido cuando en realidad no lo estás. Estás en estos momentos perfectamente Despierto, expresando plenamente Todo lo que Dios Es, pero no lo reconoces así y por eso no lo experimentas así.

Tu sueño es de tu creación. Dios no ve tu sueño, ni tampoco te impondrá la creencia de que es real animándote a que lo abandones. Debido a que el tiempo no existe en la Realidad, el momento en que pensaste que te habías quedado dormido y el momento en que elijes Despertar, son el mismo instante.

El proceso en el que estás involucrado ahora, se trata de que recuerdes que tu Ser es la expresión del amor. Estarías en desacuerdo con lo que estás intentando hacer. Y quiero decirte que tanto tu creencia en el tiempo, como la presión que parece imponerte, contradicen tu naturaleza misma. Este pensamiento no es agradable para el ego cuya exigencia es cambiar el mundo que ves afuera, ignorando la causa misma en tu mente. ¿Qué tan seguro estás de saber cómo verías al mundo si lo vieras única y exclusivamente a través de los ojos amorosos de Dios?

¿Sabiendo que sanarías tu cuerpo físico al permitirle a tu mente hacerse plena, qué es lo que crees que sanaría la capa de ozono? ¿Qué supones que sanará la selva y todas esas cosas que parecen ser víctima de un mundo salvaje y enfadado? ¿Realmente crees estar seguro de saber cuál es la cura para todas esas cosas? ¿Realmente estás tan seguro de que la sanación de tu cuerpo es tan diferente a la sanación de cualquier otro aspecto del mundo físico que ves a tu alrededor? Te he dicho muchas veces que es totalmente imposible que seas víctima del mundo. ¿Cómo podría entonces el mundo convertirse en tu víctima? Pero bajo la manera de razonar del ego, ves al mundo afectado y vuelto nada por ti de modo que se convierte en tu víctima.

¿Qué podrías pretender sanar que no sea sanado a través de tu aceptación de la Mente Santa? ¿Qué, en la Creación de Dios, podría dejar de reflejar Su amor si lograras verla toda a través de Sus ojos? O talvez sí piensas que realmente has alterado la Realidad de Dios, cambiando por siempre Su Creación por lo que ahora ves. Mientras creas que te es posible destruir tu propio cuerpo, destruyendo así la creación que crees es de Dios, continuarás viendo al mundo a tu alrededor reaccionar de la misma manera.

El que Tú Eres, tu Realidad en la Mente de Dios, no es diferente a la Realidad de ningún otro aspecto de la Creación a la que le has dado una identificación errónea; y la sanación de cada una de esas cosas no tiene sino una fuente en común: la sanación de tu mente. Será la sanación de tu percepción lo que corregirá tu visión de un mundo diferente a como fue creado por su Creador. ¿Qué implica para tu reconocimiento de quién Eres el que te esfuerces por salvar un medio ambiente que ves a tu alrededor mientras que ignoras tu ambiente interior? El mundo de Dios no necesita salvación. Su Creación descansa por siempre a salvo y segura. ¿Qué más que el sanar tu propia mente puede resultar de este reconocimiento?

Te digo: "Traigo todo cuanto soy ante tu presencia, y todo lo que soy, es el pensamiento amoroso de Dios". ¿Qué palabras de sabiduría pueden comunicarte este mensaje? Éste es quién eres. ¡Esto es todo lo que tú eres! Y toda la sabiduría que buscas no significará nada hasta que no te permitas este conocimiento.

Todas las diferencias que tu hermano parecerá presentarte, únicamente validarán la creencia errónea en que estás separado de la Mente de Dios mientras que sean significados diferentes al hecho único de que él también es la misma expresión amorosa que tú eres. Te pido que consideres unirte a él, reconociendo la totalidad que existe en este instante entre tú y Todo lo que Es. Te sugeriré que comiences por reconocer que tu hermano, quien camina a tu lado, alberga todo el amor y la sabiduría que tú me has atribuido a mí. Y te diré esto siempre que él parezca contradecir cualquier cosa que me escuchas decir a mí.

¿Cuando te refieres a la sanación de la capa de ozono y del medio ambiente, estoy en lo correcto al comprender que al sanarnos individualmente, el reflejo de esto sana al planeta y que no hay nada más que necesitemos hacer diferente a ser la expresión de amor que somos?

Te digo sin lugar a equivocación que la verdad absoluta del principio que te presento, es simplemente ésta: El mundo que ves expresado a tu alrededor no es más que el reflejo del mundo que ves en tu interior. Cuando ves cualquier cosa exterior a ti hacerse pedazos, debes reconocer que se trata de tu propia creencia interior de que estás incompleto. En cambio, cuando ves a la totalidad de tu Mente como indestructible en su estado natural, reflejo de la Creación perfecta de Dios, verás esta Creación perfecta retratada impecablemente en cada experiencia que eliges. Te lo digo una y otra vez, el mundo no está separado de ti, como aparentemente lo ves. No es más que el reflejo de lo que ves dentro de ti.

¿Habiéndote dicho yo que Dios no comparte tu ilusión, que Él no te ve en un estado incongruente con el conocer únicamente aquello que es la expresión del amor, cómo podría entonces decirte ahora que tu mente sana vería tu universo físico de una manera menos que eso? Te sugeriría que adoptes la visión de Dios. ¿Si eligieras hacer esto, qué le sucedería entonces al medio ambiente que ahora ves y experimentas como estando en el mundo físico fuera de ti?

El mundo de Dios existe como expresión tuya. Al parecer que te expresas fuera de ti, en tu creación; la verás de forma verdadera o distorsionada dependiendo de la creencia que has adoptado acerca de quién eres. Al permitir que la distorsión desaparezca, y ver entonces el mundo real, la Creación de Dios tal como existe en Su Mente, la verás en estado de perfección porque lo habrás reconocido como tu estado natural. Éste parece ser un principio que desafía toda lógica que tu intelecto acepta, pero eso no cambia el hecho de que sea verdad.

También te podría decir que tu mundo existe como reflejo directo de lo que crees acerca de Dios. Es lo mismo que decir que existe como reflejo de lo que crees acerca de ti mismo. Y mientras que percibas cualquiera de estos dos reflejos en un estado menos que perfecto, experimentarás el caos, el tormento y el conflicto que tu creencia te reflejará de vuelta.

Sientes que es muy simple de esta manera, que te debe estar faltando comprender algo, que hace falta que yo te dé alguna otra definición de causa y efecto para que esto pueda ser posible. Pero ya te he dado la verdad. Lo único que necesitas es permitir que la idea de complejidad desaparezca para poder ver su Realidad. Pregúntate a ti mismo si es posible que aquello que Dios ha creado perezca. Tú sabes que no lo es. ¿Entonces cuál es la causa de que te parezca ver un mundo en decadencia? ¿O es acaso víctima de tu percepción?

¿Ahora bien, te estoy pidiendo que ignores lo que ves suceder en el mundo, al haberte dicho todo esto? En efecto, no. Pero sí te estoy diciendo que la *única* manera de sanarlo, es otra. Si siguieras encargándote de cambiar sus efectos, te encontrarías constantemente experimentando decepción y frustración debido a que tan sólo reacomodarías el efecto. Para hacerle frente a la causa, debes llegar a su origen. El origen de toda la Creación es Dios, y la expresión de toda la Creación eres tú. Al reconocer que la fuente existe en estado de perfección, tan sólo tienes que permitir la expresión de la perfección que eres para poder aceptar que así es.

¿Sería útil que nos reuniéramos y que nos enfocáramos en ser la expresión del amor, enviándole amor al medio ambiente que parece estar en peligro?

No es el medio ambiente el que necesita que le envíen amor. Sigues insistiendo en ver la necesidad de proyectar algo fuera de ti que necesite ser sanado, pero lo que yo te estoy diciendo es que la única sanación necesaria es la de tu propia visión en la medida en que parezca ser menos que la visión de Dios. No le envíes al medio ambiente nada más que un reflejo de quién Eres y podrás verlo en estado de extraordinaria perfección. No necesitas ni siquiera proyectar esto allá afuera, simplemente necesitas verlo desde adentro para reconocer que así ha sido siempre.

¿Si el medio ambiente, tal como lo ves, fuera realmente una de las preciosas creaciones de Dios, no crees tú que Él evitaría que lo arruines? ¿Si estuviera realmente en peligro, no crees tú que Él intervendría para evitar que esto ocurriera? ¿Si estuvieras tú en peligro por no saber quién eres, no crees tú que Él intervendría? Lo que te estoy ofreciendo es la definición de tu ilusión acerca de ti mismo. No puedes cambiar la Creación de Dios. No puedes arruinar su belleza. No puedes opacar tu propia Divinidad; simplemente puedes aceptar verla, o no. Y el tiempo no juega ningún rol en esto.

¿Acaso no aliviaría tu carga el que aceptaras lo que te he dicho? ¿No crees que podrías entonces aceptar tu expresión de vida, permitiéndole que esté llena de felicidad?

¿Cómo logramos esta sanación?

Permite que aquello que no es verdad carezca de significado para ti. Es un proceso en el que te permites reconocer la verdad que ya existe, al renunciar a la ilusión de aquello que no es verdad. Estás buscando una fórmula mágica para aplicar, con reglas numeradas de uno a diez que puedas seguir mañana y noche. Y yo te diré que aunque hay un momento en que esto puede que sea útil, al apegarte a la creencia de que son las reglas las que te están permitiendo Despertar, te convences de que existe todo este otro "tiempo" que has pasado dormido y de que la ilusión es real. De hecho, eso es lo que yo estaría reforzándote si te diera esta fórmula. Te estaría transmitiendo un sentido contradictorio a la verdad.

Te voy a hacer una sugerencia. Lo que vas a encontrar cuando Despiertes, es que nunca has dejado de ser totalmente amoroso y que nunca has visto una expresión de ningún aspecto de la Creación de Dios que no te haya traído un mensaje de amor. Entonces, en tu búsqueda de cosas que debes dejar pasar, mi sugerencia es la siguiente: deja pasar aquellas cosas que percibes como no amorosas, y que no son representativas de o consistentes con tu reconocimiento de quién realmente eres. Cosas que describiré más a fondo como sensaciones de miedo. *Absolutamente* te diré que renuncies a tu creencia en el miedo y así no habrá nada más que parezca contradecir al amor. Al renunciar a la creencia en el miedo, al adoptar el sentido que es inherente al estar indefenso, te estás reconociendo a ti mismo que tu seguridad se encuentra únicamente en la expresión del Ser amoroso que eres.

Muchas veces esperarás más de mis respuestas debido a que te parecerán demasiado simples. Te dirás a ti mismo: "Tiene que haber más involucrado en esto." Pero te diré que al permitirte escuchar la voz de la simplicidad, sabrás que estás escuchando la verdad.

APÉNDICE

Cuando Jesús encontró a Dios

"Nunca antes habíamos cuenta de que había una alternativa a lo que habíamos percibido como verdad."

El Despertar de Jesús y su descubrimiento del Espíritu Santo

Siempre me había sentido intrigado acerca del despertar de Jesús en la tierra, así que un día le pregunté cómo había ocurrido. La respuesta fue muy interesante. Me ayudó tanto a comprender porqué Un Curso de Milagros fue escrito así, como a hacer más directo mi propio proceso de despertar. Pocos reconocen el gran cambio en la consciencia que trajo Jesús en aquella época, y que continúa ofreciendo hoy en día.

Él nos dijo que desde su adolescencia se sentía atraído por la idea de seguir un anhelo interior que en la época no lograba describir con claridad pero que, de alguna manera, sabía determinaría el curso de su vida. Recién entrado en sus veintes, ya pasaba la mayor parte de su tiempo en las sinagogas escuchando discusiones. El escuchar a los ancianos hablar de Dios lo tocaba profundamente; pero las discusiones alrededor de sus doctrinas religiosas lo dejaban perturbado, principalmente porque no podía aceptar la incongruencia de sus imágenes de un Dios amoroso y compasivo con el hecho de que creyesen que este Dios demandaba estricto seguimiento a "leyes" que difícilmente podían ser consideradas amorosas o compasivas.

Los sitios destinados a la adoración eran también frecuentados por viajeros que traían noticias de todas partes del mundo. Fue en uno de estos sitios que escuchó por primera vez hablar de un lugar de encuentro en lo que ahora conocemos como la India, donde buscadores provenientes de toda clase de religiones se reunían para intercambiar ideas y entendimientos. Se sintió atraído por este lugar, y cuando un viajero de paso dijo que iba en esa dirección, que sabía cómo llegar y le invitó; él rápidamente decidió ir.

Su estadía ahí fue muy gratificante. Le pareció interesante escuchar acerca de otras creencias religiosas y filosóficas con algunas ideas similares y otras diferentes a las de su propia religión. La mayoría de los temas tratados tenían que ver con el deseo de reducir el hambre y la opresión y crear las bases para experimentar paz en el mundo. Pero las discusiones que más le interesaban eran las que hablaban acerca de la fraternidad entre los hombres. Había muchos que compartían su creencia en la conectividad de toda forma de vida, pero seguía con el dilema básico de: ¿Si un Dios creó el mundo, lo que era la creencia aceptada a nivel general, y si Él era amoroso, por qué no encontraba evidencia de ello en el mundo?

Pasó casi un año en su recorrido, explorando los muchos lugares y diferentes culturas de las que había escuchado hablar. Frecuentemente se detenía y hablaba con aquellos que se interesaban en el Dios amoroso y compasivo en que creía. Sin embargo, donde quiera que iba, no lograba encontrar real evidencia de un Dios únicamente amoroso en un mundo lleno de dolor que se creía Él había creado. No había ilustraciones de una fraternidad entre los hombres, del bien predominando sobre el mal, o siquiera del amor siendo preferido al odio. ¿Si existía una fraternidad, una unión entre los hombres, por qué parecía nuestra naturaleza básica el dividir y el atacarnos los unos a los otros? De alguna manera supo que la respuesta a esta pregunta era clave para su propósito en la vida, así que se concentró en buscarla.

Determinado a encontrar una respuesta, al volver de su viaje, fue a su lugar favorito para meditar junto a un pequeño arroyo en una

colina cercana. Había asuntos clave que necesitaba resolver: (1) ¿Es Dios el creador, realmente sólo amoroso y compasivo, como él así lo creía? (2) ¿Existe realmente la fraternidad y unión entre los hombres? (3) ¿Por qué, si es verdad que existe una amorosa armonía en toda la creación, no existe evidencia de ésta en el mundo? Fue al enfocarse en estos temas que su percepción no lograba comprender, que atravesó por primera vez la barrera de su percepción y se hizo consciente de una Presencia, dentro de su mente, fuente de un conocimiento desligado de todo lo que había experimentado antes. "Escuchó" una Voz decirle que su percepción acerca de un Dios amoroso era correcta, pero que estaba buscándole en los lugares equivocados.

Lo que le fue revelado entonces, fue el comienzo del desarrollo de una consciencia que continuó por el resto de su experiencia terrenal. Cada una de sus preguntas fue contestada al traerla a la luz de esta verdad a la que se había dispuesto, de una manera muy similar al proceso de perdón que enseña en Un Curso de Milagros. Al experimentar la naturaleza de su propia mente como parte de la Mente de Dios, re-conoció que no había nada que no pudiera saber. Sintió claramente que Dios le había dado esta revelación en respuesta a su confusión y encontró gran alivio al descansar en la confianza y la paz de la Presencia que ahora sentía como parte de sí mismo.

Desde el primer momento en que se hizo consciente de esa Guía Interior, experimentó un flujo de conocimiento muy diferente a todo lo que había conocido antes. Entre más absorbía, más claro se le hacía que no era posible que esto proviniera de su percepción. Pronto comprendió que había logrado conectarse con el amoroso Dios en que creía.

Al retornar a la familiaridad del mundo físico, le fue muy obvia la diferencia entre su acostumbrada manera de ver las cosas y la manera en que ahora veía. Inmediatamente, supo que eran opuestas

en todo sentido, demasiado diferentes como para que la una pudiera conducir a la otra. Su revelación fue que la verdad siempre conduce a, o expresa, la unicidad; mientras que todo en el mundo de la percepción obtiene su significado con base en su diferenciación con base en todo lo demás. Esto le mostró con claridad el camino a seguir. Al seguir esta dirección, comenzó a asociar la fuente de su recién descubierto conocimiento con la Presencia a la que primero llamó "El Regalo de Dios" y luego "La Voz de Dios". Se le dijo que Dios colocó este Regalo en la mente con el propósito mismo de que pudiéramos recordar la verdad, debido a que nuestra percepción no logra proporcionarnos acceso a ella.

Con esta información, era más fácil comprender por qué parecía haber tanto sufrimiento e injusticia. Literalmente, cada quién se lo está haciendo a sí mismo. Y pudo ver que no sería fácil cambiar toda una manera establecida de pensar. Lo que él había descubierto era una manera de pensar radicalmente diferente a la tradicional y requeriría seguramente, métodos de enseñanza radicalmente diferentes. Se le hacía cada vez más evidente que las percepciones derivadas de la manera de pensar del ego habían causado los problemas del mundo, pero que no podían solucionarlos.

Fue en ese entonces en que se hizo igualmente consciente de un importante dilema: El propósito de traer esta nueva consciencia al mundo va mucho más allá de simplemente solucionar los problemas del mundo. El mundo por supuesto, aún no sabía lo que él había descubierto. El sanar cuerpos y rectificar injusticias era lo que el mundo quería y necesitaba que se efectuara.¿Cómo, se preguntaba, iba él a lograr satisfacer lo que pedían y al mismo tiempo liberarlos de la fuente de todo "problema" a través de la sanación de las creencias?

Llevando este dilema ante su recién descubierta Guía, pronto descubrió una dimensión adicional: la Respuesta de Dios ante nuestra percepción errada de separación fue Completa; debiendo

colina cercana. Había asuntos clave que necesitaba resolver: (1) ¿Es Dios el creador, realmente sólo amoroso y compasivo, como él así lo creía? (2) ¿Existe realmente la fraternidad y unión entre los hombres? (3) ¿Por qué, si es verdad que existe una amorosa armonía en toda la creación, no existe evidencia de ésta en el mundo? Fue al enfocarse en estos temas que su percepción no lograba comprender, que atravesó por primera vez la barrera de su percepción y se hizo consciente de una Presencia, dentro de su mente, fuente de un conocimiento desligado de todo lo que había experimentado antes. "Escuchó" una Voz decirle que su percepción acerca de un Dios amoroso era correcta, pero que estaba buscándole en los lugares equivocados.

Lo que le fue revelado entonces, fue el comienzo del desarrollo de una consciencia que continuó por el resto de su experiencia terrenal. Cada una de sus preguntas fue contestada al traerla a la luz de esta verdad a la que se había dispuesto, de una manera muy similar al proceso de perdón que enseña en Un Curso de Milagros. Al experimentar la naturaleza de su propia mente como parte de la Mente de Dios, re-conoció que no había nada que no pudiera saber. Sintió claramente que Dios le había dado esta revelación en respuesta a su confusión y encontró gran alivio al descansar en la confianza y la paz de la Presencia que ahora sentía como parte de sí mismo.

Desde el primer momento en que se hizo consciente de esa Guía Interior, experimentó un flujo de conocimiento muy diferente a todo lo que había conocido antes. Entre más absorbía, más claro se le hacía que no era posible que esto proviniera de su percepción. Pronto comprendió que había logrado conectarse con el amoroso Dios en que creía.

Al retornar a la familiaridad del mundo físico, le fue muy obvia la diferencia entre su acostumbrada manera de ver las cosas y la manera en que ahora veía. Inmediatamente, supo que eran opuestas

en todo sentido, demasiado diferentes como para que la una pudiera conducir a la otra. Su revelación fue que la verdad siempre conduce a, o expresa, la unicidad; mientras que todo en el mundo de la percepción obtiene su significado con base en su diferenciación con base en todo lo demás. Esto le mostró con claridad el camino a seguir. Al seguir esta dirección, comenzó a asociar la fuente de su recién descubierto conocimiento con la Presencia a la que primero llamó "El Regalo de Dios" y luego "La Voz de Dios". Se le dijo que Dios colocó este Regalo en la mente con el propósito mismo de que pudiéramos recordar la verdad, debido a que nuestra percepción no logra proporcionarnos acceso a ella.

Con esta información, era más fácil comprender por qué parecía haber tanto sufrimiento e injusticia. Literalmente, cada quién se lo está haciendo a sí mismo. Y pudo ver que no sería fácil cambiar toda una manera establecida de pensar. Lo que él había descubierto era una manera de pensar radicalmente diferente a la tradicional y requeriría seguramente, métodos de enseñanza radicalmente diferentes. Se le hacía cada vez más evidente que las percepciones derivadas de la manera de pensar del ego habían causado los problemas del mundo, pero que no podían solucionarlos.

Fue en ese entonces en que se hizo igualmente consciente de un importante dilema: El propósito de traer esta nueva consciencia al mundo va mucho más allá de simplemente solucionar los problemas del mundo. El mundo por supuesto, aún no sabía lo que él había descubierto. El sanar cuerpos y rectificar injusticias era lo que el mundo quería y necesitaba que se efectuara.¿Cómo, se preguntaba, iba él a lograr satisfacer lo que pedían y al mismo tiempo liberarlos de la fuente de todo "problema" a través de la sanación de las creencias?

Llevando este dilema ante su recién descubierta Guía, pronto descubrió una dimensión adicional: la Respuesta de Dios ante nuestra percepción errada de separación fue Completa; debiendo

existir dentro de cada uno de nosotros tanto la consciencia de la verdad para corregir los errores en nuestra percepción, como el saber cómo usarla. El medio y el fin, el qué hacer y el cómo hacerlo unidos a través del Espíritu Santo. Lo que ahora estamos estudiando en Un Curso de Milagros explica esta verdad y cómo reevaluar nuestra percepción hasta el momento en que la soltemos del todo.

Pocos son los que comprenden el gran cambio de consciencia que la revelación de Jesús trajo. Este hermosamente amoroso maestro alcanzó un estado mental totalmente armonioso subyacente a la percepción dualista y conflictiva del ego. Nunca antes habíamos comprendido que había una alternativa diferente a lo que habíamos percibido como verdad. No una manera de cambiar o purificar lo que percibimos sino literalmente, una manera diferente de percibirnos a nosotros mismos. Una manera que niega todo lo que los ojos del cuerpo ven. La manera, el cómo y el dónde, puede Dios ser experimentado.

APÉNDICE

Acerca de Tom y Linda Carpenter

"Pedid y recibiréis es real."

Acerca de Tom y Linda Carpenter

Después de llevar una vida normal, en la que Tom y yo terminamosde ayudar a criar cuatro hijos y dos maravillosos jóvenes adolescentes de Vietnam que se unieron a nuestra familia en 1979, y después de experimentar los altos y bajos de los negocios independientes de Tom; nos encontramos con lo que el mundo ha valorado como cierto grado de éxito material. Aunque muy satisfactorio, ambos sentimos que tenía que existir un sentido más alto para esta vida, e iniciamos la búsqueda por un entendimiento mayor al respecto. Cuando nuestros hijos ya llevaban una vida exitosa por su cuenta, nos sentimos inspirados por la idea de mudarnos a un ambiente con menor enfoque material que el del estilo de vida suburbano. ¡Al menos eso fue lo que pensamos en aquel entonces! En 1985, dejamos el área de Denver en el Estado de Colorado y elegimos vivir en la bella isla de Kauai en Hawai.

Mientras aún nos encontrábamos en Denver, en 1977, un material nuevo llamado *Un Curso de Milagros* nos fue dado. Aunque al comienzo, difícilmente comprendíamos algo en esas páginas, persistimos en querer comprender lo que se nos ofrecía debido a un sentir interior de que esas eran en realidad, palabras Santas. Después de habernos mudado a Kauai, y de haber construido una nueva casa en 1986-87, tuvimos tiempo para concentrarnos en explorar esta maravillosa enseñanza e invitamos a algunos amigos a que se unieran a nosotros en esta exploración. Tom silenciosamente hizo un trato con el Espíritu Santo, cuando ni siquiera estaba seguro de que tal Espíritu realmente existiera. Tom le expresó al Espíritu Santo que si le ayudaba a comprender más claramente el *Curso*, él estaría dispuesto a compartir tal comprensión con otros.

Al cabo de pocas semanas, comenzó a escuchar una voz interior que le contestaba cada pregunta, de cualquier naturaleza, que surgía en sus pensamientos. Él se preguntaba si estaba perdiendo la cabeza debido a que el canalizar no era algo con lo que él estuviera familiarizado. Sin embargo, cuando compartió conmigo algo de la información que escuchaba, yo de alguna manera reconocí la pureza en las palabras y lo animé a que permitiera que sucediera. No pasó mucho tiempo hasta que concluimos que esto provenía en efecto de más allá de nuestro enfoque mundano y nos sentimos más bien sorprendidos cuando la identidad se identificó como "quien alguna vez fue llamado Jesús". Estábamos un poco asombrados y sin embargo, al mismo tiempo, esta era una presencia que resultaba familiar, especialmente para Tom quien inmediatamente se sintió a gusto llamándole: "Hermano".

Por supuesto, nos preguntamos por qué estábamos teniendo nosotros esta experiencia cuando tantas otras personas han orado por años para experimentar algo así. La respuesta del hermano fue que se trataba de una elección mutua. Observando en retrospectiva, me he dado cuenta de que en primer instancia pedimos ayuda y en segundo lugar, nuestro estado mental nos permitía escuchar lo que se nos estaba ofreciendo. Ninguno de los dos estaba satisfecho con las respuestas de las religiones que habíamos experimentado en el pasado y por lo tanto, nuestras mentes no estaban cerradas a ningún sistema de creencias en particular. En otras palabras, estábamos abiertos, éramos razonablemente inteligentes y estables, y no nos abrumaba demasiado la identidad de esta fuente como para que fuéramos a distorsionar su propósito.

colina cercana. Había asuntos clave que necesitaba resolver: (1) ¿Es Dios el creador, realmente sólo amoroso y compasivo, como él así lo creía? (2) ¿Existe realmente la fraternidad y unión entre los hombres? (3) ¿Por qué, si es verdad que existe una amorosa armonía en toda la creación, no existe evidencia de ésta en el mundo? Fue al enfocarse en estos temas que su percepción no lograba comprender, que atravesó por primera vez la barrera de su percepción y se hizo consciente de una Presencia, dentro de su mente, fuente de un conocimiento desligado de todo lo que había experimentado antes. "Escuchó" una Voz decirle que su percepción acerca de un Dios amoroso era correcta, pero que estaba buscándole en los lugares equivocados.

Lo que le fue revelado entonces, fue el comienzo del desarrollo de una consciencia que continuó por el resto de su experiencia terrenal. Cada una de sus preguntas fue contestada al traerla a la luz de esta verdad a la que se había dispuesto, de una manera muy similar al proceso de perdón que enseña en Un Curso de Milagros. Al experimentar la naturaleza de su propia mente como parte de la Mente de Dios, re-conoció que no había nada que no pudiera saber. Sintió claramente que Dios le había dado esta revelación en respuesta a su confusión y encontró gran alivio al descansar en la confianza y la paz de la Presencia que ahora sentía como parte de sí mismo.

Desde el primer momento en que se hizo consciente de esa Guía Interior, experimentó un flujo de conocimiento muy diferente a todo lo que había conocido antes. Entre más absorbía, más claro se le hacía que no era posible que esto proviniera de su percepción. Pronto comprendió que había logrado conectarse con el amoroso Dios en que creía.

Al retornar a la familiaridad del mundo físico, le fue muy obvia la diferencia entre su acostumbrada manera de ver las cosas y la manera en que ahora veía. Inmediatamente, supo que eran opuestas

en todo sentido, demasiado diferentes como para que la una pudiera conducir a la otra. Su revelación fue que la verdad siempre conduce a, o expresa, la unicidad; mientras que todo en el mundo de la percepción obtiene su significado con base en su diferenciación con base en todo lo demás. Esto le mostró con claridad el camino a seguir. Al seguir esta dirección, comenzó a asociar la fuente de su recién descubierto conocimiento con la Presencia a la que primero llamó "El Regalo de Dios" y luego "La Voz de Dios". Se le dijo que Dios colocó este Regalo en la mente con el propósito mismo de que pudiéramos recordar la verdad, debido a que nuestra percepción no logra proporcionarnos acceso a ella.

Con esta información, era más fácil comprender por qué parecía haber tanto sufrimiento e injusticia. Literalmente, cada quién se lo está haciendo a sí mismo. Y pudo ver que no sería fácil cambiar toda una manera establecida de pensar. Lo que él había descubierto era una manera de pensar radicalmente diferente a la tradicional y requeriría seguramente, métodos de enseñanza radicalmente diferentes. Se le hacía cada vez más evidente que las percepciones derivadas de la manera de pensar del ego habían causado los problemas del mundo, pero que no podían solucionarlos.

Fue en ese entonces en que se hizo igualmente consciente de un importante dilema: El propósito de traer esta nueva consciencia al mundo va mucho más allá de simplemente solucionar los problemas del mundo. El mundo por supuesto, aún no sabía lo que él había descubierto. El sanar cuerpos y rectificar injusticias era lo que el mundo quería y necesitaba que se efectuara.¿Cómo, se preguntaba, iba él a lograr satisfacer lo que pedían y al mismo tiempo liberarlos de la fuente de todo "problema" a través de la sanación de las creencias?

Llevando este dilema ante su recién descubierta Guía, pronto descubrió una dimensión adicional: la Respuesta de Dios ante nuestra percepción errada de separación fue Completa; debiendo

existir dentro de cada uno de nosotros tanto la consciencia de la verdad para corregir los errores en nuestra percepción, como el saber cómo usarla. El medio y el fin, el qué hacer y el cómo hacerlo unidos a través del Espíritu Santo. Lo que ahora estamos estudiando en Un Curso de Milagros explica esta verdad y cómo reevaluar nuestra percepción hasta el momento en que la soltemos del todo.

Pocos son los que comprenden el gran cambio de consciencia que la revelación de Jesús trajo. Este hermosamente amoroso maestro alcanzó un estado mental totalmente armonioso subyacente a la percepción dualista y conflictiva del ego. Nunca antes habíamos comprendido que había una alternativa diferente a lo que habíamos percibido como verdad. No una manera de cambiar o purificar lo que percibimos sino literalmente, una manera diferente de percibirnos a nosotros mismos. Una manera que niega todo lo que los ojos del cuerpo ven. La manera, el cómo y el dónde, puede Dios ser experimentado.

APÉNDICE

Acerca de Tom y Linda Carpenter

"Pedid y recibiréis es real."

Acerca de Tom y Linda Carpenter

Después de llevar una vida normal, en la que Tom y yo terminamosde ayudar a criar cuatro hijos y dos maravillosos jóvenes adolescentes de Vietnam que se unieron a nuestra familia en 1979, y después de experimentar los altos y bajos de los negocios independientes de Tom; nos encontramos con lo que el mundo ha valorado como cierto grado de éxito material. Aunque muy satisfactorio, ambos sentimos que tenía que existir un sentido más alto para esta vida, e iniciamos la búsqueda por un entendimiento mayor al respecto. Cuando nuestros hijos ya llevaban una vida exitosa por su cuenta, nos sentimos inspirados por la idea de mudarnos a un ambiente con menor enfoque material que el del estilo de vida suburbano. ¡Al menos eso fue lo que pensamos en aquel entonces! En 1985, dejamos el área de Denver en el Estado de Colorado y elegimos vivir en la bella isla de Kauai en Hawai.

Mientras aún nos encontrábamos en Denver, en 1977, un material nuevo llamado *Un Curso de Milagros* nos fue dado. Aunque al comienzo, difícilmente comprendíamos algo en esas páginas, persistimos en querer comprender lo que se nos ofrecía debido a un sentir interior de que esas eran en realidad, palabras Santas. Después de habernos mudado a Kauai, y de haber construido una nueva casa en 1986-87, tuvimos tiempo para concentrarnos en explorar esta maravillosa enseñanza e invitamos a algunos amigos a que se unieran a nosotros en esta exploración. Tom silenciosamente hizo un trato con el Espíritu Santo, cuando ni siquiera estaba seguro de que tal Espíritu realmente existiera. Tom le expresó al Espíritu Santo que si le ayudaba a comprender más claramente el *Curso*, él estaría dispuesto a compartir tal comprensión con otros.

Al cabo de pocas semanas, comenzó a escuchar una voz interior que le contestaba cada pregunta, de cualquier naturaleza, que surgía en sus pensamientos. Él se preguntaba si estaba perdiendo la cabeza debido a que el canalizar no era algo con lo que él estuviera familiarizado. Sin embargo, cuando compartió conmigo algo de la información que escuchaba, yo de alguna manera reconocí la pureza en las palabras y lo animé a que permitiera que sucediera. No pasó mucho tiempo hasta que concluimos que esto provenía en efecto de más allá de nuestro enfoque mundano y nos sentimos más bien sorprendidos cuando la identidad se identificó como "quien alguna vez fue llamado Jesús". Estábamos un poco asombrados y sin embargo, al mismo tiempo, esta era una presencia que resultaba familiar, especialmente para Tom quien inmediatamente se sintió a gusto llamándole: "Hermano".

Por supuesto, nos preguntamos por qué estábamos teniendo nosotros esta experiencia cuando tantas otras personas han orado por años para experimentar algo así. La respuesta del hermano fue que se trataba de una elección mutua. Observando en retrospectiva, me he dado cuenta de que en primer instancia pedimos ayuda y en segundo lugar, nuestro estado mental nos permitía escuchar lo que se nos estaba ofreciendo. Ninguno de los dos estaba satisfecho con las respuestas de las religiones que habíamos experimentado en el pasado y por lo tanto, nuestras mentes no estaban cerradas a ningún sistema de creencias en particular. En otras palabras, estábamos abiertos, éramos razonablemente inteligentes y estables, y no nos abrumaba demasiado la identidad de esta fuente como para que fuéramos a distorsionar su propósito.

Inicialmente, comencé por grabar las respuestas a las preguntas que algunos amigos cercanos y yo le hacíamos al Hermano a través de Tom. La información era tan hermosa que yo quería poder escucharla una y otra vez. Comencé entonces a transcribir las grabaciones en una cosa, nueva para mí, llamada "computador" y pronto, estas transcripciones comenzaron a ser compartidas con otras personas que querían recibir copias. Con el tiempo, recopilé la mayoría de estas transcripciones dándole forma a lo que acabas de leer y le llamamos *"Diálogo del Despertar"*, el que publicamos inicialmente en 1992.

No transcurrió mucho tiempo antes de que el Hermano le sugiriera a Tom que abandonara la idea de que estaba canalizando y reconociera que la Fuente original de todo conocimiento estaba tan disponible para él y para todo el mundo, como lo estaba para el Hermano. Tom estuvo dispuesto a intentarlo y pronto fue capaz de alcanzar ese estado de consciencia maravilloso, dentro de su propia mente, donde todas las mentes son Una, y estuvo también dispuesto a compartirlo con los demás cuando se lo pedían. Sin embargo, seguimos en relación continua con el Hermano como nuestro amigo, maestro y ejemplo de lo que somos en realidad, tanto nosotros como tú también.

Eternamente llevaremos en el corazón a este Ser amado que siempre parece estar atento "al llamado", respondiendo con su inspiración, guía, humor, y lo que parece ser una paciencia infinita hacia nuestra ignorancia y frecuentes errores. Siempre estamos felices de compartir nuestra creciente consciencia con los demás cuando se nos pide, pero ambos tenemos claridad con respecto a que nuestro enfoque principal es nuestro propio camino de vuelta a la verdad de quién somos. Si lo que has leído en estas páginas te ha sido de ayuda para lograr esto mismo, entonces estamos muy agradecidos por haberte asistido.

En mi caso, la información recibida acerca de cómo funciona esta ilimitada experiencia humana ha sido de gran ayuda para aprender a confiar en el Amor de Dios. Realmente comprendo que no hay accidentes ni nada que temer ahora que mi curiosidad ha sido satisfecha con esta información de paz. Pero más importante aún es que el sentimiento de estar con este Ser que una vez fue Jesús, en comunión con Tom, o en los momentos de silencio a solas en los que yo también aprendí a unirme con esta Presencia de Amor; ha sido la experiencia más maravillosa que he conocido.

Con un gran sentimiento de gratitud, también comprendo que esta comunión con el Amor no es algo especial que se nos haya ofrecido únicamente a nosotros, sino que es una manera de unirse con la Realidad omnipresente, disponible para todos y cada uno de los que deseen experimentarla. ¡"Pedid y se os dará", ésta es la verdadera recomendación!

Permite que las palabras en estas páginas te ayuden, a ti también, a darle la bienvenida al Amor de Cristo/Dios en tu consciencia. Estas palabras no son el punto de llegada, son una herramienta para experimentar el Amor infinito que sobrepasa las definiciones, y que no tiene ni fronteras, ni limitaciones.

Tengo la esperanza de que esta información te ofrezca, así como me ha dado a mí, una expansión hacia un mayor gozo, una mayor paz y armonía; y por supuesto, una mejor aceptación de la Presencia de Dios que es la esencia de quién Somos ahora y por siempre Seremos.

Linda Carpenter

www.ingramcontent.com/pod-product-compliance
Lightning Source LLC
Chambersburg PA
CBHW080510090426
42734CB00015B/3016